PRIDE

L'HISTOIRE

DU MOUVEMENT

POUR L'ÉGALITÉ

LGBTQ

MATTHEW TODD

PRÉFACE DE FRÉDÉRIC MARTEL

Contributeurs

Travis Alabanza, Bisi Alimi, Georgina Beyer, Jonathan Blake, Deborah Brin,
Maureen Duffy, David Furnish, Nan Goldin, Asifa Lahore
Paris Lees, Lewis Oakley, Reverend Troy Perry, Darryl Pinckney, Jake Shears,
Judy Shepard, Aloysius Ssali, Will Young

Gründ

ISBN 978-2-324-02491-7
Dépôt légal : octobre 2019
Texte original : Matthew Todd
Traduction : Riad Bettouche
Édition : Isabel et Abigail Wilkinson

Maquette : Russell Knowles et James Pople

Suivi éditorial et PAO : Nathalie Reyss
Iconographe : Steve Behan
Fabrication : Marion Storz
Imprimé en Italie

FIERTÉ

PRÉFACE DE FRÉDÉRIC MARTEL*

Des millions de vies humaines ont été transformées par la « libération » gay. Les homosexuels qui appartiennent aux générations d'avant « Stonewall » peuvent témoigner de l'ampleur de ce changement ; ceux qui sont nés après 1969 savent ce qu'ils doivent à cette révolution. La vie des uns et des autres, les précurseurs comme les héritiers, en a été profondément bouleversée. C'est en cela que la « révolution » gay est un phénomène *intégral* : à la fois un mouvement politique et culturel mais aussi, et peut-être d'abord, une révolution sociale.

L'émergence du mouvement LGBT et ses victoires – disons de Stonewall au mariage gay – furent en effet l'un des mouvements sociaux les plus rapides et les plus décisifs de l'histoire. Ni la libération des femmes, ni la question noire, ni d'autres formes d'émancipation n'ont été aussi brefs. C'est un mouvement inédit ; et, à mes yeux, cette victoire est définitive.

Et pourtant, durant 50 ans, la bataille a été longue, la marche difficile, sans cesse renouvelée, les combats perdus puis gagnés – à commencer par le plus tragique d'entre eux, en partie vaincu : le sida. Avec la parution dans le *New York Times* du 3 juillet 1981 d'un court article sur l'apparition d'une mystérieuse maladie, des années de souffrance, de deuil et de cendres commençaient. Le sida a changé l'histoire du mouvement gay encore immature et jeune et, alors que la maladie allait, hélas, tuer plus de 35 millions de personnes dans le monde, celle-ci a été l'occasion d'innombrables actes de courage et de solidarité. Les batailles en cours pour les unions civiles et le « same-sex marriage » peuvent être lues comme l'une des conséquences sociales des années sida.

Si cette révolution fut aussi rapide et sa victoire aussi décisive, c'est qu'elles furent le résultat d'une évolution profonde de la société dont l'homosexualité est une composante : la révolution sexuelle. Les personnes LGBT se sont libérées au moment même où les femmes se sont émancipées, où les jeunes ont découvert l'autonomie et où la famille traditionnelle et paternaliste a commencé sa grande mutation.

Pour décrypter cette révolution de grande ampleur, il convient donc de la suivre dans tous ses aspects. Le militantisme a joué un rôle majeur, inauguré de manière spectaculaire par les émeutes de Stonewall à New York en 1969. Pourtant, ce premier succès symbolique a été précédé par de nombreux combats politiques et il a été préparé par une véritable culture « gay » qui ne disait pas encore son nom. Stonewall est tout autant le début de la libération gay que le produit d'un terreau littéraire et artistique favorable qui prend racine dans le procès d'Oscar Wilde, les poèmes d'Allen Ginsberg, les chansons de Bob Dylan, les slogans des Black Panthers ou la quête existentielle et *Sur la route* de Jack Kerouac. Dans cette révolution tant attendue, et finalement mondialisée, résonnent aussi la poésie de Rimbaud, les romans de Marcel Proust ou de Jean Genet. *The Times They Are a-Changin'*.

Après 1969, la « libération » gay emprunte mille routes. L'activisme politique est épaulé par des dizaines de films audacieux (de Pasolini à Almodovar en passant par Fassbinder et tant d'autres), par des romans innombrables (de James Baldwin à Edmund White et bientôt Hervé Guibert), par les arts plastiques (de Francis Bacon à Nan Goldin, en passant par Robert Mapplethorpe). Sans oublier le théâtre, la télévision, les médias et, plus récemment, l'importance des changements que favorise Internet sur tous les continents.

Mais il y a plus. Alors que le mouvement gay s'est voulu au départ radical, anarchiste ou gauchiste, alors qu'il rejetait l'homosexualité « marchande », comme on le disait à l'époque, il est devenu *mainstream* grâce au commerce. Ce sont les bars, les cafés et les clubs qui ont transformé profondément la vie des gays et des lesbiennes, bien avant que la loi ne vienne confirmer leur légalisation. Au Stonewall Inn, les gays et les trans se sont révoltés parce qu'on les empêchait de danser ! La *nightlife* et le *clubbing* – et avec eux la disco de Village People à Gloria Gaynor, d'Elton John à Freddie Mercury, et jusqu'au singulier David Bowie – ont été les moteurs les plus efficaces de la libération gay. *I Am What I Am*.

Pour comprendre la « fierté » gay, il convient donc de se replonger dans les courants souterrains ou mainstream, la contre-culture, la musique populaire, la politique – de Harvey Milk à Bertrand Delanoë – qui, tous, ont participé de cette libération en allant dans la même direction.

Où en sommes-nous aujourd'hui ? Si je crois qu'on ne pourra plus revenir en arrière sur la libération gay, beaucoup reste à faire. Dans plus de 80 pays, l'homosexualité est encore un délit – et dans une dizaine d'entre eux (tous islamiques) encore un crime qui peut conduire à la peine de mort. En Afrique, où plusieurs dizaines de millions de personnes sont atteintes par le VIH, la lutte contre le sida reste un combat de chaque instant. Le mouvement gay qui a si bien réussi en Europe et en Amérique doit désormais se soucier de ces situations internationales, aussi éloignées et aussi difficiles soient-elles.

À domicile même, la situation des personnes trans, l'adoption d'enfants et la PMA restent des combats inachevés. Dans les Églises également, et en tout premier lieu dans le catholicisme, des évolutions sont en cours mais, 50 ans après Stonewall, c'est dans la sphère religieuse que l'homophobie la plus anachronique demeure. Des trans aux religieux, la libération « LGBT-P » ne sera pas victorieuse tant que les « T » et les « P » – pour « prêtres » ! – ne seront pas, eux aussi, libérés. C'est à ces combats que le mouvement homosexuel pourrait consacrer désormais toute son énergie.

Pour les gays de ma génération – nés avec Stonewall et devenus adultes au moment de l'apparition du sida –, les changements que nous avons vécus restent stupéfiants. Inédits. Inespérés. En 1969, l'homosexualité était encore un délit, la police fichait les homosexuels ; les psychiatres entendaient les soigner. Aujourd'hui, les gays et les lesbiennes peuvent se marier. Rarement l'histoire a connu une accélération aussi spectaculaire. En moins de 50 ans, nous sommes passés de la pénalisation de l'homosexualité à la pénalisation de l'homophobie. Et de tout cela, collectivement, chacun et tous ensemble à la fois, nous pouvons être fiers.

* Frédéric Martel est l'un des écrivains français les plus reconnus à travers le monde pour ses travaux sur la question et la culture gays. Il est l'auteur de nombreux livres et best-sellers dont *Le Rose et le Noir, Les homosexuels depuis 1968* (Seuil, 1996), *La longue marche des gays* (Gallimard, 2002), *Global Gay* (Flammarion, 2013) et, tout récemment, *Sodoma, Enquête au cœur du Vatican* (Robert Laffont, 2019).

SOMMAIRE

INTRODUCTION

« Ne pas avoir de passé était terrorisant pour moi. »
Derek Jarman dans son autobiographie *At Your Own Risk* (1992)

Derek Jarman voulait que les gens sachent ce que signifie d'être un gay dans la seconde moitié du XXe siècle. Il parlait d'un temps où les gens ne pouvaient pas assumer leur sexualité, de jeunes amants mettaient fin à leurs jours parce qu'il leur était impossible de vivre ouvertement leur relation, des médecins homophobes annonçaient faussement à des homosexuels qu'ils étaient séropositifs espérant leur faire « prendre conscience de leurs errements ». Il s'est insurgé contre l'absence d'une histoire des LGBTQ à cette époque, et combien il en avait besoin lui-même, mais aussi des effets de ce manque sur les gens comme nous : une impression de vide qui nous empêche de savoir qui nous sommes vraiment, d'où nous venons. Il n'existe aucune voie pour nous montrer le chemin.

En écrivant ce livre pour célébrer le 50e anniversaire des émeutes de Stonewall et le mouvement qui s'en est suivi, et en invitant des personnalités clés à témoigner, il m'est clairement apparu qu'il y avait beaucoup de choses à commémorer. De profonds changements ont eu lieu dont une grande partie remonte à cet événement unique et explosif. Ce n'est que l'histoire d'un groupe de gens qui a lutté contre la répression homophobe et qui est entré dans la légende : mais qui exactement était présent ? Qui a lancé le premier coup de poing, la première pierre ? Qui s'est battu le plus durement ? Personne n'est d'accord là-dessus ni n'en est complètement certain. Mais ce qui ne fait aucun doute, c'est qu'une communauté de personnes courageuses, opprimées et en colère a agi et a exprimé son ras-le-bol tout en sachant que si elle ne le faisait pas, personne ne le ferait à leur place. J'ai eu la chance de voir certains changements survenus à la suite de cet événement. Je me suis joint à la foule massée devant la Chambre des communes la nuit de février 1994, lors du vote sur la majorité sexuelle. En 1994, je me souviens avoir assisté au premier gala pour l'égalité de l'association Stonewall et de mon étonnement quand j'ai entendu des personnes dire du bien des LGBTQ. J'ai travaillé un certain temps dans les bureaux de l'association à Londres alors qu'il n'y avait qu'une poignée d'employés et de bénévoles. J'ai répondu au téléphone qui n'arrêtait pas de sonner et j'ai mis des bulletins d'information dans des enveloppes que je postais à des militants dans tout le pays. Si alors quelqu'un m'avait dit que ces lois homophobes seraient abrogées ou que le prince William poserait pour la couverture d'*Attitude* lorsque j'en étais rédacteur en chef – et qu'en plus, il ferait une déclaration contre le harcèlement des homosexuels, des bisexuels et des transgenres, devenant ainsi le premier membre de la famille royale à le faire –, je ne l'aurais pas cru.

En lisant ce livre, j'espère que vous aurez aussi envie de fêter l'événement, un sentiment de joie et de gratitude envers tous ceux qui ont donné du temps, de l'argent et même leur vie pour que nous arrivions où nous en sommes aujourd'hui. Je ne pourrai jamais assez les remercier. Aucun de nous ne le pourrait. J'espère aussi que ce livre est porteur d'un autre message tout aussi important que le précédent.

Maureen Duffy a reçu un Icon Award lors des Attitude Awards de 2014. Écrivaine à succès, elle a fait son coming out en 1960. En 1967, elle plaida en faveur de la décriminalisation de l'homosexualité à la télévision nationale. Elle fait partie de ceux à qui nous devons beaucoup.

Lorsque la militante transsexuelle Paris Lees a remis le prix à Duffy, la foule s'est levée pour applaudir. C'était alors une octogénaire homosexuelle qui avait grandi à une époque où un homme gay pouvait être emprisonné, des lesbiennes ou bisexuelles pouvaient se voir retirer leurs enfants. Si j'ai pu constater d'énormes changements, elle en a connu beaucoup plus – je m'attendais à la voir atteindre la scène en lévitation. Elle ne l'a pas fait ni n'a profité de cette ferveur. Au lieu de cela, elle nous a chaleureusement remerciés et a ensuite émis un solennel avertissement. « Nous ne devons pas cesser d'être vigilants. En Ouganda ou en Iran, des personnes peuvent toujours être exécutées pour homosexualité, et en ce moment la Russie revient sur ses propres lois jusque-là presque libérales. Nous ne pouvons jamais nous dire que tout va bien. Dieu merci, du chemin a été parcouru, mais surtout ne raccrochez pas vos crampons. »

Les jours qui ont suivi, des amis ont exprimé sur les réseaux sociaux leur conviction qu'un retour en arrière était impossible. Nous avons déjà remporté le débat, disaient-ils. Le monde est plus stable. C'était en 2014 Cinq ans plus tard, le Royaume-Uni a voté en faveur de la sortie de l'UE, Donald Trump est l'homme le plus puissant du monde et nous constatons un soutien croissant en faveur de partis de droite, souvent homophobes.

Certes, le temps est à la célébration. Mais la tentation de fêter les héros de Stonewall au point d'ignorer pourquoi ils se sont battus est bien là. Ils ne se sont pas battus pour ça, ni pour qu'on puisse écrire des livres sur eux ou encore pour qu'on trinque à leur honneur : ils l'ont fait car ils n'avaient pas le choix. Aujourd'hui, rien dans ce monde n'est acquis. Comme le dit Duffy, il subsiste des inégalités massives qui nécessitent des actions urgentes. Il y a aussi de nouveaux dangers qui vont tous nous affecter. Nous sommes déjà en train de vivre la déstabilisation du monde causée par le changement climatique. La civilisation doit protéger les vulnérables, y compris les LGBTQ. Si elle s'effondrait après le changement climatique, comme l'a prédit récemment Sir David Attenborough, que se passerait-il alors ?

Si nous voulons vraiment honorer les personnes qui se sont battues au Stonewall Inn en cette nuit exceptionnellement chaude de juin 1969, nous devons défendre ces droits durement acquis et faire face à tout ce qui menace les sociétés libres et stables qui les protègent.

Ceux qui souhaitent contrôler les autres ou ont un intérêt à perpétuer le statu quo vous diront qu'il ne sert à rien de protester. J'espère que ce livre vous convaincra que la contestation peut accomplir de grandes choses, et que, lorsque les gens agissent ensemble, ils détiennent un vrai pouvoir. Parfois, utiliser ce pouvoir s'avère absolument nécessaire.

GAY PRIDE
ront

LE TEMPS DE LA RÉVOLUTION

Les gens comme nous ont toujours existé. Les identités que nous associons aux termes modernes lesbiennes, gays, bisexuels, transgenres et queers sont peut-être relativement récents, mais l'art et la littérature montrent que les relations homosexuelles et les comportements de genre non conforme ont toujours existé.

On affirme qu'avant que le christianisme et que l'Empire britannique ne marquent le monde de leur empreinte, nous vivions une utopie queer. Cependant, la réprobation du comportement homosexuel existait déjà dans la plupart des cultures, même s'il était parfois toléré ou autorisé. Parmi ces exemples d'acceptation, les personnes « *Two Spirits* » de la culture amérindienne, qui incarnent les deux sexes et sont valorisés dans certaines tribus. De plus, les relations homosexuelles sont attestées dans l'Antiquité. Cependant, même dans la Grèce et la Rome antiques, souvent citées comme des exemples du monde éclairé – en raison de l'acceptation sociale des relations sexuelles entre hommes plus âgés et plus jeunes –, l'homosexualité était controversée. Platon y était favorable dans ses premiers écrits, mais l'a condamnée par la suite en soutenant que beaucoup la jugeaient honteuse.

La religion a eu un effet dévastateur sur la capacité des personnes LGBTQ à vivre pleinement leur vie. Aujourd'hui, beaucoup de pays où l'homosexualité est punie par la loi sont des nations chrétiennes d'Afrique ou des pays musulmans. Un grand nombre de cas d'homophobie d'État tire leur source de la loi britannique contre la « bougrerie » adoptée par le Parlement en 1533 et étendue par la suite à l'Empire. En 1861, on passa de la peine de mort à une peine d'emprisonnement pour rapports homosexuels. En 1885, le parlementaire Henry Labouchère a réussi à faire amender la loi criminelle britannique qui punit les relations sexuelles entre hommes (même en privé) à deux ans d'emprisonnement. Ce texte a été utilisé pour condamner Oscar Wilde en 1895. Des historiens ont réfuté la croyance populaire selon laquelle la reine Victoria n'avait pas légiféré contre les rapports lesbiens car elle ne pouvait admettre leur existence ou ne voulait pas leur faire de la publicité !

Au XXe siècle, en dehors d'un nombre restreint d'établissements dans certains pays où les homosexuels pouvaient se rencontrer ouvertement, la plupart des LGBTQ refoulaient leur nature ou se terraient dans le secret et la discrétion. Certains ont déclaré que leur vie était passionnante avant la prélégalisation mais, pour la plupart, elle était difficile et souvent intolérable. Une réalité exprimée par le titre du premier roman lesbien *Le puits de solitude* (1928) de Radclyffe Hall. En 1930, la police britannique mit en place un département spécial chargé d'arrêter quiconque se livrait à un acte de « grossière indécence ». Des milliers de personnes furent emprisonnées. Aux États-Unis, les homosexuels étaient internés dans des établissements psychiatriques et soumis à une thérapie d'aversion : nus, on leur administrait des médicaments qui les rendaient très malades, puis on leur montrait des photos pornographiques gays alors qu'ils gisaient dans leur vomi et leurs excréments. Au début du XXe siècle, certaines régions d'Allemagne étaient socialement libérales. Berlin, en particulier, acceptait l'homosexualité et la

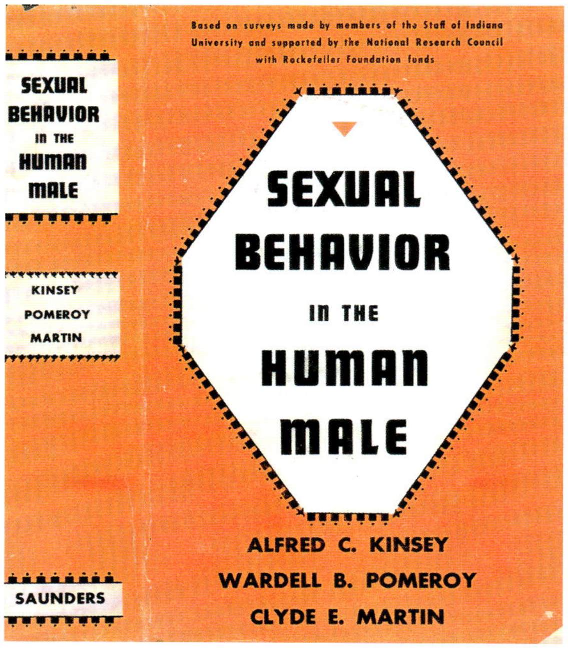

Ci-dessus : La couverture du livre révolutionnaire d'Alfred Kinsey et al. Publié en 1948, il a complètement changé notre façon de percevoir les relations sexuelles et la sexualité masculine.

À gauche : *Le puits de solitude* (1928) de Radclyffe Hall. Un classique de la littérature lesbienne. Bien que particulièrement déprimant, il illustre l'état d'esprit du moment.

Ci-contre : La presse fit écho de la condamnation de Lord Montagu, de Michael Pitt-Rivers et de Peter Wildeblood en janvier 1954. Une affaire qui indigna beaucoup de personnes mais qui permit d'attirer l'attention sur la situation légale injuste des homosexuels.

Page précédente : La première parade commémorant la libération de Christopher Street (aujourd'hui la Gay Pride), le 28 juin 1970.

Daily Mirror

THURS MAR. 25 1954

1½d FORWARD WITH THE PEOPLE

No. 15,663

THE MONTAGU CASE

GUILTY

MONTAGU—12 MONTHS'

Pitt-Rivers and Wildeblood each get 18 months'

PITT-RIVERS *Tea in the cells* WILDEBLOOD *Covered his face*

By PETER WOODS

THE Montagu case at Winchester Assizes ended in a packed and hushed court yesterday with prison sentences for all three accused.

After a four and a half hour retirement, the all-male jury found Lord Montagu of Beaulieu, 27, his second cousin, Michael Pitt-Rivers, 37, and Peter Wildeblood, 30, guilty of serious offences involving two airmen, Corporal Edward McNally, 25, and Aircraftman John Reynolds, 21.

Mr. Justice Ormerod passed sentences of twelve months' imprisonment on Lord Montagu and eighteen months each on Pitt-Rivers and Wildeblood.

"I am dealing with you in the most lenient way I possibly can," the judge told them.

The jury retired to consider their findings a few minutes after noon. They returned to the packed and tense court four and a half hours later.

The three men in the dock rose to their feet, their faces white with strain.

LORD MONTAGU. . . *he talked of a telephone call.*

Outside in the nearby Army barracks a military band struck up a regimental march, its notes stabbing faintly into the words of the Clerk of the Assize as he asked the foreman of the jury for their verdicts on the charges.

"Guilty" "guilty" "guilty," said the foreman, and Lord Montagu swayed slightly, pressing his lips together. By his side Wildeblood looked down and covered his face with his hands for a few seconds.

Then, after speeches by the counsel defending the three men, came the sentences.

Standing just below the dock, Lord Montagu's half sister, the Hon. Elizabeth Douglas Scott-Montagu, who had been in court throughout the eight days of the trial, buried her 'ace in her hands.

The set expressions of the three men in the dock did not alter as, with a last look round the court, they turned to the steps to the cells below.

Fifteen minutes later Reynolds and McNally were swiftly driven from the court in a small black police car.

They were booed and jeered by the waiting crowd of 300 people and covered themselves completely with a travelling rug in the back of the car.

Later, in a tiny white-

'Give Ann my love . . .'

walled room, Lord Montagu and his half-sister sat and talked about Ann Gage, the twenty-two-year-old society girl to whom Lord Montagu was engaged until last October.

She is now in New York and Lord Montagu had booked a telephone call to her last night . . .

"Please make the phone call for me," he asked his sister, adding "and give her my love

"She has been so wonderful and I can't thank her enough."

Then he asked a warder how many pictures he was allowed to have in his cell. "Ten," he was told, and turning to his sister, asked her to send him a picture of his ex-fiancee.

Afterwards the young peer tried to cheer up Wildeblood and Pitt-Rivers over a cup of tea brewed on a small gas stove by one of the warders.

Jokingly he told the warders "No prison could be as bad as going through the Guards Depot at Caterham which Michael (Pitt-Rivers) and I have done."

Shortly after 8 p.m. all three men were taken by car to Winchester Prison, 300 yards away.

Lord Montagu is not at home—**See Centre Pages.**

MURDER GUNMAN DIES IN FIGHT WITH A P.C.

—see story on Back Page

Racing Mirror

NEWSBOY'S 20-1 WINNER

NEWSBOY gave a 20-1 winner, Longborough, at Lincoln yesterday. He also gave The Blessing (6-4 on) and The Russell (13-8 on).

BOUVERIE gave The Blessing, too—his third winning nap in succession.

BERT CERT, "Flutters" cartoon hero, gives his first tip today on Page 14. He will give a tip a day in the RACING MIRROR.

non-conformité de genre. On trouvait des bars gays, lesbiens et drags. La première organisation de défense des droits des personnes LGBTQ au monde serait le Comité scientifique humanitaire, fondé en 1897 en Allemagne par Magnus Hirschfeld. Il fit campagne pour les droits internationaux des LGBT (y compris ceux des transsexuels), mais aussi pour abolir la criminalisation de l'homosexualité. Vingt ans plus tard, en 1919, Hirschfeld fonda l'Institut de sexologie.

Lorsqu'Hitler accéda au pouvoir, ses partisans et lui s'opposèrent violemment à la dégénérescence de la moralité publique. L'homosexualité n'avait pas sa place au sein du projet nazi de la « race pure ». Le 6 mai 1933, des nazis saccagèrent l'académie de Hirschfeld et environ 20 000 ouvrages furent brûlés lors d'un autodafé. Hirschfeld, alors à l'étranger, y demeura en exil. L'année suivante, la Gestapo ordonna à la police de référencer dans une « liste rose » tous les homosexuels connus. En 1935, la loi qui interdisait déjà l'homosexualité fut durcie pour rendre les comportements et les pensées présumés homosexuels illégaux. Jusqu'à la fin de la guerre, on estime à 50 000 le nombre d'hommes homosexuels emprisonnés. Entre 5 000 et 15 000 d'entre eux furent exterminés dans des camps de concentration. On ne connaît pas le nombre exact de morts.

La France a eu une relation complexe avec les droits des homosexuels. Ce fut un crime passible de la peine de mort durant plusieurs siècles. En 1791, en pleine Révolution, le nouveau Code pénal décriminalisait l'homosexualité. La France fut le premier pays d'Europe à l'avoir dépénalisée. En 1942, le gouvernement de Vichy abaissa l'âge du consentement à 15 ans pour les hétérosexuels et l'éleva à 21 ans pour les homosexuels.

La Révolution russe ouvrit également une possibilité de changement. Après octobre 1917, le Parti communiste introduisit un nouveau Code pénal légalisant l'homosexualité. Pendant la décennie qui suivit, les réactions furent mitigées : une certaine hostilité, mais aussi des mesures visant à soutenir les homosexuels. Néanmoins, de 1927 à 1930, le ton se durcit. L'homosexualité fut officiellement reconnue comme une maladie mentale et en 1933, l'homosexualité masculine fut de nouveau criminalisée par Staline.

En 1948, trois ans après la fin de la Seconde Guerre mondiale (durant laquelle les soldats homosexuels furent démobilisés et emprisonnés), le biologiste américain Alfred Kinsey publia son rapport révolutionnaire intitulé « Le comportement sexuel de l'homme ». Il suggérait que non seulement 10 % des Américains étaient homosexuels, mais aussi que la plupart des hommes n'étaient pas exclusivement hétérosexuels ou homosexuels. La publication suscita une énorme polémique. Cinq ans plus tard, son nouveau rapport, « Le comportement sexuel de la femme », eut les mêmes effets. On a appris plus tard que Kinsey était bisexuel…

En Grande-Bretagne, le ministre de l'Intérieur, David Maxwell Fyfe, ordonna une répression destinée à « débarrasser l'Angleterre de ce fléau ».

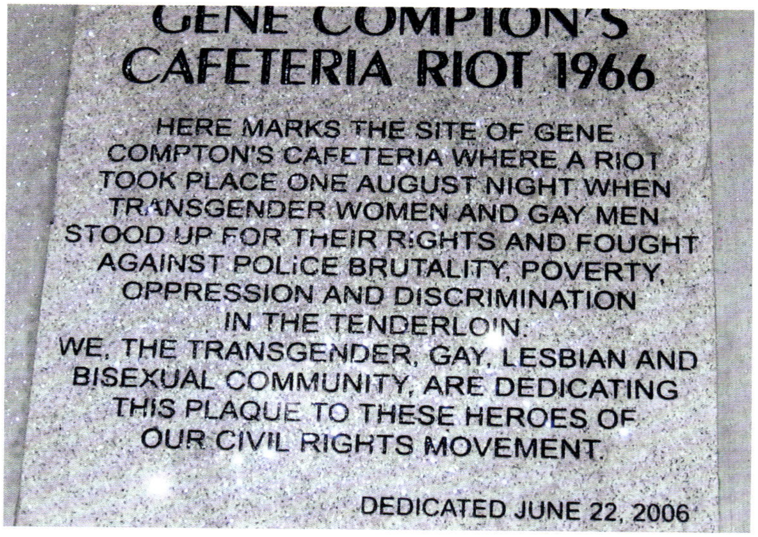

Ci-dessus, à droite : Alan Turing, le père de l'informatique moderne et l'homme derrière les techniques qui ont permis de déchiffrer rapidement des codes allemands pendant la guerre, fut condamné pour acte de grossière indécence en 1952 et subit une castration chimique. Les téléspectateurs de la BBC l'ont élu comme la personnalité la plus importante du XXe siècle.

À droite : Une plaque commémorant les émeutes de la Compton's Cafeteria en 1966 à San Francisco. En réponse au harcèlement et aux arrestations des transgenres, la clientèle manifesta devant l'établissement. Stonewall ne fut pas le premier acte de résistance.

Ci-contre : Une couverture de *The Ladder*, la première publication lesbienne américaine éditée par l'association Les Filles de Bilitis entre 1956 et 1970.

Pages suivantes : Entre 1933 et 1945, on estime que les nazis ont arrêté 100 000 homosexuels, en ont emprisonné 50 000. Entre 5 000 et 15 000 auraient été exterminés dans des camps de concentration.

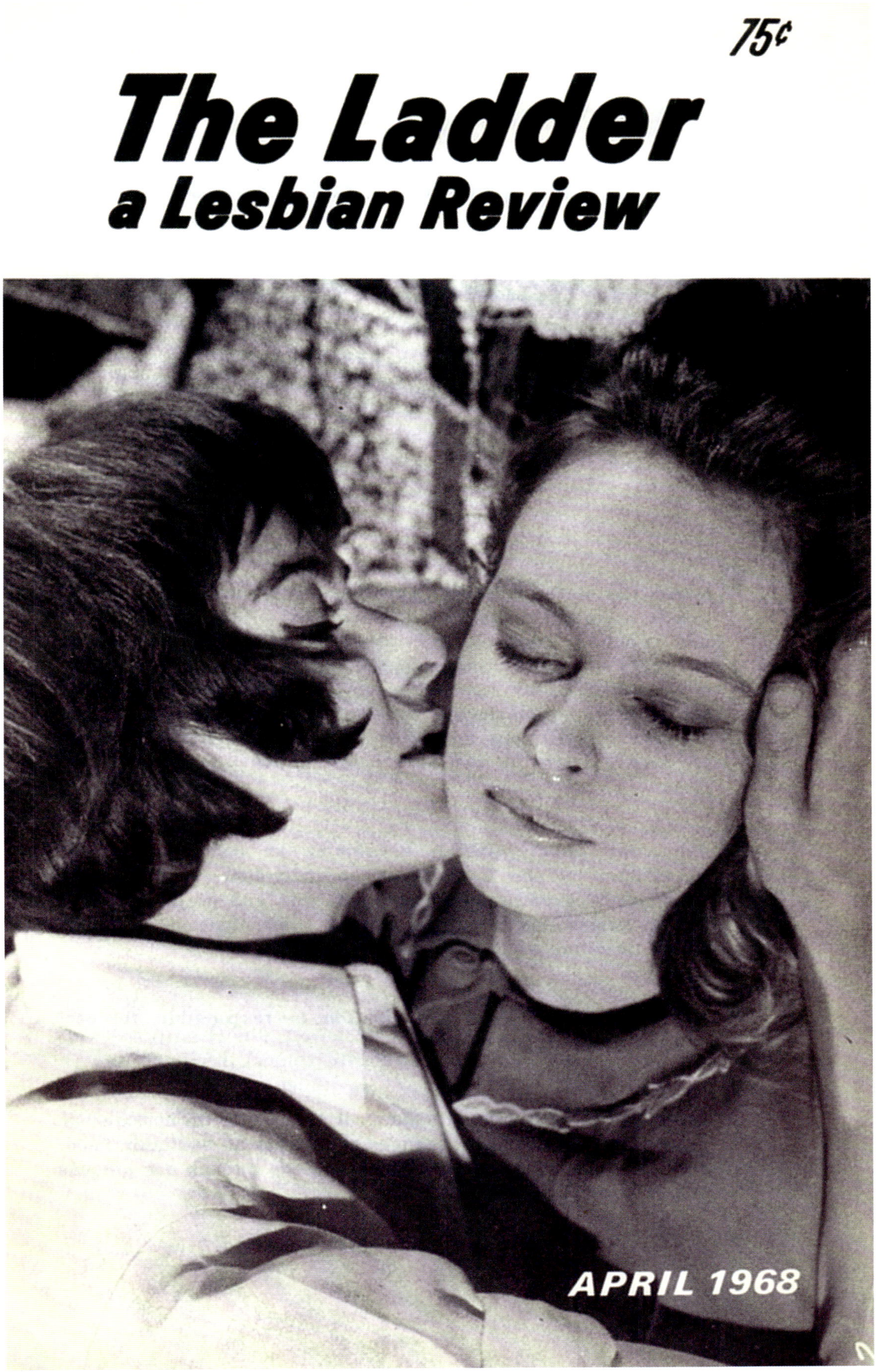
75¢
The Ladder
a Lesbian Review
APRIL 1968

Comme le rappela Graham Stewart en octobre 2000 dans le *Times*, 1276 poursuites avaient été engagées en 1939. En 1951, après une première année d'activité de Fyfe, il y en eut 5443.

Aux États-Unis, alimentées par la paranoïa communiste d'après-guerre, de nouvelles lois poussèrent les LGBTQ aux limites de la folie et de la société. Selon l'historien David Carter, ces lois les ont forcés à vivre dans « un état de peur affreux et d'asphyxie spirituelle ». Le sénateur Joseph McCarthy, entre autres, pensait que l'homosexualité constituait un risque pour la sécurité. Si des courriers en lien avec l'homosexualité étaient envoyés à quelqu'un, le service postal devait le signaler au FBI. Des milliers de personnes furent surveillées et se virent refuser un emploi ou perdirent le leur. Des campagnes d'information furent lancées pour avertir du danger de l'homosexualité.

À peu près à la même époque, plusieurs cas impliquant des personnalités connues suscitèrent l'inquiétude au Royaume-Uni. En 1952, Alan Turing, l'informaticien de Bletchley Park qui joua un rôle crucial dans la victoire de la Seconde Guerre mondiale, fut reconnu coupable de « grossière indécence ». En 1953, l'acteur chéri du public, Sir John Gielgud, fut arrêté et condamné pour avoir eu des relations sexuelles dans des toilettes publiques. Le soir même, l'actrice Sybil Thorndike se préparait nerveusement à monter sur scène avec lui, s'attendant à ce qu'il se fasse huer. À la surprise générale, Gielgud reçut une salve d'applaudissements enthousiastes. L'année suivante, Alan Turing, qui avait accepté la castration chimique plutôt que l'emprisonnement, fut retrouvé mort, probablement un suicide. La même année, en pleine tempête médiatique, le plus jeune pair de la Chambre des Lords, Lord Montagu de Beaulieu, ainsi que Peter Wildeblood et Michael Pitt-Rivers furent condamnés pour « complot visant à inciter des hommes à commettre de graves délits sur des personnes du même sexe ». Constatant que la situation était intenable, le gouvernement demanda à Sir John Wolfenden de trouver une solution pour lutter contre le double problème de l'homosexualité et de la prostitution. Trois ans plus tard, en 1957, le rapport Wolfenden concluait que, dans des circonstances particulières, l'homosexualité devrait être dépénalisée. Le changement était en marche. La Homosexual Law Reform Society, composée de députés, d'universitaires et de personnalités publiques, mena campagne en faveur de la mise en œuvre des recommandations du rapport. Un groupe de soutien, l'Albany Trust, fut mis en place pour promouvoir le bien-être des homosexuels.

Aux États-Unis, la Mattachine Society, considérée comme la première association importante de droits des homosexuels (après la brève Society for Human Rights en 1924), fut fondée en 1950 par le communiste Harry Hay. Rétrospectivement, beaucoup considèrent que l'association avait une approche conservatrice car elle décrivait les homosexuels comme « des hommes comme les autres ». Dix ans plus tard, Dick Leitsch, le représentant new-yorkais de la Mattachine, appela à une action plus directe. En 1952, le *New York Daily News* révéla l'existence d'une femme transgenre de 26 ans, Christine Jorgensen, faisant d'elle une célébrité. En 1955, le couple Del Martin et Phyllis Lyon créa à San Francisco une association lesbienne, Les Filles de Bilitis, afin de soutenir les femmes homosexuelles et bisexuelles.

Ci-contre : Né en 1910, Jean Genet fut emprisonné quand il était adolescent pour petite délinquance. Mais après s'être lié d'amitié avec des artistes qu'il avait impressionnés par ses écrits, Genet devient lui-même un artiste majeur, retraçant de façon explicite ses opinions politiques, son expérience de pickpocket et de prostitué. Dramaturge, il est l'une des figures du théâtre de l'absurde. Anarchiste, il s'élève contre la culture sociopolitique dominante.

Ci-dessous : Des clients beatniks, bohèmes et gays du Black Cat Café à San Francisco dans les années 1950. Il ferma en 1964 après des années de descentes de police pour appliquer la loi interdisant les « lieux de rencontre de pervers ».

HOMOSEXUALS
should be
judged as
individuals.
SUPPORT
RIGHTS
LIMIT

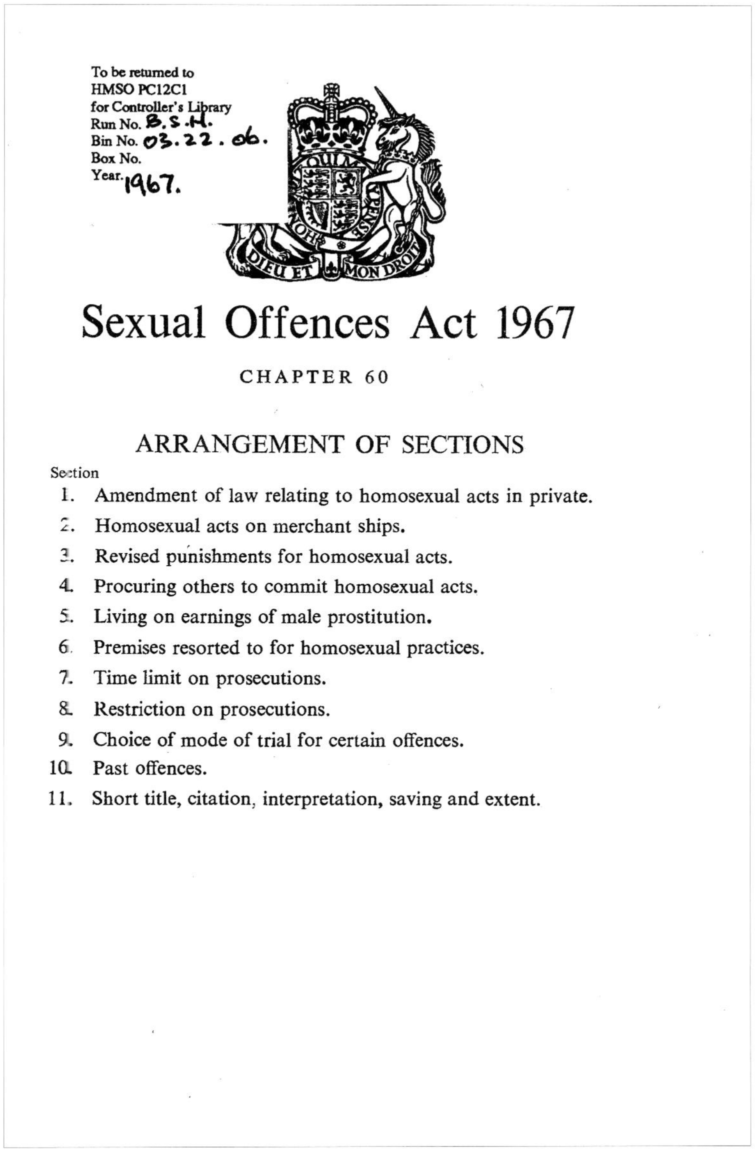

Sexual Offences Act 1967

CHAPTER 60

ARRANGEMENT OF SECTIONS

Section
1. Amendment of law relating to homosexual acts in private.
2. Homosexual acts on merchant ships.
3. Revised punishments for homosexual acts.
4. Procuring others to commit homosexual acts.
5. Living on earnings of male prostitution.
6. Premises resorted to for homosexual practices.
7. Time limit on prosecutions.
8. Restriction on prosecutions.
9. Choice of mode of trial for certain offences.
10. Past offences.
11. Short title, citation, interpretation, saving and extent.

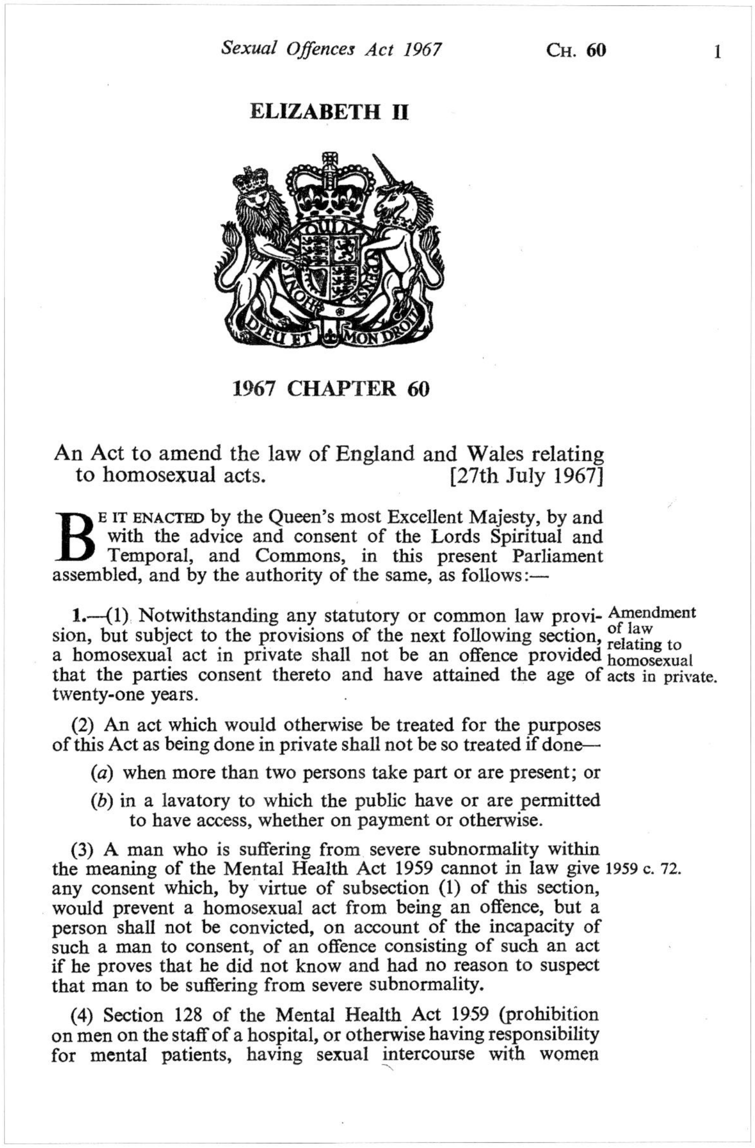
Sexual Offences Act 1967 CH. 60 1

ELIZABETH II

1967 CHAPTER 60

An Act to amend the law of England and Wales relating to homosexual acts. [27th July 1967]

BE IT ENACTED by the Queen's most Excellent Majesty, by and with the advice and consent of the Lords Spiritual and Temporal, and Commons, in this present Parliament assembled, and by the authority of the same, as follows:—

1.—(1) Notwithstanding any statutory or common law provision, but subject to the provisions of the next following section, a homosexual act in private shall not be an offence provided that the parties consent thereto and have attained the age of twenty-one years. Amendment of law relating to homosexual acts in private.

(2) An act which would otherwise be treated for the purposes of this Act as being done in private shall not be so treated if done—

(*a*) when more than two persons take part or are present; or

(*b*) in a lavatory to which the public have or are permitted to have access, whether on payment or otherwise.

(3) A man who is suffering from severe subnormality within the meaning of the Mental Health Act 1959 cannot in law give any consent which, by virtue of subsection (1) of this section, would prevent a homosexual act from being an offence, but a person shall not be convicted, on account of the incapacity of such a man to consent, of an offence consisting of such an act if he proves that he did not know and had no reason to suspect that man to be suffering from severe subnormality. 1959 c. 72.

(4) Section 128 of the Mental Health Act 1959 (prohibition on men on the staff of a hospital, or otherwise having responsibility for mental patients, having sexual intercourse with women

Les années 1960 marquèrent le début d'une vague de changements politiques et sociaux considérables. En 1962, le député hétérosexuel du Parti travailliste, Leo Abse, proposa une loi visant à mettre en œuvre le rapport Wolfenden. Les manifestations contre la guerre du Vietnam devinrent un modèle de la résistance. Le mouvement Black Power prônait des actes de désobéissance civile, tels que les défilés de 1965 de Selma à Montgomery.

Parallèlement aux Mexicains et aux Portoricains qui luttaient contre les violences policières, un mouvement aux influences indiennes sur la transformation du sexe et de l'amour se répandit à travers l'Amérique, porté par les Beatles. Une commission présidentielle sur le statut de la femme fit le constat d'une inégalité généralisée, alors que des ouvrages tels que *La femme mystifiée* de Betty Friedan impulsaient une seconde vague de féminisme après celle des suffragettes. Vers la fin des années 1960 au Royaume-Uni, les femmes furent autorisées à siéger à la Chambre des Lords, et la pilule contraceptive mise à la disposition des femmes mariées, puis de toutes les femmes en 1967. La même année, l'avortement fut légalisé, sauf en Irlande du Nord. En 1961, Dirk Bogarde tint la vedette dans un film sur un avocat gay victime de chantage homosexuel. En 1962, l'État de l'Illinois fut le premier à légaliser la sodomie consentie (dix ans avant les autres). En 1964, un article de *Life* suggérait que le public commençait à prendre conscience « du monde secret des homosexuels » qui émergeait lentement de l'ombre.

Trois lieux en Californie annonçaient déjà la révolte. En mai 1959, il y eut des troubles au Coopers Do-Nuts, un petit café ouvert 24 heures sur 24 près de Skid row à Los Angeles, fréquenté par des homosexuels et des transsexuels. En août 1966, la clientèle transgenre de la Compton's Cafeteria à Los Angeles manifesta contre le harcèlement régulier de la police, entraînant la création du premier groupe de soutien, la National Transsexual Counselling Unit. Les deux jours d'émeute auraient commencé après qu'une transgenre jeta un café sur un policier qui voulait l'arrêter, préfigurant ce qui allait se passer trois ans plus tard à New York. En février 1967, 200 clients de la Black Cat Tavern

Ci-contre : La Mattachine Society organisa la première manifestation « homophile ». Ici, la célèbre militante lesbienne Barbara Gittings, le 4 juillet 1966, devant l'Independence Hall à Washington. Elle participait à l'Annual Reminder, une manifestation annuelle qui a préparé la voie aux marches des fiertés.

Ci-dessus : La loi britannique sur les infractions sexuelles de 1967 décriminalisait, dans un cadre privé, les relations sexuelles entre les hommes consentants de plus de 21 ans. La loi fut promulguée dix ans après les recommandations du crucial rapport Wolfenden.

LES PREMIERS BARS GAYS

- Des lieux de rencontres clandestins, les « Molly Houses », existent en Grande-Bretagne à partir du XVIIIe siècle.
- Le Zanzibar, à Cannes (ouvert en 1885).
- The Cave of the Golden Calf, près de Regent Street, à Londres (ouvert en 1912).
- Dans les années 1920, Berlin possédait un réseau florissant de bars, de clubs et de cafés gays (dont l'Eldorado, *voir ci-dessous*).
- The Atlantic House, à Provincetown, aux États-Unis (devient un lieu gay dans les années 1920).
- Le Double Header, à Seattle, aux États-Unis (ouvert en 1933).
- Le Café Lafitte in Exile, à La Nouvelle-Orléans (ouvert en 1933, prétend être le plus vieux bar gay toujours en activité aux États-Unis).
- Le White Horse Inn, à Oakland, en Californie (ouvert en 1933, toujours un bar gay à ce jour).
- Le Black Cat Café, San Francisco, États-Unis (ouvert en 1906, il accueille les gays au début des années 1940).
- Le Julius, Greenwich Village, à New York (fréquenté par les homosexuels dès les années 1950, et même dans les années 1960).

à Los Angeles, exaspérés par le harcèlement et la brutalité de la police, en particulier au Nouvel An 1966, organisèrent une manifestation pacifique.

En 1964, le tabloïd *Sunday People* révéla que le mannequin britannique April Ashley était transgenre. La nouvelle fit sensation. Deux ans plus tard, la Beaumont Society, première association de soutien aux transsexuels du pays, fut créée pour les aider et sensibiliser le corps médical au sujet. En 1967, la BBC consacra deux reportages du magazine « Man Alive » à la situation des gays et lesbiennes. Des personnes de différentes classes sociales étaient filmées dans leur lutte au quotidien pour mener une vie paisible, sans parler du désir d'avoir une relation amoureuse. La dramaturge et poète Maureen Duffy fut une des premières Britanniques à faire son coming out. Elle publia un premier roman ouvertement gay en 1966 et apparut à la télévision pour réclamer une réforme de la loi sur l'homosexualité masculine. Puis, le 27 juillet 1967, sur les recommandations du comité Wolfenden – dirigé par un hétérosexuel, qui révéla plus tard avoir un fils gay, et commandé par un gouvernement conservateur à partir d'un projet de loi défendu par un député hétérosexuel et adopté sous un gouvernement travailliste –, la loi sur les infractions sexuelles fut promulguée. Les rapports sexuels consentants dans un cadre privé entre deux hommes de plus de 21 ans devenaient légaux en Angleterre et au Pays de Galles. Il était trop tard pour nombre d'homosexuels, dont le dramaturge Joe Orton, assassiné par son partenaire d'un soir, Kenneth Halliwell, deux semaines plus tard, sans doute perturbé mentalement.

Mais pour d'autres s'ouvrait une nouvelle ère. Une coalition de personnalités aux opinions différentes avait créé un raz-de-marée.

Ci-dessus : Leo Abse, député de Torfaen, en avril 1965. Abse fut à l'origine de la proposition de loi qui aboutit à la décriminalisation partielle des relations sexuelles entre hommes.

À gauche : Des clients habillés en drag-queens à l'Eldorado à Berlin en 1929.

Ci-contre : Le mannequin April Ashley au Astor Club dans le West End à Londres en 1962. C'est l'un des premiers Britanniques à subir une chirurgie de réattribution sexuelle. Son secret fut révélé par le *Sunday People* en 1961.

TÉMOIGNAGE
PERSONNEL

MAUREEN DUFFY

ÂGÉE DE 86 ANS, C'EST LA PREMIÈRE BRITANNIQUE CONNUE À AVOIR FAIT SON COMING OUT

Quand j'ai commencé à m'assumer au début des années 1960, les hommes et les femmes homosexuels étaient pour la plupart clandestins. Il y avait des pubs gays à Earl's Court et à Soho mais aussi disséminés dans toute la capitale, mais les lieux de rencontre pour les lesbiennes étaient bien moins connus. Des procès pour homosexualité impliquant des personnalités célèbres, principalement Sir John Gielgud en 1953, ont abouti à la création du comité Wolfenden chargé d'examiner la question de l'homosexualité masculine ainsi que d'autres sujets annexes.

On étouffait tellement dans le placard, en partie à cause du principe « on ne parle pas de ces choses-là » de la classe moyenne respectable, que notre bande très unie de filles et de garçons qui fréquenta la même université pendant trois ans ne sut jamais s'il y avait un homosexuel parmi nous.

Aussi, quand j'ai fait mon coming out, et en bonne Britannique convaincue que les Français étaient les meilleurs en matière de sexe, ou du moins les plus ouverts, je me suis tournée vers *Le Deuxième Sexe* de Simone de Beauvoir. Je n'ai pas été déçue. Après l'avoir lu, je me suis dit : « Tout va bien donc. » Mais demeurait la question de savoir quoi faire et où aller pour trouver d'autres gens comme moi.

Heureusement, ma compagne, pour utiliser un mot contemporain, connaissait un vicaire gay qui nous a invitées avec son « petit ami » dans un pub sur les quais de la Tamise, où nous pourrions nous renseigner sur les lieux lesbiens. Et c'est ainsi que j'ai découvert le Gateways, à Chelsea, où j'ai dansé au son du juke-box jusqu'à la fermeture. Il était toujours compliqué de quitter l'établissement. Parfois, il y avait des hommes qui attendaient pour nous insulter ou même nous cracher dessus. Des invectives du genre « Viens ici, chérie, et je vais te montrer de quoi il s'agit », bon enfant en apparence, mais qui pouvait être perçues comme une menace.

Entre-temps, la campagne pour la dépénalisation de l'homosexualité masculine battait son plein. Le comité Wolfenden avait rendu un rapport favorable en 1957. Non seulement je croyais fermement qu'il était injuste de poursuivre des homosexuels, mais aussi que l'homosexualité avait toujours été une facette de la nature humaine. Cependant, je prenais conscience que plus les demandes de changement de la législation pour les hommes devenaient audibles dans les médias – y compris les opposants qui donnaient encore plus de résonance au sujet – plus les lesbiennes étaient reléguées au second plan, comme ces femmes qui n'avaient pas réussi à avoir un mari. Finalement, j'ai décidé d'écrire le pendant d'*Homosexualité*, l'ouvrage de D. J. West, pour parler de nos efforts, de nos vies et de notre combat pour l'égalité. Le mot même « homosexualité » était mal interprété, dérivé du mot latin *homo*, qui signifie « homme », plutôt que du mot grec qui signifie « même ».

J'ai donc interviewé des femmes homosexuelles avec mon encombrant magnétophone et j'en ai tiré un synopsis. Je l'ai envoyé à mon agent qui a organisé une rencontre avec l'éditeur Anthony Blond, connu pour publier des livres osés, tels que *Le guide des plaisirs de Londres*. Mais Blond me dit : « Comme vous n'êtes pas sociologue, personne ne vous publiera. Pourquoi n'écrivez-vous pas plutôt un roman ? » En y réfléchissant sur le chemin du retour, j'ai appelé mon agent pour donner mon accord. C'est ainsi que j'ai commencé *The Microcosm*, un roman interdit par le Vatican, mis à l'index et interdit en Irlande, puis en Afrique du Sud car il décrivait des relations entre noirs et blancs. Mais des dizaines de femmes m'ont ausi écrit pour me remercier et me dire : « Je croyais être la seule au monde. »

Après le roman, je me suis beaucoup impliquée dans la campagne pour l'homosexualité masculine. D'ailleurs, mon interview télévisée est toujours dans les archives de la BBC !

Wolfenden a réussi en 1967, néanmoins *Gay News* a été poursuivi en 1977 pour diffamation blasphématoire à cause du poème de James Kirkup sur la crucifixion. En réponse, j'ai publié *The Ballad of the Blasphemy Trial* et j'ai attendu que le ciel me tombe sur la tête. Mais rien ne s'est passé. Cependant, le secrétaire de la National Secular Society fut poursuivi pour avoir envoyé le poème de Kirkup par la poste. Brigid Brophy et moi-même l'avons accompagné à son procès afin de lui témoigner notre soutien.

Peu à peu, le Royaume-Uni s'est ouvert, d'abord avec des unions civiles, puis avec le mariage homosexuel, sauf en Irlande du Nord. Néanmoins, il existe encore des LGBTQ persécutées dans de nombreuses régions du monde, voire torturées et assassinées.

J'ai fait mon coming out dans une société très guindée où être gay était stigmatisé, au mieux, raillé. Beaucoup d'hommes et de femmes étaient tentés de cacher leur terrible et honteux secret qui nous distinguait de la société « normale » : de ses normes. Les femmes fortunées de Grande-Bretagne et d'Amérique, telles que Gertrude Stein, Radclyffe Hall et bien d'autres, se sont terrées à Paris durant l'entre-deux-guerres.

Pour ceux d'entre nous qui n'avaient pas d'autre choix, nous devions soit vivre dans le secret, soit, faire comme moi, être butés et y aller au culot. C'est ainsi que je me suis retrouvée à combattre la clause 28 de Maggie Thatcher dans les années 1980. Puis vint l'épidémie du sida et j'ai écrit des poèmes que j'ai lus lors des funérailles de trois de mes amis. Nous avons parcouru un long chemin, mais il ne faut jamais oublier qu'un retour en arrière est toujours possible.

Ci-dessus : Maureen Duffy, photographiée aux débuts des années 1960.

TÉMOIGNAGE
PERSONNEL

BISI ALIMI

MILITANT ET ÉCRIVAIN, PORTRAIT D'UN HÉROS OCCULTÉ : BAYARD RUSTIN

C'était un après-midi de février 2010 et je venais d'être chargé d'écrire un article sur les figures emblématiques noires et LGBT de l'histoire. Je ne m'en sentais pas capable. En tant que jeune homosexuel qui a grandi au Nigeria, l'idée d'une icône n'avait rien de concret pour moi. Comme tant d'autres, j'étais seul et n'avais personne à prendre pour modèle. Au fur et à mesure de mes recherches, je suis pourtant tombé sur quelqu'un qui allait changer ma vie. J'ai vu une vidéo sur YouTube intitulée « The Lost Prophet » sur la vie d'un gay noir, qui était en effet un personnage emblématique. C'était Bayard Rustin. La vidéo parlait de son rôle au sein du mouvement des droits civiques, de son attachement aux enseignements du Mahatma Gandhi, et de la manière dont il avait influencé la politique de Martin Luther King Jr et de Malcolm X. L'histoire de Bayard Rustin, comme celle d'Alice Walker, de Marsha P. Johnson et de bien d'autres noires influentes et queers, nous ne les entendons que rarement.

Né le 17 mars 1912 à West Chester, en Pennsylvanie, il fut élevé par ses grands-parents, Julia et Janifer Rustin. Dans sa jeunesse, il rallia la Ligue des jeunes communistes, avant de rejoindre les Quakers. C'était ce parcours qui l'avait conduit sur la voie qui lui avait permis de devenir le visage de la Marche de Washington pour l'emploi et la liberté au mois d'août 1963.

Avant la marche, le gouvernement américain l'avait persécuté car son militantisme échappait à leur contrôle. Le FBI mit la pression sur le Dr King et certains membres du mouvement des droits civiques l'écartèrent. Pour le FBI, il était une menace et pour le mouvement afro-américain de défense des droits civiques, un fardeau trop lourd à porter. Le principal défi était que les États-Unis de l'époque des lois Jim Crow haïssent les homosexuels et les noirs, or, Bayard Rustin était un homme noir qui vivait son homosexualité au grand jour. C'était un gros problème pour le très religieux mouvement afro-américain de défense des droits civiques qui était confronté à un dilemme : soit se défaire d'un de leurs stratèges principaux en raison de sa sexualité, soit subir les conséquences d'un rejet de nombreux Afro-américains hostiles à Rustin. À l'approche de la Marche sur Washington, un membre du Congrès, Adam Clayton Powell, aurait menacé d'accuser le Dr King d'avoir une relation avec Rustin. Dr King dut céder à la pression et éloigna Rustin de la campagne. Du coup, le mouvement s'essoufla sans l'engagement de Rustin.

Le mouvement n'eut d'autre choix que de réintégrer Rustin qui organisa l'une des manifestations les plus réussies de l'histoire des droits civiques aux États-Unis. Plus tard, il fit campagne en faveur des droits des homosexuels. En 1986, il déclara dans un entretien au Washington Blade que dans les années 1940, « il était absolument nécessaire pour moi de déclarer mon homosexualité, autrement mon silence aurait renforcé la discrimination ». Rustin a poursuivi sans fléchir son travail acharné de militant jusqu'à sa mort à 75 ans le 24 août 1987.

Sa vie peut être résumée avec ses propres mots : « Dans chaque coin, dans chaque communauté, nous avons besoin d'un groupe de fauteurs de troubles angéliques. » Rustin a mené une vie de fauteur de troubles angélique, semant derrière lui des graines de changement partout où il est allé.

Ce jour de février m'a permis de percevoir la négritude dans mon identité queer non seulement comme une note de bas de page dans l'histoire, mais comme son essence même.

Merci Bayard Rustin.

À droite : Bayard Rustin, homosexuel, ami de Martin Luther King Jr et figure majeure du mouvement des droits civiques aux États-Unis. Début des années 1960.

CULTURE : LA LITTÉRATURE

Oscar Wilde est mort en 1900. Condamné pour sodomie, il avait été libéré de prison en 1897 mais n'avait jamais recouvré la santé. Ses œuvres qui traitent de sujets homosexuels connurent le succès, notamment *Le portrait de Dorian Gray*, malgré ou peut-être à cause de leur mauvaise presse. Mais il a fallu attendre le XXe siècle avant qu'une littérature LGBTQ émerge et que l'homosexualité soit mise en avant.

Virginia Woolf a écrit ce qui est considéré comme l'un des romans majeurs sur l'homosexualité du début du XXe siècle : *Orlando*, dont le héros voyage dans le temps en passant d'un genre à l'autre. Le roman fut un succès et beaucoup y ont vu une lettre d'amour à Vita Sackville-West. Il fut publié en 1928, la même année que *Le puits de solitude* de Radclyffe Hall, un roman qui fut interdit pour obscénité.

Écrit en prison, le premier roman de Jean Genet, *Notre-Dame des Fleurs*, se déroule dans les bas-fonds de Paris. Il se concentre autour du personnage transsexuel de Divine et dépeint de façon explicite la sexualité gay. Le roman a d'abord été publié anonymement en 1943. Soutenu par Sartre et Cocteau, il a ensuite inspiré les écrivains de la Beat Generation.

De nombreux écrivains LGBTQ du début du siècle dernier, comme Patricia Highsmith ou Tennessee Williams, ont abordé leur sexualité de façon indirecte dans leurs œuvres. Refusé par son éditeur, Highsmith a utilisé un pseudonyme pour son roman sur l'homosexualité féminine publié en 1952 : *The Price of Salt*. Il a été réédité en 1990 sous le titre *Carol*, sous le vrai nom de l'auteur, à peine cinq ans avant sa mort. Elle ne fut pas le seul écrivain LGBTQ à user d'un nom d'emprunt, par choix ou par nécessité. Certains auteurs contemporains de Highsmith, comme Gore Vidal, Christopher Isherwood ou encore Violette Leduc ont écrit sur des LGBTQ. Néanmoins, pendant encore longtemps, le faire ouvertement signifiait s'exposer aux critiques, et dans certains cas, à la censure.

À gauche : Armistead Maupin, auteur de l'inoubliable roman-feuilleton *Tales of the City* (*Chroniques de San Francisco*). San Francisco, 1989.

Ci-dessous : Une édition reliée du troisième roman de James Baldwin publié en 1963. Un ouvrage qui a suscité la controverse.

Ci-contre : Féministe, auteure et activiste, Audre Lorde, donnant une conférence à l'Atlantic Center for the Arts, Floride, 1983.

Women are
powerful and
dangerous,

Ci-dessus : Un des auteurs gays les plus admirés de notre époque et un des militants les plus célèbres de la cause, James Baldwin en 1950.

James Baldwin est une figure clé de l'histoire des Afro-américains et de l'homosexualité. Après le succès de son *opus* novateur, *La Conversion* (1953), ses deuxième et troisième romans, respectivement, *La chambre de Giovanni* (1956) et *Un autre pays* (1962), sur des gays et bisexuels, font l'objet de controverses. Ses œuvres les plus acclamées par la critique ont contribué à enrichir le débat autour des droits homosexuels et civiques avant et après les émeutes de Stonewall. Baldwin continua à militer et à écrire jusqu'à sa mort en 1987. Le documentaire de 2016, *Je ne suis pas ton nègre*, retrace l'histoire de sa vie. En 2019, Regina King remporta l'Oscar du meilleur second rôle féminin pour son rôle dans l'adaptation du roman de Baldwin *Si Beale Street pouvait parler* (1974).

Au cours des années 1970, des lesbiennes ont publié plusieurs ouvrages importants. L'autobiographie de Rita Mae Brown, *Rubyfruit Jungle* (1973), fut un énorme succès. La poétesse engagée, Audre Lorde, fait partie des premières à avoir proposé le concept d'intersectionnalité. En 1968, elle publie son premier recueil de poèmes, *The First Cities*. Elle écrit et enseigne jusqu'à sa mort en 1992. Elle est considérée – au même titre que les Anglo-saxonnes Jeanette Winterson et Alice Walker – comme l'une des plus importantes écrivaines lesbiennes du XXe siècle.

Tales of the City, le roman-feuilleton d'Armistead Maupin, d'abord publié dans le *San Francisco Chronicle*, puis en roman en 1978, se distingue car c'est la première œuvre de fiction qui tourne autour de personnages gays et transsexuels à la fois dignes et attachants et qui dépeint un portrait chaleureux et optimiste de la vie des LGBTQ. La série jouit d'une popularité durable : en 1993, elle est adaptée pour la première fois à la télévision par la chaîne britannique Channel 4, et Netflix produit une nouvelle série en 2019.

Edmund White est une figure littéraire majeure dans les années 1980 après son *Joy of Gay Sex* en 1977, puis sa trilogie semi-autobiographique : *Un jeune Américain* (1982), *La tendresse sur la peau* (1988) et *La Symphonie des adieux* (1997). Analysant les comportements à l'égard du genre, l'ouvrage précurseur de la transsexuelle Kate Bornstein, *Gender Outlaw*, paraît en 1994. En 2007, Julia Serano publie son manifeste, *Whipping Girl*, une série d'essais qui introduit la notion de « transmisogynie ». Et en 2014, Janet Mock accède à la notoriété en ouvrant de nouvelles perspectives avec *Redefning Realness*, une autobiographie devenue un best-seller.

Ces dernières années, le nombre croissant d'auteurs LGBTQ, ainsi que la popularité et le succès de romans comme *Caresser le velours* de Sarah Waters (1998), *Danish Girl* de David Ebershoff (2000), *La ligne de beauté* d'Alan Hollinghurst (2004), *Fun Home* d'Alison Bechdel (2006), adapté à Broadway, ou encore *This Book is Gay* de Juno Dawson (2014), *Moi, Simon, 16 ans, Homo Sapiens* de Becky Albertalli, auteure hétérosexuelle, sorti en 2015, mais aussi *Les dieux du tango* de Carolina De Robertis (2015), démontrent que les récits LGBTQ sont essentiels au monde de la littérature.

CINQ ROMANS D'AMOUR GAYS PASSIONNANTS

Maurice d'E.M. Forster (1971)
Two Boys Kissing de David Levithan (2013)
Comment réparer un cœur mécanique de J.C. Lillis (2012)
Deux garçons, la mer de Jamie O'Neill (2001)
Bollywood Apocalypse de Manil Suri (2013)

CINQ ROMANS LESBIENS QU'IL FAUT LIRE

Zami d'Audre Lorde (1982)
Keeping You a Secret de Julie Anne Peters (2003)
La couleur pourpre d'Alice Walker (1982)
Girl Walking Backwards de Bett Williams (1998)
Les oranges ne sont pas les seuls fruits de Jeanette Winterson (1985)

CINQ OUVRAGES SUR LA TRANSSEXUALITÉ

Trans Mission d'Alex Bertie (2017)
To My Trans Sisters de Charlie Craggs (ed.) (2017)
Stone Butch Blues de Leslie Feinberg (1993)
Breakfast on Pluto de Patrick McCabe (1998)
If I Was Your Girl de Meredith Russo (2016)

TÉMOIGNAGE
PERSONNEL

DARRYL PINCKNEY
UN GRAND ROMANCIER PRIMÉ, DRAMATURGE ET ESSAYISTE

Oscar Wilde fut d'un grand soutien durant mon adolescence quand j'avais un coup de foudre à sens unique. Il m'a appris que l'amour homosexuel coûte cher, mais ce lourd tribut donnait un réel pouvoir à cette expérience à la fois charnelle et spirituelle. Il valait mieux en rire finalement… J'ai vu un téléfilm *L'importance d'être constant* à la fin des années 1960. J'aimais tout ce qui était britannique et guindé, et je crois que c'était ce que j'étais – un gamin noir qui suscitait les rires parce qu'il ne savait pas courir et dribbler au basket, celui dont les enfants blancs avaient le droit de se moquer – quand j'ai voulu rejoindre la Queer Nation sans avoir conscience que c'était à cause de mon anglophilie. J'ai regardé la version de 1945 du *Portrait de Dorian Gray* et dès que j'ai été dans une boutique de livres anciens, j'ai acheté un vieil exemplaire à la couverture rouge du roman. Je n'ai partagé Wilde avec personne. Il n'était ni à la maison ni à l'école. Je ne me souviens pas si à l'époque je connaissais sa vie, mais je ne parlais à personne de ma passion pour lui. Je pense que j'avais compris que c'était tabou. Alors que j'étais en vacances, je me suis rendu seul dans une autre librairie d'occasion où je suis tombé sur les *Lettres d'Oscar Wilde*, éditées par Rupert Hart-Davis (1962). J'ai lu la version non expurgée de la longue lettre amère de Wilde à Lord Alfred Douglas en 1897 à la prison de Reading alors qu'il purgeait une peine de deux ans de travaux forcés. Wilde ne l'envoya pas avant sa libération, quelques mois plus tard. J'en soulignais quelques passages : « Je me reproche d'avoir permis une amitié dépourvue de toute dimension intellectuelle »… « La souffrance est un long moment unique. » Je n'avais pas compris tout ce que je lisais, mais ça me suffisait. Et puis il y eut l'université, et les intellectuels de la Queer Nation étaient plus nombreux (personne auparavant ne me parla des sonnets de Shakespeare). L'avantage de l'université dans les années 1970 était que nous pouvions vivre au grand jour. Le professeur Stade, pourtant hétérosexuel, a commencé son cours sur *À rebours* de Huysmans (1884) par « Ceux d'entre vous qui sont hétérosexuels, essayez d'imaginer… » et tout le monde a ri, y compris un futur « béguin non partagé » assis devant moi. De l'eau allait couler sous les ponts, tout changeait. Maintenant je suis parfois surpris que le rayon trans d'une librairie soit plus fourni que la section gay. Je n'ai pas lu Wilde depuis des années, mais, où que j'aille, je ne me sépare jamais de ces trouvailles dénichées dans ces librairies d'occasion. L'homosexualité en tant que catégorie sociale, orientation sexuelle ou source d'identité, est peut-être dépassée, démodée, insuffisante, impertinente, mais Wilde me renvoie à mon époque, à la sienne et au dur chemin qui mène à la liberté, une liberté même relative qu'il a contribué à construire.

Ci-dessous, à gauche : Le manuscrit original de l'édition révisée du roman d'Oscar Wilde, *Le portrait de Dorian Gray* (1891).

Ci-dessus, à droite : L'écrivain Darryl Pinckney. Oscar Wilde a joué un rôle très important pendant ses années de formation.

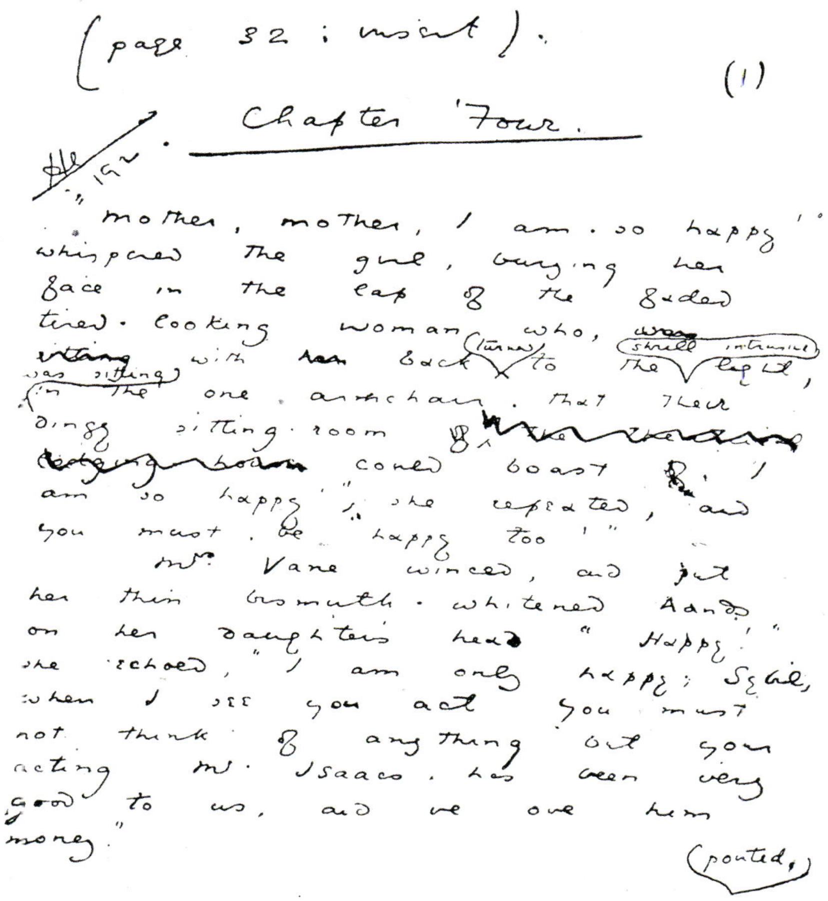
(page 32 : insert).

(1)

Chapter Four.

"Mother, mother, I am so happy!" whispered the girl, burying her face in the lap of the faded tired-looking woman who, with back turned to the shrill intrusive light, was sitting in the one arm-chair that their dingy sitting-room contained. "I am so happy!" she repeated, "and you must be happy too!"

Mrs. Vane winced, and put her thin bismuth-whitened hands on her daughter's head. "Happy!" she echoed, "I am only happy, Sybil, when I see you act. You must not think of anything but your acting. Mr. Isaacs has been very good to us, and we owe him money."

(pouted,)

LE STONEWALL DE BONNIE

En 1920, certaines régions des États-Unis avaient acquis la réputation d'être plus tolérantes que d'autres envers les homosexuels. Selon l'historien John D'Emilio, de nombreux gays se retrouvèrent dans le quartier français de La Nouvelle-Orléans, le quartier de Barbary Coast à San Francisco et à Harlem et Greenwich Village à New York. En 1918, le Whitney Studio Club (le futur Whitney Museum of American Art), destiné aux nouveaux artistes, ouvrit ses portes dans Greenwich Village, un quartier à l'ouest du Lower Manhattan. En 1938 près de là, le Café Society fut la première discothèque pratiquant l'intégration raciale de tout le pays. Greenwich Village, en particulier, accueillait des artistes, mais aussi ceux qui vivaient en marge de la société américaine.

En 1930, à la place d'anciennes écuries sur Christopher Street entre la 4e rue Ouest et Waverly Place ouvrit un salon de thé et un restaurant branché et bon marché qui devint très populaire durant la Prohibition. Dans son livre incontournable *Stonewall* (2004), David Carter note que, la même année, la lesbienne Mary Casal publia son autobiographie intitulée *The Stone Wall*. De là à sous-entendre que la propriétaire, Bonnie, prit ce nom dans le but dire discrètement aux femmes qui ressemblaient à Mary Casal qu'elles étaient les bienvenues… Au fil des années, l'établissement devint le Bonnie's Stonewall Inn. Dans les années 1960, il devint un restaurant à part entière plutôt respectable, simplement le Stonewall Inn.

Mais le restaurant fut dévasté par un incendie et fermé. C'est à partir de là qu'il devint, aussi officiellement que le permettait l'époque, un bar gay. Un voisin, Tony « Fat Tony » Lauria, fils d'un membre puissant de la famille Genovese, et lui-même mafioso, avait décidé de le rouvrir pour y accueillir explicitement des homosexuels. À cette époque, la Mafia gérait tous les bars gays de Manhattan. Elle ne se souciait pas des homosexuels, comme le reste de la société d'ailleurs, mais ils se souciaient de l'argent. Étant des bars clandestins, ces établissements n'avaient pas de permis de consommer d'alcool et ne payaient pas d'impôt. Avec juste un loyer et un pot-de-vin mensuel pour s'assurer que la police détournait ses regards, l'affaire s'avérait étonnamment juteuse. Fat Tony réduisit la décoration au minimum – peignant les murs carbonisés en noir – et le 18 mars 1967, le Stonewall Inn ouvrait ses portes en tant que bar gay, bien que clandestin.

Certains aspects le distinguaient des autres bars gays. Premièrement, avec deux pistes de danse, il était le plus grand, non seulement à New York, mais aussi, alors dans l'ensemble des États-Unis. Deuxièmement, c'était dans une rue connue, et non au fond d'une ruelle comme les autres bars. Troisièmement, il était bon marché. Le Stonewall Inn facturait l'entrée 1 dollar les soirs de semaine et 3 dollars le week-end. Comme

À droite : Christopher Street, Greenwich Village, New York, 1966. Le Stonewall Inn se trouve tout à fait à gauche. Les locaux du *Village Voice* sont au premier plan. C'est ici qu'eurent lieu les émeutes le 2 juillet 1969.

the village Voice
NO PARKING
RESTAURANT
STONEWALL INN

SOUVENT ATTAQUÉES, MARGINALISÉES OU CHASSÉES DE CHEZ ELLES, DES MILLIERS DE PERSONNES ONT TROUVÉ REFUGE À NEW YORK DANS LES ANNÉES 1960.

c'est toujours le cas aujourd'hui, la migration de jeunes gays des petites villes vers les plus grandes, plus libres et plus « *gay friendly* » fait partie de l'expérience commune des homosexuels. Souvent attaqués, marginalisés ou chassés de chez eux, des milliers d'entre eux avaient trouvé refuge à New York dans les années 1960. Ils se livraient à la prostitution ou à la mendicité, et beaucoup sans abri dormaient dans des parcs publics. Un droit d'entrée modeste signifiait qu'ils pouvaient trouver un peu de réconfort, de sécurité et, généralement, quelqu'un qui pouvait les ramener chez lui.

Mais le point sans doute le plus important – celui qui a fait de Stonewall Inn un endroit unique – est que c'était le seul lieu gay de New York où la direction permettait à des gens du même sexe de danser ensemble, ce qui était illégal. En 1967, les gays de New York n'avaient jamais rien vu de tel.

Aussi le bar se constitua-t-il immédiatement une large clientèle. La plupart étaient effectivement des hommes gays et bisexuels. Mais incontestablement ils étaient plus branchés et plus mélangés que dans les autres lieux gays où l'ambiance était guindée et qui attiraient des hommes plus discrets, généralement des blancs qui s'habillaient de manière plus traditionnelle et masculine. Bien sûr, ceux-ci fréquentaient le Stonewall Inn, mais dans le lot, il y avait aussi des drag-queens, des hommes très efféminés (« flammers »), des lesbiennes masculines (« butchs »), des personnes de couleur, des Hispaniques, des prostitués et d'autres que nous qualifierons aujourd'hui de personnes transgenres et non binaires : le genre à la frange d'une communauté déjà marginalisée.

Pour toutes ces raisons, le Stonewall Inn fut un formidable succès. Comme l'explique David Carter dans *Stonewall*, le soir de l'ouverture, Fat Tony et ses acolytes gagnèrent plus d'argent que les 3 500 dollars dépensés pour la rénovation !

Ci-dessous : John Timmins, Dick Leitsch, CraigRodwell et Randy Wicker, membres de la Mattachine Society, organisant un pot au Julius' Bar à New York le 21 avril 1966. Selon les lois new-yorkaises sur l'alcool, il était interdit de servir des clients gays.

Ci-contre : Christine Jorgensen, première Américaine connue à avoir subi une chirurgie de réattribution sexuelle en 1952. Ici en train de répéter son numéro de ballerine au Café Society Club à Greenwich Village, dans les années 1960.

BIENVENUE AU STONEWALL INN

Au Stonewall Inn, la discrétion était la priorité. Avec sa grande enseigne flanquée du nom du bar, les propriétaires mafieux contournaient le fait de ne pas avoir de licence en prétendant que c'était une sorte de club privé appelé « bottle club ». Dans les vrais *bottle clubs*, les membres apportaient leurs propres bouteilles d'alcool. Elles étaient conservées au bar et servies par le personnel. En réalité, au Stonewall Inn, il suffisait d'être gay ou d'avoir un « look gay », de payer le droit d'entrée et d'inscrire son nom sur les bouteilles d'alcool au rez-de-chaussée pour donner l'illusion qu'elles vous appartenaient. À l'extérieur, devant les fenêtres occultées, un videur « Blond Frankie » contrôlait tout le monde. Il connaissait les habitués et, à l'affût des hétérosexuels et des policiers en civil, il demandait à ceux qu'il ne reconnaissait pas de décrire le décor si typique du bar. S'ils répondaient correctement, il les laissait payer l'entrée et signer le registre, généralement sous un faux nom, puis on leur tendait deux tickets qui donnaient droit à deux consommations à l'intérieur.

Le lieu n'était ni propre ni sécurisé. Il y avait deux pistes de danse où l'on s'entassait et pas d'issue de secours. Les boissons étaient coupées à l'eau et il n'y avait pas d'eau courante au bar. Tous les soirs, avant l'ouverture, deux éviers et une bassine en plastique étaient remplis d'eau. On y rinçait les verres avant de les remplir à nouveau. On vidait l'eau puante dans les toilettes qui débordaient déjà, ce qui signifiait que le sol était souvent mouillé. L'hygiène était telle qu'on a même pensé que le lieu était à l'origine d'une épidémie d'hépatite ! Néanmoins, pour une foule qui pouvait danser toute la nuit sur Martha Reeves and the Vandellas, les Shangri-Las et les Supremes – une musique qui évoque les peines de cœur et l'espoir que l'amour peut guérir la douleur du monde extérieur – une nuit au Stonewall Inn valait bien le risque et l'inconfort.

Le succès du bar permettait de dégager assez d'argent pour payer la police. Selon le magazine *Pageant*, le commissariat n° 6 du département de la police de Manhattan touchait 1 200 dollars par mois. Les policiers se pointaient au bar, discutaient amicalement avec les videurs et prenaient parfois un verre avec le propriétaire avant de disparaître pour rejoindre leurs voitures. De nombreux journalistes – dont Craig Rodwell, petit ami de l'homme politique et défenseur des droits homosexuels Harvey Milk lorsqu'il vivait à New York – étaient scandalisés par cette relation dysfonctionnelle et corrompue au centre de la vie gay de la ville. « Les bars ont toujours été notre seul endroit, notre refuge en un sens, a-t-il déclaré. J'étais toujours furieux que la pègre ait autant de contrôle sur notre vie sociale. »

Bien qu'elle se remplît les poches, la police devait toujours faire croire qu'elle tentait de faire cesser cette activité illégale. Les voisins se plaignaient régulièrement et au moins une fois par mois, la police faisait une descente, arrêtant quelques clients ou d'employés.

Certains prétendirent que les policiers devinrent plus stricts. Ce en raison du trafic de drogue et de la prostitution, même si la direction n'y prenait pas part. À une époque où l'on pouvait perdre son emploi et se faire interner en hôpital psychiatrique si on était gay, le chantage n'était pas rare. Selon certaines rumeurs, des personnalités de Wall Street auraient été victimes de chantage de la part d'hommes rencontrés au Stonewall Inn. Dans les semaines qui ont précédé les émeutes, d'autres bars tels que le Snake Pit et le bien nommé Sewer (« égout ») avaient fait l'objet d'une descente, et certains, notamment The Checkerboard et le Tele-Star, durent fermer leurs portes.

Selon certains témoignages, la police entretenait des relations si étroites avec les bars gays qu'elle les prévenait avant les descentes. Parfois, celles-ci étaient effectuées avant les heures de grande affluence afin que le reste de la soirée puisse se dérouler normalement. Les patrons veillaient à ne pas être présents et qu'il n'y ait pas beaucoup d'argent dans les caisses. Lorsque la police arrivait, les videurs appuyaient sur un bouton secret qui allumait la lumière du rez-de-chaussée pour avertir tout le monde. Les clients arrêtaient de se toucher, se séparaient de leurs partenaires et se tenaient à la disposition de la police. Quelques-uns étaient arrêtés, dont des employés, puis le bar se remettait à fonctionner comme d'habitude. Bien que certains clients fussent effrayés, cela n'avait rien d'exceptionnel pour les habitués. On s'y attendait et cela faisait partie de l'expérience de tout client assidu du Stonewall Inn.

Mais dans la nuit du vendredi 27 juin 1969, les choses n'allaient pas se passer comme prévu.

Ci-contre : L'extérieur du Stonewall Inn (fenêtres obturées). Une photo de 1969 prise juste après les émeutes.

STONEWALL
INN
WE HOMOSEXUAL
OUR PEOPLE T
MAINTAIN PEA
CONDUCT ON T
THE VILLAGE -

LA NUIT DES FUNÉRAILLES DE JUDY GARLAND

Personne ne sait vraiment pourquoi la descente de cette nuit-là a provoqué une telle réaction alors que tant d'autres ne l'avaient pas fait auparavant.

Dans son livre *Stonewall* (1993), Martin Duberman pointe l'instabilité ambiante des deux années précédant les émeutes, dans une décennie déjà agitée et traversée de changements exaltants. Le 4 avril 1968, un peu plus d'un an auparavant, Martin Luther King, symbole d'émancipation, avait été assassiné et des émeutes ont éclaté aux États-Unis. Deux mois plus tard, le sénateur Bobby Kennedy était abattu. Ils étaient tous deux des symboles du changement par des moyens pacifiques. En mai 1968, d'énormes manifestations éclatèrent en France, manquant de se transformer en révolution. Des étudiants parisiens menaient alors des négociations tendues avec les autorités à propos du campus à moitié achevé de Nanterre, qui, selon eux, n'était pas adapté. Influencés par Marx, Freud et Sartre, ils s'élevèrent contre l'influence du consumérisme, du capitalisme et de la culture américaine. Vingt mille manifestants investirent la rue le 6 mai, violemment réprimées par la police : l'émeute éclata. D'autres suivirent. Près de deux millions de personnes se mirent en grève. Le général de Gaulle convoqua des élections législatives. Ces événements eurent un fort écho dans le monde occidental. L'historien Éric Alary a résumé mai 68 comme étant « une période où des mouvements audacieux semblaient possibles et au cours de laquelle la société a profondément changé ». En août 1968, les policiers eux-mêmes se comportèrent comme des émeutiers quand ils s'en prirent violemment aux manifestants opposés à la guerre du Vietnam lors de la Convention démocrate. Le mois suivant, des féministes investirent le prestigieux défilé du concours Miss America à Atlantic City. Le 2 octobre 1968 au Mexique, dix jours avant l'ouverture des Jeux olympiques (qui avaient coûté plus d'un milliard de dollars), au moins 44 manifestants étudiants furent abattus par des snipers du gouvernement dans le quartier de Tlatelolco (Mexico).

Dans le monde entier, les jeunes et les marginalisés partageaient tous l'idée qu'il y avait de moins en moins de place pour la courtoisie en politique. De plus en plus de gays estimaient que le mouvement des droits des LGBTQ était trop modéré – presque sur la défensive – et qu'il devait adopter la stratégie de la colère déjà utilisée par d'autres groupes.

Au fil des ans, on prétendit que la mort de Judy Garland fut l'un des

Ci-dessus, à droite : La manifestation du 15 novembre 1969 contre la guerre du Vietnam à Washington.

À droite : La manifestation des féministes contre le concours de Miss America, le 7 septembre 1968. Environ 200 femmes jetèrent leur soutien-gorge, mais contrairement à une croyance répandue, elles ne les ont pas brûlés.

Ci-contre : Des mouvements contestataires se sont répandus partout dans le monde. Les révoltes étudiantes de mai 1968 contre l'inégalité et le manque de logements universitaires décents ont failli donner lieu à une révolution.

À gauche : La police et l'armée attaquant des manifestants de plus en plus nombreux, dix jours avant l'ouverture des Jeux olympiques de 1968 à Tlatelolco, à Mexico. Les chiffres officiels font état de 40 morts, mais les témoins oculaires parlent de centaines.

Ci-dessus, à gauche et ci-contre : En 1967, on pouvait lire dans le *Time* que de nombreux fans de Judy Garland était des homosexuels qui « roulaient des yeux, s'arrachaient les cheveux et planaient littéralement au-dessus de leur siège » quand elle était à l'écran. On la voit ci-contre au Carnegie Hall en 1961. Le magazine *Advocate* l'a surnommée « Elvis des homosexuels ». Elle s'est éteinte à Londres le 22 juin 1969, huit jours avant les émeutes de Stonewall qui éclatèrent quelques heures après ses obsèques à New York.

FINAL ★★★★ DAILY NEWS 8¢

NEW YORK'S PICTURE NEWSPAPER ®

10¢ OUTSIDE L.I. AND SUBURBS

Vol. 50. No. 311 New York, N.Y. 10017, Monday, June 23, 1969* WEATHER: Cloudy, warm and humid.

JUDY GARLAND DIES IN LONDON

Husband Finds Body in Home

In July 1967, Judy Garland had her last hurrah on Broadway with concert at the Palace. Yesterday, she died at age 47.

JUDY! JUDY! JUDY!—HER LIFE STORY BEGINS ON PAGE 3

Picture Story in Centerfold

facteurs qui a provoqué les émeutes. Garland était la plus grande icône gay de sa génération, une star d'un film qui raconterait le cheminement qui commence quand on croit que l'amour est à l'extérieur de soi pour enfin découvrir qu'il réside en soi. Le *Time* a reconnu « qu'une partie disproportionnée de son public semblait être homosexuelle. Les garçons… planaient littéralement au-dessus de leur siège. » Il ne faisait aucun doute qu'elle était très aimée. Garland est morte le 22 juin 1969 à Londres, à l'âge de 47 ans, moins d'une semaine avant les émeutes. Le 27 juin, ses obsèques furent célébrées à New York. Certains pensent que sa mort fut l'élément déclencheur qui poussa une foule déprimée à passer à l'acte.

Cependant, selon David Carter, rien ne le confirme. Après les événements, sa mort fut à peine évoquée par les gens présents. Il n'y eut qu'une seule mention sarcastique dans le *Village Voice*. Pour Carter, les jeunes clients voyaient en Garland une vedette démodée et préféraient la musique de l'époque. Le lien avec sa mort fut créé afin de tourner en dérision et de minimiser l'importance politique de ce qui se passa. D'autres cependant ont affirmé que sa mort n'avait pas eu d'impact que car elle symbolisait la fin d'une « victime passive », laissant place à une génération plus jeune, plus émancipée, mais aussi plus en colère. Cependant, des années plus tard, la militante Sylvia Rivera – une drag-queen – a déclaré que dans la foule certains étaient bouleversés après avoir regardé les funérailles. Aussi évident que cela puisse paraître, beaucoup de LGBTQ sont fans, et ce de manière disproportionnée, de chanteuses provocatrices. Si une icône gay extrêmement populaire telle que Madonna ou Beyoncé devait mourir aujourd'hui, il y aurait un nombre considérable de gens profondément affectés. Ce sont des artistes qui expriment nos peines et nos désirs lorsque nous n'en sommes pas capables. Mais ce n'est clairement pas la principale raison des émeutes.

À l'été 1969, la police tolérait de moins en moins le Stonewall Inn. Pas plus que la Mafia contrôle le bar et que la drogue circule.

En outre, des homosexuels, notamment des employés de Wall Street, étaient victimes de chantage, menacés d'être licenciés. Le temps était au changement. L'Amérique était une poudrière. Alors que les homosexuels voyaient que d'autres groupes marginalisés n'acceptaient plus de se taire, une révolte des LGBTQ n'attendait qu'une étincelle.

Cette nuit avait commencé comme n'importe quelle autre nuit au bar. Le Stonewall Inn avait déjà fait l'objet d'un raid cette semaine-là. Les habitués étaient détendus, car une deuxième descente en une semaine était rare. Vers minuit, Seymour Pine, 47 ans, inspecteur adjoint au 6e commissariat de New York, informa ses agents au sujet d'une descente de routine. Tout devait se passer comme d'habitude. Des agents infiltrés devaient y trouver des preuves de vente d'alcool, de trafic de drogue, d'hommes habillés en femmes et de femmes habillées en hommes. Ils devaient arrêter les travestis en particulier. On devait augmenter le nombre d'arrestations. Les policiers s'attendaient à la réussite de leur mission et à être complimentés en conséquence. Des années plus tard, Pine a déclaré que « c'étaient des arrestations faciles. Ils ne nous avaient jamais posé aucun problème. » Son équipe était composée de deux femmes, de cinq policiers de la brigade des mœurs et d'un inspecteur. Ils partirent dans des voitures banalisées vers Christopher Street et se garèrent. C'était une nuit exceptionnellement chaude. Il y avait plus de monde que d'habitude dans Greenwich Village.

Les agents en civil n'eurent pas eu de mal à entrer dans le bar. Pine attendait dehors. À 1 h 20, il donna le signal. Les autres agents se dirigèrent vers la porte du Stonewall Inn et crièrent : « Police ! Nous investissons les lieux ! »

LES ÉMEUTES DE STONEWALL

On a relayé de nombreuses histoires à propos de cette nuit-là, mais c'est David Carter qui livre le récit de l'enquête la plus minutieuse à ce sujet dans son ouvrage de 2004, *Stonewall : the Riots that Sparked the Gay Revolution*.

Lorsque la police entra dans l'établissement, elle suivit les procédures habituelles. Les lumières furent allumées et on arrêta la musique. Les caisses furent vidées. Les couples se séparèrent. La foule fut envahie d'un sentiment de désappointement, de frustration et de nervosité. Les novices posaient des questions sur les conséquences d'une arrestation pour leur carrière et leur famille. Les gens cherchaient à sortir, mais les policiers les rabrouaient violemment, forçant certains clients à entrer dans une pièce séparée. Exceptionnellement, il y a eu une certaine résistance.

Les agents prirent des renseignements sur les employés n'appartenant pas à la Mafia. Les lesbiennes furent fouillées brutalement, et elles aussi se sont plaintes. Du mobilier fut brisé. Un adolescent cité par David Carter, nommé Morty Manford, aurait déclaré : « Pourquoi devons-nous supporter cette merde ? »

Les travestis étaient généralement retenues dans les toilettes, mais cette fois-ci, beaucoup résistèrent en criant : « Lâchez-moi ! » « Ne me touchez pas ! » Plus tard, l'inspecteur Pine a déclaré que c'était cette résistance-là qui l'avait poussé à arrêter plus de personnes que prévu.

Au bout d'environ 20 minutes, on ordonna à ceux pouvant être relâchés de se mettre en file indienne. On vérifia les pièces d'identité et leur sexe avant de les laisser sortir, un à une. Mais cette fois, au lieu de partir, elles restèrent là, à regarder. D'autres homosexuels du quartier se rendaient sur les lieux. Au début, poussée par l'adrénaline, la foule de bonne humeur plaisantait et chantait en faisant les folles, profitant peut-être même du spectacle. Au fur et à mesure que les gens ont été autorisés à sortir, les acclamations se sont accrues et quelques-uns ont commencé à faire leur numéro. Des fourgons de police sont arrivés et les agents se mirent à embarquer les gens arrêtés. Soudain, on fredonna : « We Will Overcome » [en référence à « We Shall Overcome », l'hymne des droits civiques]. La police malmenait les gens et leur donnait des coups de pied.

La foule répliqua en traitant les agents de « Lily Law » [un terme péjoratif pour désigner la police], et d'autres insultes. La tension montait, des quolibets se mêlèrent aux éclats de rire. La foule continua de grossir. Certains donnaient des coups sur les fourgons. Craig Rodwell, un journaliste homosexuel, a lancé : « Gay Power ! » Son ami lui a dit de se taire, mais d'autres ont repris le slogan.

Puis, un policier s'est mis à pousser une transsexuelle – l'artiste Tammy Novak selon certains – qui le somma de ne pas recommencer, encouragée par son amie Sylvia Rivera. Quand elle fut de nouveau bousculée, Novak frappa alors avec son sac à main le policier qui lui asséna un coup de matraque sur la tête. Des huées s'élevèrent. Un homme vêtu d'un tee-shirt rouge foncé – qui de l'avis de Carter était un Portoricain vivant dans le coin – a crié : « Personne ne va me faire chier ! J'en ai marre de toutes ces conneries ! »

Ci-contre : Un des nombreux héros méconnus du début du mouvement pour les droits des homosexuels, le journaliste et libraire Craig Rodwell, avec un slogan popularisé par Frank Kameny, le militant de la Mattachine Society. Photographié en 1969.

AU DÉBUT, POUSSÉE PAR L'ADRÉNALINE, LA FOULE ÉTAIT DE BONNE HUMEUR, PLAISANTAIT ET CHANTAIT EN FAISANT LES FOLLES, PROFITANT PEUT-ÊTRE MÊME DU SPECTACLE.

Gay is Good

Divers témoignages prétendent que l'incident du sac à main constitua le point de départ, de même qu'un autre fait : une lesbienne noire assez masculine, supposée être Stormé DeLarverie, fut traînée dans un fourgon après avoir été arrêtée pour port de vêtements masculins. En se débattant avec la police, elle aurait crié à la foule : « Pourquoi vous ne faites rien ? »

Ses frères et sœurs répondirent et la foule a explosé de rage. Les gens criaient : « Ripostons ! », « Espèces de porcs ! » et « Violences policières » tout en lançant des pièces de monnaie et des bouteilles. Les drag-queens donnaient des coups de pied à un policier pendant qu'une autre lui volait ses clés pour déverrouiller ses menottes, puis les passait aux autres. La police riposta avec leurs matraques. Ce fut le chaos. Choqué, l'inspecteur adjoint Pine ordonna aux trois camionnettes déjà chargées de quitter les lieux et de revenir rapidement. Mais alors qu'elles s'apprêtaient à partir, la foule se mit à faire tanguer les véhicules, à tambouriner dessus et creva les pneus d'au moins l'un d'entre eux.

Nous ne savons pas qui, peut-être Gino, le Portoricain au tee-shirt rouge, a ramassé un pavé et l'a jeté sur un forgon, effrayant la police qui décida de battre en retraite dans le Stonewall Inn où ils ont eu du mal à fermer les portes. La police était prise au piège, quelqu'un lança une poubelle à travers l'une des fenêtres, dont certaines se fissuraient déjà sous les jets de pièces de monnaie. Le bruit des carreaux brisés fut le signal proprement dit du début de l'émeute.

Avec la police barricadée, la rage se transforma en colère aveugle. Une rage dont l'objectif était de reprendre le bar aux personnes qui les harcelaient depuis des années dans les seuls espaces protégés pour les personnes LGBTQ. Les gens jetaient tout ce qui leur passait par la main sur les fenêtres, des pavés, des pièces de monnaie et des bouteilles.

Devenue hystérique, la foule arracha un lampadaire et l'utilisa comme bélier pour enfoncer la porte. D'autres imbibèrent des chiffons avec de l'essence à briquet et les jetèrent à travers les vitres brisées. De la fumée commença à s'échapper du bar. À l'intérieur, Pine et ses hommes éteignaient les flammes. Craignant d'être brûlés vifs ou que la foule force la porte et les tue, ils dégainèrent leurs armes. Connaissant les conséquences de l'usage des armes à feu, Pine exhorta ses hommes à ne tirer sous aucun prétexte, à moins qu'il n'en donne expressément l'ordre.

Se rendant compte de la gravité de ce qui était en train de se passer, une partie de la foule se dirigea vers les téléphones publics pour demander à leurs amis de les rejoindre dans Christopher Street. L'activiste Craig Rodwell appela les journaux locaux pour les alerter. Et Jim Fouratt battit le rappel de ses amis activistes qui, selon lui, soutiendraient un soulèvement contre la police. Les témoignages divergent quant au rôle joué par les différents membres de la communauté LGBTQ. David Carter cite un passant qui déclara que ce n'était pas des drag-queens mais les « flame queens » – des efféminés aux chemises et aux écharpes aux couleurs exubérantes – qui lancèrent la contre-attaque.

Il est vrai que de nombreux homosexuels plus « virils » ont également participé. Bien que l'on s'accorde à dire qu'il y avait une majorité d'hommes gays, beaucoup affirment que ce fut les plus marginalisés – les transsexuels, les noirs, des efféminés, des butchs et des jeunes sans-abri –, qui menèrent l'émeute. Les sans-abri en particulier, ceux venus de toute l'Amérique à New York après avoir été chassés de chez eux par leurs parents et avoir été bannis de leurs communautés respectives, des sans-logis errant dans Christopher Street qui n'avaient littéralement rien à perdre. Tous se jetèrent dans la mêlée qui comptait à présent entre 500 et 600 personnes.

Michael Fader, cité dans le livre de David Carter, confia : « Nous avions tous l'impression que nous en avions assez de ce bordel. Ce n'était pas quelque chose de tangible que quelqu'un aurait dit à quelqu'un d'autre, c'était juste comme si après tant d'années, le point critique avait été atteint ce soir-là... Tout le monde avait le sentiment qu'on ne pouvait plus faire marche arrière... Il était temps de réclamer quelque chose qui nous avait toujours été volé... Nous n'étions pas totalement libres, mais nous n'allions plus faire profil bas en marchant dans la rue la nuit et les laisser nous harceler. C'est comme défendre ses droits pour la première fois et le faire de façon très ferme, et c'est ça qui a pris de surprise la police. »

Avec la porte qui manquait de céder sous les coups de la foule, Pine, craignant pour sa vie, fut sur le point d'ordonner à ses hommes d'ouvrir le feu, ce qui aurait entraîné sans doute une tuerie parmi les émeutiers, sa mort et celles de ses agents, quand on entendit les sirènes des renforts en plus d'autres véhicules de police qui venaient à la rescousse.

Mais ce n'était pas la fin de l'émeute. Bien que l'équipe de Pine ait été sauvée, la foule en colère ne s'était pas dispersée. Des poubelles furent incendiées et des projectiles continuaient à fuser. Le quartier de Christopher Street s'était transformée en une zone où les homosexuels jouaient au chat et à la souris avec les policiers. On lançait des projectiles. La police matraquait et tentait d'interpeller le plus de gens possible. D'autres personnes, dont plusieurs riverains bloquèrent les rues sous prétexte de regarder. La police avançait en formation, les visières des casques baissées et les matraques en l'air. Ils se sont retrouvés face à un spectacle étonnant. Des sans-abri formèrent une ligne en se tenant par les bras en dansant et en entonnant avec défiance leur hymne favori :

« Nous sommes les Stonewall Girls,
Nous portons des cheveux bouclés,
Mais pas de sous-vêtement,
Nous montrons nos poils pubiens,
Nous portons notre salopette,
Au-dessus de nos genoux de tapette ! »

Les jeunes sans-abri résistèrent pendant un long moment, ne s'enfuyant qu'à la dernière minute. Les agents étaient presque à leur hauteur. Les échauffourées se poursuivirent pendant encore quelques heures et ne prirent fin que lorsque les gens rentrèrent se coucher.

Le lendemain, il y avait encore de l'électricité dans l'air. Les membres plus politisés de la communauté LGBTQ étaient ravis, d'autres étaient déçus que l'émeute ne se soit pas déplacée vers l'hôtel de ville, mais la nouvelle se répandit rapidement dans New York. Les appels de Craig Rodwell à la presse avaient porté leurs fruits. Le *Daily News* parla des émeutes en première page et à la fois le *New York Times* et le *New York Post* relayèrent aussi l'événement.

Le samedi 28 juin, les foules ont de nouveau convergé vers Greenwich Village. Certaines sont venues voir la façade noircie du Stonewall Inn, qui, à mesure que la journée passait, se couvrait de slogans tels que « Gay Power ! » et « Légalisez les bars gays ! » Des renforts de police furent

Ci-contre : L'une des seules images des émeutes de Stonewall, probablement datant des premières heures du soulèvement, au petit matin du 28 juin 1969.

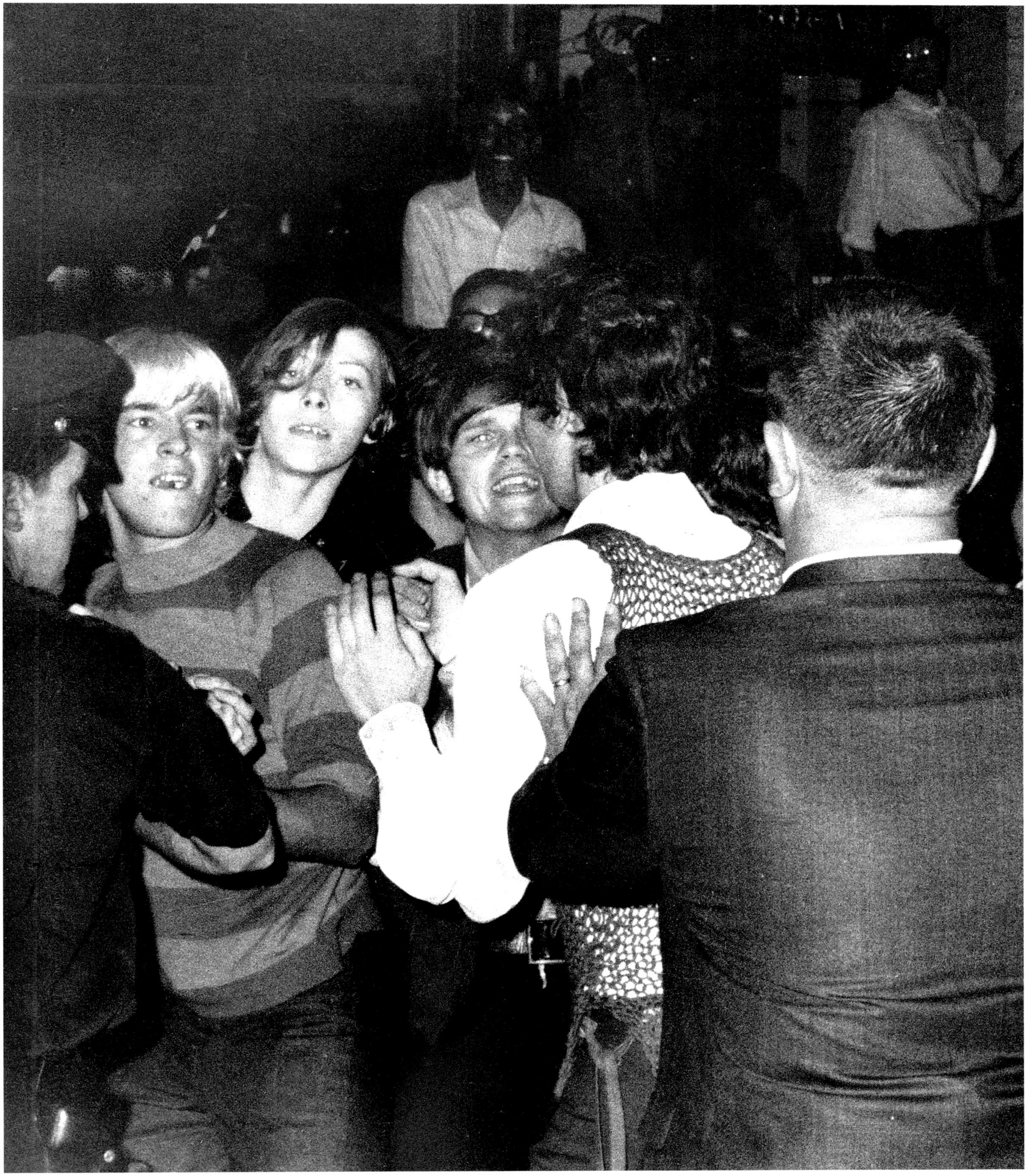

FOR OUR COUNTRY
OUR RIGHTS
THERE

VERS 4 HEURES DU MATIN, LA FOULE SE DISPERSA, MARQUANT LA FIN DE CE QUE NOUS APPELONS LES ÉMEUTES DE STONEWALL. EN RÉALITÉ, CE N'ÉTAIT QUE LE DÉBUT.

déployés. Mais cette fois, la foule ne cesse de croître. On estime que 2 000 personnes se rassemblèrent devant le Stonewall Inn. Beaucoup de LGBTQ âgés, parmi les plus réservés au sujet des émeutes, sont néanmoins venus apporter leur soutien. Les bars hétéros du quartier ont ouvert leurs portes à tous ceux qui souhaitaient utiliser leurs toilettes. Des échauffourées ont de nouveau éclaté. Un groupe a arraché des publicités des bus, secoué des voitures et tourmenté ceux qui voulaient entrer dans le quartier, affirmant que Christopher Street était une zone gay.

David Carter confirme que le malheureux incident du chauffeur de taxi qui sétait trompé de chemin et qui a eu une crise cardiaque lorsqu'il se retrouva entouré des émeutiers est, semble-t-il, le seul décès lié aux émeutes, même si la foule a aidé à mettre le taxi dans un endroit sûr.

De nombreux hétérosexuels les soutenaient ouvertement, y compris une femme qui aurait fustigé tout officier de police qu'elle trouvait sur son passage, exigeant que les homosexuels soient autorisés à fréquenter le Stonewall en paix. À nouveau, les jeunes sans-abri ont entonné « Stonewall Girls » et se sont battus avec la police. Marsha P. Johnson, une Afro-Américaine qui, aujourd'hui, se définirait sans doute comme une femme transgenre, fracassa le pare-brise d'une voiture de police en lâchant un gros sac par-dessus. On déclencha des incendies et même les détenues d'une prison new-yorkaise qui comptait bon nombre de lesbiennes, lancèrent des journaux enflammés par les fenêtres, dans la nuit exceptionnellement chaude. Vers 4 heures du matin, la foule se dispersa, marquant la fin des émeutes de Stonewall. Mais en réalité, ce n'était que le début.

Ci-contre : Le Stonewall Inn était populaire avec une clientèle variée, y compris des gays de la classe moyenne, mais aussi des marginaux tels que les gens de couleur, les genres non binaires, les lesbiennes masculines et de jeunes sans-abri. De nombreux témoignages suggèrent qu'ayant le moins à perdre ce sont eux qui s'étaient le plus battus. Cette image aurait été prise lors de la deuxième nuit d'émeute, le samedi 28 juin au soir, ou aux premières heures du 29 juin.

Ci-dessus : De nombreux bars gays de New York étaient gérés par la Mafia. Craig Rodwell a dirigé une campagne visant à encourager la communauté à ouvrir ses propres bars, hors de son influence. Cette image représente les fenêtres cloisonnées du Stonewall Inn dans les jours qui ont suivi les émeutes.

LE JOUR DE LA LIBÉRATION DE CHRISTOPHER STREET

« Les nuits des 27 et 28 juin 1969 resteront dans l'histoire comme la première fois où des milliers d'homosexuels sont descendus dans les rues pour protester contre la situation intolérable qui prévalait à New York depuis plusieurs années. » Voici ce qu'on pouvait lire sur les 5 000 tracts du Homophile Youth Movement in Neighborhoods, imprimés par Craig Rodwell et son ami Fred Sargeant. Ils furent distribués dans toute la ville et appelaient à boycotter les lieux gérés par la Mafia comme le Stonewall Inn et à inciter les homosexuels à ouvrir leurs propres bars.

À gauche : Un groupe de manifestants participant à la marche du Gay Liberation Front à Times Square à New York en 1969.

Une nouvelle énergie combative animait la ville. Le mercredi qui suivit les émeutes, lorsque le *Village Voice* publia ce qui était perçu comme un compte rendu méprisant et homophobe, une foule s'est rassemblée devant ses locaux et menaça d'y mettre le feu. Les combats de rue et les arrestations continuaient, mais comme l'a déclaré un témoin : « Maintenant, tout le monde est au courant que Christopher Street doit être libérée. Les pédés en ont plus qu'assez avec l'oppression. » Les militants comprirent qu'il fallait battre le fer tant qu'il était chaud. Les raids sur les bars gays se sont poursuivis, parfois dirigés par l'inspecteur Pine et en octobre 1969, le Stonewall Inn ferma définitivement ses portes.

L'idée que les tactiques radicales inspirées des manifestations contre la guerre du Vietnam et des Black Panthers étaient nécessaires se répandit. La Mattachine Society et les Filles de Bilitis furent remplacées par le Gay Liberation Front : premier groupe d'activistes avec le mot « gay » dans sa dénomination. Ses objectifs étaient de s'attaquer à la question de l'inégalité, y compris la lutte contre le capitalisme. Le groupe fut à son tour supplanté par la Gay Acrivists Alliance qui se concentra spécifiquement sur les droits des gays et lesbiennes.

À cette époque, Craig Rodwell était l'un des leaders du mouvement, et ce, depuis le *sit-in* de la Mattachine Society devant la Maison-Blanche le 17 avril 1965. Par la suite, Rodwell proposa d'organiser une manifestation annuelle, l'Annual Reminder. 39 personnes assistèrent à la première. Les participants étaient habillés comme pour une manifestation traditionnelle, mais elle était radicale en soi. Lors d'une réunion dans l'appartement de Rodwell le 2 novembre, une proposition a vu le jour :

> « Pour donner plus d'envergure à l'Annual Reminder, atteindre un plus grand nombre de gens et intégrer les idées et les idéaux qui s'inscrivent dans une lutte plus vaste que nos engagements initiaux, à savoir nos droits humains fondamentaux, il faut choisir une date et un endroit différent. Nous proposons qu'une manifestation soit organisée chaque année le dernier samedi de juin à New York pour commémorer les rassemblements spontanés de 1969 sur Christopher Street. Cet événement sera le Jour de la libération de Christopher Street. Aucune restriction vestimentaire ni aucune limite d'âge ne seront instaurées pour cette manifestation.
> Nous proposons de contacter les associations homophiles à travers le pays pour qu'elles organisent des manifestations similaires ce jour-là. Nous proposons d'organiser un concert de soutien d'envergure nationale. »

Organisée par Craig Rodwell, Fred Sargeant, Brenda Howard (surnommée « la mère de la Gay Pride »), Ellen Broidy, Linda Rhodes et d'autres, le Jour de la libération de Christopher Street – la première Gay Pride – s'est tenue à New York le dimanche 28 juin 1970, jour du premier anniversaire des émeutes de Stonewall de 1969.

Le même week-end, des marches ont eu lieu à Chicago, à Los Angeles et à San Francisco. Plus tard, Marsha P. Johnson et Sylvia Rivera, qui se définirait sans doute aujourd'hui comme une femme transgenre, présentes à Stonewall, créèrent une organisation appelée Street Transvestite Action ou STAR. Spécialement dédiée aux marginaux, y compris les non-binaires, les travailleurs du sexe et les sans-abri, STAR a ouvert un refuge appelé STAR House, à l'origine dans une caravane, puis dans un appartement financé par la prostitution pour offrir un toit à ceux qui en avaient besoin.

Le dernier dimanche de juin 1971, des marches ont eu lieu à Boston, Dallas, Milwaukee, Paris, Berlin-Ouest, Stockholm et Londres. La première Marche des fiertés européenne a eu lieu le 28 avril 1972 à Münster, en Allemagne. Fin 1972, des marches ont été organisées à Brighton et à Londres, au Royaume-Uni, à Atlanta, Buffalo, Detroit, Washington, Miami et Philadelphie. La « Gay Pride » était née. Ce terme est attribué à Craig Schoonmaker, tandis que les militants bisexuels Brenda Howard et Robert A. Martin s'en firent les champions.

En 1973, les tensions entre les différentes catégories sociales, les non-binaires et les personnes de couleur, et ceux qui souhaitaient donner à

Ci-dessus : Marsha P. Johnson par l'artiste et photographe gay Alvin Baltrop, épreuve argentique, vers 1975-1986. Johnson fut l'une des figures clés des émeutes de Stonewall. Non conformiste, elle est devenue un symbole de l'évincement des trans et des personnes de couleur de l'histoire des LGBTQ.

Pages suivantes : Marche du Gay Liberation Front à Times Square à New York en 1969.

REGAL SHOE
STORES
REGAL
SHOES
CLARK'S
MENS
WEAR
NO
STANDING
RMAN'S
GAY

SHOES

l'identité gay un visage plus « respectable », celui de la classe moyenne blanche se fit jour. Après la célébration de la troisième Jour de la libération à New York, Sylvia Rivera s'adressa à la foule, condamnant l'absence de soutien pour leurs frères et sœurs emprisonnés, livrés à eux-mêmes, souvent violés et victimes de violences : « Venez à la STAR House. [...] Venez voir les gens qui essaient de faire quelque chose pour nous tous et non pour les hommes et les femmes qui appartiennent à un club réservé aux blancs. Et c'est ce à quoi vous appartenez tous. La révolution, maintenant ! » Puis la lesbienne Jean O'Leary prononça un discours accusant les drag-queens « d'exploiter les femmes ». La drag-queen Lee Brewster monta alors sur scène et s'écria : « Aujourd'hui, vous fêtez ce que les drag-queens ont réussi à faire au Stonewall ! » Son discours fut accueilli avec un mélange de huées, de quolibets et de vivas. Cependant, des divisions apparurent nettement pour la première fois.

Des années plus tard, Rivera a déclara dans une interview qu'elle avait tenté de se suicider après la mort (encore inexpliquée) de son amie Johnson, retrouvée dans l'Hudson River : « Le mouvement m'avait planquée sur une étagère, mais ils m'en ont fait descendre. » Après des années en retrait, Rivera a défilé en 1994 avec la Stonewall Veterans' Association le jour du 25e anniversaire des émeutes.

Ci-contre Marsha P. Johnson et Sylvia Rivera photographiées lors du défilé du Christopher Street Liberation Day, à New York, le 24 juin 1973. Elles ont créé l'association Street Transvestite Action Revolutionaries (STAR) et ont fait campagne pour les droits des personnes de couleur, des pauvres et des jeunes sans-abri LGBT.

Ci-dessous : Frank Kameny et Barbara Gittings, de la Mattachine Society en 1971.

À droite : *L'Antinorm*, journal du Front homosexuel d'action révolutionnaire (FHAR) en 1973. Le groupe de défense des droits des LGBTQ a été fondé à Paris en 1971, à la suite des émeutes de Stonewall et de mai 1968.

Pages suivantes : Premier défilé du Christopher Street Liberation Day, 28 juin 1970.

LE FRONT HOMOSEXUEL D'ACTION RÉVOLUTIONNAIRE

Une grande partie du militantisme LGBTQ en France trouve ses racines dans la tradition philosophique. Le premier groupe de défense des droits homosexuels, Arcadie, a été créé en 1954 par André Baudry, professeur de philosophie. Il a reçu le soutien du cinéaste Jean Cocteau et du diplomate et écrivain Roger Peyrefitte. Comme aux États-Unis après Stonewall, il y avait des tensions entre des groupes plutôt conservateurs et ceux aux idéaux plus radicaux. Très tôt, le mouvement s'est scindé en deux. En 1971, une partie des militants a tenté de rejoindre le traditionnel défilé du 1er mai et un groupe de gays et lesbiennes s'est séparé d'Arcadie pour former le Front homosexuel d'action révolutionnaire (FHAR). Dirigé par le philosophe Guy Hocquenghem et la lesbienne « écoféministe » Françoise d'Eaubonne, le FHAR a perturbé le déroulement de réunions anti-avortement et la diffusion d'un programme homophobe sur RTL. Ces membres ont combattu les bandes racistes d'extrême droite et les homophobes d'extrême gauche. Le FHAR a participé à la publication de gauche *Tout*, publiée par le philosophe Jean-Paul Sartre. Le groupe a eu un impact significatif au cours de sa brève existence. Il fut dissous au bout de trois ans, bien que Guy Hocquenghem soit resté l'un des militants LGBTQ les plus influents en France.

CHRISTOPHE
GAY LIBERA
197
NO PARKING
POLICE

STREET
TION DAY
NO
POLICE
924

CULTURE : LA MUSIQUE

Au début des années 1970, les gens ont commencé à faire leur coming out et la musique aussi… En 1972, le rocker à la sexualité fluctuante Lou Reed sort son chef-d'œuvre *Transformer*, un album coproduit par David Bowie, avec « Walk on the Wild Side », une chanson sur les deux égéries trans de Warhol : Holly Woodlawn et Candy Darling.

Un moment décisif a eu lieu en 1972 lorsque David Bowie, dans la peau de son personnage Ziggy Stardust, a déclaré au journal britannique *Melody Maker* : « Je suis gay ». Quatre ans plus tard, il ajoute dans *Playboy* : « C'est vrai. Je suis bisexuel. » Son épouse de l'époque, Angie Bowie, a confié qu'il avait eu une relation sexuelle avec Mick Jagger. Plus tard, Bowie a affirmé que cette déclaration était la plus grosse erreur de sa vie car il s'était privé du public de « l'Amérique puritaine ». Des commentateurs ont prétendu qu'il était surtout hétérosexuel, mais qu'il avait essayé les hommes, comme il le confiera. Ses propos sur le genre et sa volonté d'en jouer marquent cependant un bond en avant inspirant des anonymes et des artistes dont Boy George et Madonna.

Moins célèbre est la toute première rock star ouvertement gay : Bruce Wayne Campbell. Originaire de Pennsylvanie, il est connu sous son nom de scène Jobriath. Son contrat pour deux albums de 500 000 dollars, signé par le magnat David Geffen (qui fera son coming out des années plus tard), fut à l'époque l'un des plus importants jamais conclus. Avec ses costumes flamboyants et son interprétation très glam rock, Jobriath se présentait comme « le nouveau Bowie plus grand que les Beatles et Elvis et la fée la plus crédible du rock », il était en avance sur son temps. Les critiques étaient divisés sur sa musique, et le public n'a pas suivi. Jobriath est décédé de suites du sida en 1984. Beaucoup, dont Marc Almond, le considèrent comme la première véritable pop star gay.

En 1973, un groupe de lesbiennes créa le label Olivia Records à Washington pour promouvoir la musique alternative féminine. Elles eurent suffisamment de succès pour que Yoko Ono souhaite travailler avec elles. Mais elles ont refusé par souci de garder leur indépendance.

Un autre moment qui illustre ce changement date de 1976, lorsqu'Elton John, alors le plus gros vendeur de disques au monde, déclara à *Rolling Stone* qu'il était bisexuel. « Il n'y a rien de mal à coucher avec quelqu'un de ton sexe, dit-il. Je pense que tout le monde est un peu bisexuel. Je ne suis pas le seul. Ce n'est pas une mauvaise chose. » Comme pour Bowie, cela a affecté ses ventes et il semble que ce soit le cas pour tous les artistes qui ont fait leur coming out. La tolérance croissante chez les musiciens ne s'était alors apparemment pas étendue à leur public. Quand le légendaire chanteur américain des années 1960, Johnny Mathis, a confié à *Us* en 1982 qu'il était gay, il a reçu des menaces de mort et n'en a plus reparlé jusqu'en 2006. La chanteuse populaire des années 1960, Lesley Gore, interprète de « Boys, Boys, Boys », n'a révélé son homosexualité qu'au début des années 2000.

Ci-dessus : David Bowie fut l'une des premières superstars à jouer avec le genre, influençant toute une génération de musiciens queers et envoyant le message indiquant que c'était cool d'être bisexuel. Il est photographié ici en 1973, dans la peau de son alter ego androgyne, Ziggy Stardust.

Ci-contre : En 1976, Elton John, la superstar qui vendit le plus de disques au monde, fit son coming out dans une interview à *Rolling Stone* : « Je n'ai jamais parlé de cela auparavant, a-t-il déclaré. Je suis bisexuel. Il n'y a rien de mal à coucher avec quelqu'un de son sexe. »

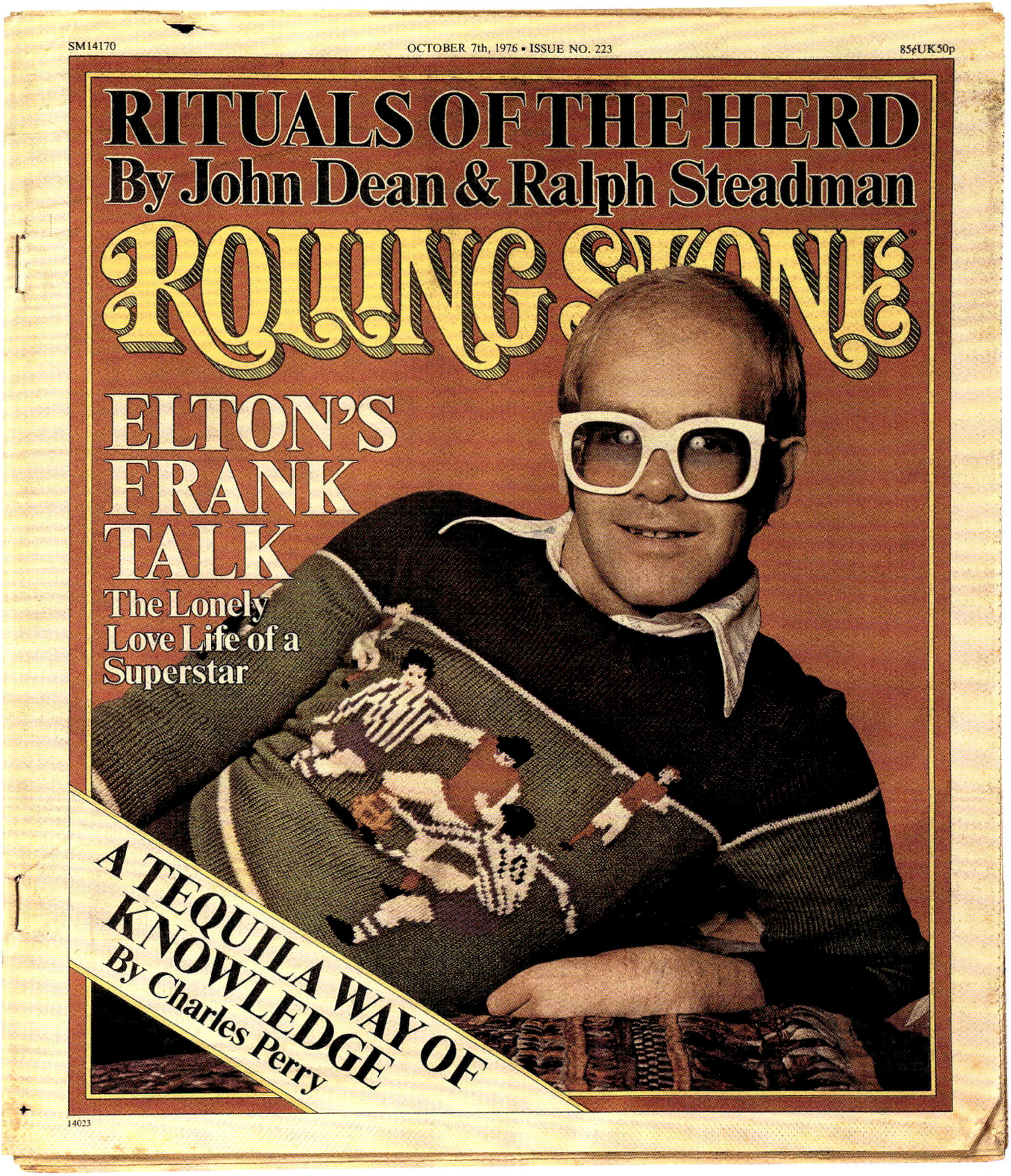
SM14170
OCTOBER 7th, 1976 • ISSUE NO. 223
85¢UK50p
RITUALS OF THE HERD
By John Dean & Ralph Steadman
ROLLING STONE
ELTON'S FRANK TALK
The Lonely Love Life of a Superstar
A TEQUILA WAY OF KNOWLEDGE
By Charles Perry
14023

En 1970, Dusty Springfield confia au *Evening Standard* qu'elle était bisexuelle, mais trois ans plus tard, elle regretta que ses propos, disant : « Au fond, j'aimerais être hétéro... » Telle était l'homophobie à l'époque. Le pianiste superstar Liberace a encore démenti être gay en 1984, près de 30 ans après avoir attaqué en justice le *Daily Mirror* qui l'avait suggéré alors que son ex-petit ami, Scott Thorson, le poursuivait en justice pour réclamer une pension alimentaire.

Au début des années 1970, Queen était devenu l'un des groupes les plus populaires au monde. Vivant ouvertement sa sexualité, c'était un secret de polichinelle que le chanteur, le très extravagant Freddie Mercury, était gay. En 1974, une journaliste du *NME* lui a posé la question : « Alors, c'est comment d'être homo ? » Il traita la journaliste de « petite sournoise », avant de confier qu'il avait eu des expériences pendant son adolescence, mais n'a pas voulu s'étaler davantage. C'est triste, mais pas surprenant que Mercury, ayant grandi à l'époque où on commençait à accepter l'homosexualité, n'ait pas milité pour les droits des homosexuels. Il est mort des suites du sida en 1991, alors que les choses évoluaient

Certains artistes, homosexuels et hétérosexuels, vivant dans des milieux supposément ouverts d'esprit, ont écrit sur l'homosexualité. L'album *City of Angels* (1975) des Miracles recèle le très beau « Ain't Nobody Straight in LA », où on peut entendre « L'homosexualité fait partie de la société... La liberté est la plus important ». Le premier album des Ramones en 1976 comprend une chanson intitulée « 53rd & 3rd » qui parle des escorts. La chanson émouvante de Rod Stewart « The Killing of Georgie (Part I and II) » raconte le meurtre homophobe d'un ami. Elle a atteint la deuxième place des charts britanniques en 1976. En 1978, « Glad to be Gay » du Britannique Tom Robinson devint un hymne pour les militants. Jayne County, présent aux émeutes de Stonewall, appartint à l'un des premiers groupes punk Wayne County & the Electric Chairs, au style efféminé et paillard très influent. En 1979, County devient le premier rocker ouvertement transgenre.

Dans ces années-là, un nouveau genre de musique a commencé à dominer la scène. Le disco attirait particulièrement deux publics : les noirs et les gays. Les paroles stimulantes, optimistes et souvent sexuelles ont permis à des divas d'émerger : Gloria Gaynor avec son hymne de 1978, « I Will Survive », et Donna Summer et ses chansons cultes. Fin des années 1970, Village People, six chanteurs archétypes homosexuels, groupe créé par des producteurs français, eut des tubes mondiaux : « Macho Man », « YMCA » et « In The Navy ». L'étape suivante fut inaugurée par Sylvester, homosexuel afro-américain de San Francisco, et ses succès « You Make Me Feel (Mighty Real) » et « Do You Wanna Funk », avec le grand producteur gay Patrick Cowley. Sylvester et Cowley sont tous deux décédés du sida dans les années 1980. Cowley joua un rôle clé, aux côtés du producteur Bobby Orlando. Le disco fut baptisé par Donna Summer en 1977 avec son tube « I Feel Love » comme étant « une musique pleine d'énergie ». Et cette « Hi-NRG », était très populaire auprès des gays.

Des nouveaux artistes gays ont émergé dans les années 1980, bien qu'en ces temps d'hystérie générée par le sida, ils ne pouvaient pas s'exprimer librement. Mais en faisant leur coming out, ils devinrent la première génération à assumer ouvertement sa sexualité, les premiers artistes gays populaires. Parmi eux, Marc Almond, qui commença avec le groupe Soft Cell. Sa chanson « Tainted Love » fut un énorme tube au Royaume-Uni et aux États-Unis en 1981. Dans un entretien au *Herald* en 2017, Almond a déclaré : « Au début des années 1980, quand on signait avec un label, on nous faisait comprendre que nous devions nous inventer des petites amies. Sinon la radio cesserait de passer nos titres, et la presse de parler de nous. En bref, ce serait la fin de notre carrière. » Ce ne fut pas le cas pour Almond, qui fit son coming out en 1987, et qui réussit à déloger Kylie Minogue du sommet des charts britanniques avec « Something's Gotten Hold of My Heart ».

Culture Club – avec la superstar androgyne Boy George – fut l'un des groupes les plus en vue fin 1982. L'homosexualité était encore tellement cachée que le public ne se rendit pas spontanément compte que Boy George était gay. Dans une interview célèbre, il confia qu'il préférait le thé aux relations sexuelles jusqu'à ce qu'en 1985, il proclame qu'il était bisexuel à Barbara Walters. Les ventes de Culture Club aux États-Unis en ont pâti et le groupe se sépara l'année suivante. Mais cela n'a pas empêché Boy George de devenir un des artistes ouvertement gays et aimés. Par la suite, il devint un des porte-parole de la cause les plus écoutés.

Repoussant plus loin les limites du tolérable, Frankie Goes to Hollywood fit irruption sur la scène en 1983 avec son hymne – interdit – « Relax », qui ne laissait aucun doute sur la sexualité de son charismatique chanteur Holly Johnson.

Ci-dessus : Dusty Springfield a fait son coming out en 1970. Elle a confié au *Evening Standard* : « Je peux tout à fait être séduite autant par une fille que par un garçon. De plus en plus de gens ressentent la même chose que moi, et je ne vois pas pourquoi je ne le devrais pas. »

Ci-contre : Signé par un label en 1972 et très médiatique, Jobriath fut la première star à avoir d'emblée révélé sa sexualité. Il ne fut pas une immense superstar, mais reste un héros pour beaucoup. Marc Almond parle de lui comme « la première vraie pop star gay ». Il est mort du sida à 36 ans.

Wham !, le duo pop des années 1980 réussit à conquérir un très large public. Les rumeurs allèrent bon train au sujet de l'homosexualité de George Michael. Mais c'est son arrestation dans des toilettes publiques de Los Angeles en 1998 qui mit fin au suspense. Il passa le reste de sa vie à parler très ouvertement de sa sexualité.

En 1984, émergea le plus politique des groupes gays britanniques. Formé par le chanteur Jimmy Somerville et les claviéristes Steve Bronski et Larry Steinbachek, Bronski Beat s'afficha volontairement comme un groupe gay engagé. « Why ? », proclamait leur chanson». Ce titre de leur album *The Age of Consent* était un cri de détresse contre l'homophobie. Devenu un classique, « Small Town Boy » décrit la vie des homosexuels. En 1985, Somerville créa avec Richard Coles un nouveau groupe, les Communards, et enchaîna les succès : « Never Can Say Goodbye » ; « Don't Leave Me This Way » ; « There's More to Love Than Boy Meets Girl » et peut-être la chanson sur le sida la plus émouvante, « For a Friend ».

En 1986, le chanteur extravagant Andy Bell et le musicien Vince Clarke, connus sous le nom de Erasure signèrent leur premier succès, avant huit années jalonnées de tubes dont « Ship of Fools », « Sometimes » et l'hymne gay, « A Little Respect ». La même année, le duo d'électropop, Pet Shop Boys, produisirent des méga tubes qui dominèrent les hits entre 1986 et 1988. Le groupe avait des ambitions artistiques élevées et décrivant dans leurs chansons, de façon dissimulée, le quotidien des gays au Royaume-Uni, notamment avec « Rent », « Left to My Own Devices » et « It's a Sin ». Ayant une relation compliquée avec l'homosexualité, comme me l'a avoué Neil Tennant en 2016, ils n'étaient pas à l'aise avec « l'étiquette gay », mais se sont joints aux manifestations contre la Section 28 et collaborèrent avec l'artiste queer Derek Jarman. En 1994, Neil Tennant fit son coming out à *Attitude*, lors de la promotion de leur album le plus gay, *Very*. L'homophobie était encore répandue dans les années 1990, mais les choses commençaient à changer. Madonna, alors la plus grande star du monde, introduisit la culture gay dans les salons des téléspectateurs. Elle fit danser des hommes ensemble lors de ses shows, les montrant en train de s'embrasser dans son documentaire *In Bed With Madonna* et dans ses clips. En outre, elle parle de sexualité gay et lesbienne dans son livre *Sexe* (1992), et d'homophobie dans ses interviews.

La chanteuse canadienne KD Lang fit son coming out en 1992 et l'année suivante, suivie par la chanteuse rock américaine Melissa Etheridge avec son album *Yes, I Am*. La chanteuse folk Janis Ian, qui avait tenu le haut des charts américains en 1975, déclara qu'elle était lesbienne en 1993. En 1998, Rob Halford, chanteur de Judas Priest, le groupe aux 50 millions de disques, a révélé son homosexualité dans une interview émouvante au magazine américain *The Advocate* : « Évidemment c'est juste un jour merveilleux pour moi. » La même année, la chanteuse trans israélienne Dana International remporta avec éclat l'Eurovision avec sa chanson « Diva ». L'année suivante, un tabloïd obligea le chanteur britannique de Boyzone, Stephen Gately, à faire son coming out, brisant ainsi à jamais le mythe selon lequel les jeunes filles n'achetaient pas les disques des stars de la pop gay.

Ci-dessus, à gauche : Les membres de Frankie Goes to Hollywood se révèlent au grand jour, lors d'une séance photo osée pour le magazine *GQ* en 1982.

À gauche : Deux des premières stars à avoir fait leur coming out : KD Lang embrasse Melissa Etheridge lors d'un concert au profit de LIFEbeat, une ONG qui passe par la musique pour s'attaquer aux problèmes liés à la sexualité et à la santé. New York, 1994.

Ci-contre : Jake Shears des Scissor Sisters en 2018.

TÉMOIGNAGE PERSONNEL

JAKE SHEARS
CHANTEUR, AUTEUR-COMPOSITEUR, LEADER DES SCISSOR SISTERS

Quand j'etais en sixième, la musique semblait dominée par Vanilla Ice, MC Hammer et des groupes de hair metal tels que Mr Big & Extreme. Puis, on a eu l'album *Cosmic Thing* des B52s' et *World Clique* de Deee-Lite, et je suis devenu obsédé par eux ! Je ne connaissais rien d'eux mais je m'étais procuré les maxi-singles de « Groove Is In The Heart » et de « Love Shack » sur cassette et je les ai écoutés jusqu'à l'usure. Quand j'ai vu le clip de « Groove is in the Heart » avec Lady Miss Kier en manteau de fausse fourrure, je suis resté bouche bée. Je sentais que j'avais devant moi une chose que j'espérais voir depuis longtemps et je suis devenu obnubilé par ces deux groupes. Ils n'étaient pas explicitement queers, mais ils l'étaient culturellement. J'ai toujours perçu Lady Miss Kier comme tel, et avec les B52s', il y avait aussi Fred Schneider dont la voix est clairement queer : typique d'un gay. Et j'adorais ça.

Quand j'allais à l'école, à la pause déjeuner, je m'appliquais à imiter Fred Schneider. Quand mes parents n'étaient pas la maison, je mettais « Power of Love » de Deee-Lite et je dansais comme un gay ! J'avais 12 ans, c'était ma première expérience avec la musique queer grand public.

Bowie aussi eut beaucoup d'importance pour moi. J'ai commencé à l'écouter à 8 ans. Je l'ai vu dans *Labyrinth* et j'ai demandé à ma mère si je pouvais me procurer ses albums. J'ai eu la cassette de *Let's Dance*, puis *Scary Monsters* et *Lodger*. C'était impressionnant et m'a fait découvrir un autre univers. Notamment les paroles sur *Scary Monsters* où il parle de rassembler les fagots (en anglais « faggot » : pédé), mais je savais que c'était une histoire de génocide. Dans sa biographie, il déclare qu'il avait couché avec un mec au lycée. Et il y avait « Boys Keep Swinging », une chanson sur *Lodger*, tellement gay… où il parle des garçons qui vous scrutent et puis cette amitié chargée d'énergie sexuelle sous-jacente.

À l'epoque, je ne savais pas que j'étais gay, mais ça me plaisait. Cette musique, avec son univers, son vocabulaire, son esthétique, a certainement donné un visage à quelque chose d'abstrait que je ressentais et m'a permis de me montrer la voie

Lorsque nous avons créé Scissor Sisters, c'était important pour moi. Dès que nous avons obtenu notre premier contrat, j'ai pensé à une sorte de train fantôme. J'envisageais notre musique comme un manège où les gens monteraient faire un tour. Il s'agissait de construire une philosophie et une ambiance, qui fassent sens. Des années plus tard, j'ai failli rencontrer Bowie. Il est venu nous voir en concert, mais nous n'étions pas au meilleur de notre forme. J'étais vraiment malheureux qu'il soit venu ce jour-là. Il est parti pendant le rappel, maisil m'a envoyé un e-mail quelques semaines plus tard, simplement pour dire qu'il avait apprécié le spectacle. J'étais tellement déçu de ma prestation que je ne l'ai à peine cru. Au final, ce n'était rien d'autre qu'un manque de confiance en moi. J'aurais aimé être plus cool, c'est un artiste qui a tant compté pour moi depuis mon enfance. Même aujourd'hui, ces trois albums sont probablement mes trois albums préférés de tous les temps. C'est toujours bouleversant pour moi de savoir qu'il m'a vu sur scène.

LA PREMIÈRE GAY PRIDE DE LONDRES

Après la décriminalisation partielle de l'homosexualité en 1967, Londres était une ville grouillante d'opportunités. Les militants américains étaient encouragés par le changement de législation, renforçant l'élan au Royaume-Uni. Mais malgré les avancées juridiques, la vie des homosexuels restait oppressante. Le gouvernement appliqua rigoureusement les nouvelles dispositions. Peter Tatchell écrivit dans le *Guardian* : « Des policiers surveillent les parcs et les toilettes, utilisant parfois des agents beaux gosses comme appâts. Ils font des descentes dans les saunas. Invoquant la loi contre "les maisons de débauche", les clubs gays autorisant les couples à danser joue contre joue sont poursuivis. » Il ajouta qu'en 1966, 420 hommes furent reconnus coupables de « grossière indécence ». En 1974, ils étaient 1 711.

La marche vers la libération des lesbiennes et des homosexuels du Royaume-Uni était inéluctable. En 1970, le Gay Liberation Front (GLF) fut fondé dans le sous-sol de la London School of Economics. En novembre, le premier rassemblement pour les droits des homosexuels réunit 150 militants à Highbury Fields au nord de Londres. La police n'arrêta personne malgré les craintes des organisateurs. En 1971, le GLF organisa une action contre le Nationwide Festival of Light : une campagne chrétienne dirigée par Mary Whitehouse et le chanteur Cliff Richard pour protester contre le changement des valeurs. Les manifestants utilisèrent des sifflets et déployèrent des bannières et éteignirent les bougies des militants chrétiens. Une branche de la Homosexual Law Reform Society, qui avait contribué à la modification de la loi de 1967, donna naissance à la campagne pour l'égalité homosexuelle. C'était, avec la GLF, l'une des premières organisations au Royaume-Uni.

Le 1er juillet 1972, le samedi le plus proche de l'anniversaire des émeutes de Stonewall, eut lieu à Londres la première Gay Pride du pays. 700 personnes marchèrent de Trafalgar Square à Hyde Park, où on organisa un pique-nique. Le rassemblement étroitement surveillé provoqua la stupéfaction des passants qui insultèrent les manifestants, mais aussi les soutinrent. La marche signifiait qu'un nouvel optimisme – même timide – et une ouverture à l'égard des LGBTQ émergeaient. Le premier journal gay, *Gay News*, fut lancé la même année. En 1973, la ligne d'assistance téléphonique Icebreakers fut ouverte. En 1974, la première conférence nationale TV/TS (Travestis/Transsexuels) se tint à Leeds. La marche marquait aussi une nouvelle ère pour les lieux accueillant des LGBTQ. Les établissements réservés remontent au XVIe siècle, après les « molly houses » au XIXe siècle, puis, dans les années 1940, les bars et clubs fréquentés par des hommes aux goûts particuliers... Dans les années 1960, des lieux ouvraient, surtout à Londres, comme le Black Cap à Camden et le King Edward VI à Islington. Dès 1967, on ne les comptait plus.

LA MARCHE SIGNIFIAIT QU'UN NOUVEL OPTIMISME ET UNE OUVERTURE À L'ÉGARD DES LGBTQ ÉMERGEAIENT.

À gauche : Une plaque, à Highbury Fields, au nord de Londres, commémorant la première manifestation des droits des homosexuels en 1970. La marche improvisée fut saluée par certains passants, mais aussi conspuée par d'autres.

Ci-contre : Le Gay Liberation Front a été fondé à New York juste après les émeutes de Stonewall. Sa première réunion au Royaume-Uni a eu lieu le 13 octobre 1970 à la School of Economics de Londres. Ce tract, daté du 20 février 1971, énumère leurs revendications.

Pages suivantes : Les homosexuels se révoltent ! Une photo rare d'une des premières marches officielles de la Gay Pride britannique, juin 1974.

20/2/71

THE GAY LIBERATION FRONT DEMANDS:

*that all discrimination against gay people, male and female, by the law, by employers, and by society at large, should end,

*that all people who feel attracted to a member of their own sex should know that such feelings are good and natural,

*that sex-education in schools stop being exclusively hetero-sexual,

*that psychiatrists stop treating homosexuality as though it were a problem or a sickness, and thereby giving gay people senseless guilt-complexes,

*that gay people be as legally free to contact other gay people, through newspaper ads, on the streets, and by any other means they want, as are heterosexuals, and that police harassment should cease right now,

*that employers should no longer be allowed to discriminate against anyone on account of their sexual preferences,

*that the age of consent for gay men be reduced to the same age as for heterosexuals,

*that gay people be free to hold hands and kiss in public, as are heterosexuals.

ALL POWER TO OPPRESSED PEOPLE!

BOVRIL
GLAD TO BE
ME
GLAD TO BE
GAY!
GAYS
AGAINST

HOMOSEXUALS ARE REVOLTING!
Equality
GROUP
GAY!
WE DEMAND THE RIGHT TO SHOW AFFECTION IN PUBLIC !!!

AVANCÉES SIGNIFICATIVES DES ANNÉES 1970

1970

Premier défilé du Christopher Street Liberation Day, New York.

1971

Society Five, groupe de défense des droits des LGBTQ, à Melbourne.

1972

La Norvège dépénalise les rapports entre personnes du même sexe.

La Suède autorise les personnes à changer légalement de sexe.

Hawaï abroge ses lois sur la sodomie.

La loi sur l'intimité sexuelle s'applique aux homosexuels d'Australie du Sud.

East Lansing et Ann Arbor (Michigan) et San Francisco autorisent le vote des ordonnances municipales relatives aux droits des homosexuels.

Le Comité des amis de la communauté des quakers publie la Déclaration d'Ithaca sur la bisexualité.

1973

Malte décriminalise l'homosexualité.

L'Allemagne de l'Ouest abaisse l'âge du consentement à 18 ans pour les homosexuels (à 14 ans pour les hétérosexuels).

L'Australie et les États-Unis rayent l'homosexualité des maladies mentales.

1974

Les lesbiennes du Brunswick Four sont arrêtées au Canada, poussant la communauté LGBTQ à agir.

1975

La Norvège décriminalise l'homosexualité.

L'American Christian Cause s'oppose à « l'agenda gay », devenant ainsi le premier groupe chrétien politique aux États-Unis.

La Californie et l'Australie du Sud légalisent l'homosexualité.

Melbourne accueille la 1re Conférence nationale sur l'homosexualité.

1976

La Homosexual Law Reform Coalition voit le jour en Australie.

Le Territoire de la Capitale australienne décriminalise l'homosexualité entre adultes consentants.

1977

La Croatie, le Monténégro, la Slovénie et la Voïvodine décriminalisent l'activité sexuelle entre personnes de même sexe.

Harvey Milk est élu au Conseil de surveillance de San Francisco.

1978

L'artiste américain Gilbert Baker conçoit le symbole de fierté LGBTQ, le drapeau arc-en-ciel.

L'Association internationale lesbienne et gay est fondée.

1979

Première marche nationale sur Washington pour les droits des lesbiennes et des gays.

Des membres de la Fédération suédoise pour les lesbiennes, les gays, les bisexuels et les transgenres (RFSL) protestent contre la classification de l'homosexualité comme une maladie en explosant le standard des services médicaux, ce qui poussa l'Office national de la santé et du bien-être à la retirer de la liste.

Ci-dessus : Le drapeau arc-en-ciel est le symbole de la fierté gay LGBT et du mouvement LGBTQ. Un ami de Harvey Milk, Gilbert Baker, l'a créé pour qu'il devienne symbole de la paix et « drapeau de la race humaine ». Le drapeau a été partiellement inspiré par Allen Ginsberg. Il a été brandi pour la première fois lors du défilé de la Gay Freedom Day à San Francisco en 1978. Les couleurs représentent la diversité de la communauté, et, selon Baker, chaque couleur a une signification : rose = le sexe ; rouge = la vie ; orange = la guérison ; jaune = la lumière du soleil ; vert = la nature ; turquoise = la magie et l'art ; bleu vif = la sérénité ; violet = l'esprit. Ici, une édition originale de Baker, signée en bas à droite.

VOUS DEVEZ LEUR DONNER DE L'ESPOIR

HARVEY MILK : LE MAIRE DE CASTRO STREET

Harvey Milk est l'un des milliers d'immigrants gays venus s'installer à San Francisco dans les années 1960. De parents juifs lituaniens, il est né en 1930 dans une banlieue de New York. Sa vie et son héritage sont à jamais associés à San Francisco et à la liberté sexuelle incarnée par la ville.

Ce n'est qu'en 1969, l'année des émeutes, que Milk découvre la ville pour la première fois. Il avait accompagné son petit ami de l'époque, régisseur dans une production de la comédie musicale *Hair*. Il y revient deux ans plus tard avec un nouveau petit ami et ils ouvrent ensemble un magasin d'appareils photographiques dans Castro Street, le principal quartier gay de la ville.

Plusieurs éléments poussent Milk à briguer un mandat au Conseil des autorités de surveillance : sa frustration vis-à-vis du président Nixon (il avait été républicain dans sa jeunesse), la politique locale affectant les propriétaires de petits commerces et une communauté gay qu'il considère comme trop conservatrice. Plus tard, il expliquera : « J'avais finalement atteint le point où je savais que je devais m'impliquer ou bien me taire. »

À sa première tentative en 1973, Milk arrive 10e sur 32 candidats. Mais l'élection lui permet de tisser de relations avec la communauté gay qui le surnomme le « maire de Castro Street ». En 1975, il perd à nouveau, arrivant cette fois 7e. Néanmoins, il attire l'attention du nouveau maire, George Moscone, qui lui confie son premier emploi politique au sein de la commission d'appels des permis. Il n'y reste que très peu de temps. Enfin,

COMMITTEES:
Chairperson:
URBAN AND CONSUMER AFFAIRS
Vice Chairperson:
STREETS AND TRANSPORTATION
Member:
COMMUNITY SERVICES

CITY AND COUNTY OF SAN FRANCISCO

Telephone:
558-2145

District 5

BOARD OF SUPERVISORS

CITY HALL, SAN FRANCISCO 94102

SUPERVISOR HARVEY MILK

June 28, 1978

President Jimmy Carter
The White House
Washington, D.C. 20500

Dear President Carter:

There has been considerable press coverage of the speech I delivered at San Francisco's large Gay Freedom Day Celebration this past weekend.

In it, I called upon you to take a leadership role in defending the rights of gay people. As the President of a nation which includes 15-20 million lesbians and gay men, your leadership is vital and necessary.

I have enclosed a copy of my remarks for you to read. Especially note the section beginning on page six.

On the November, 1978, California ballot will be an initiative, called the Briggs Initiative, which would prohibit gay persons from teaching and would have other serious infringements on individual rights. Though it is a state ballot issue, it is also of great national importance and we hope you will strongly oppose it.

I would very much appreciate a response to our call for your support and I would be honored to work with you to protect the human rights of all Americans.

Warmly,

Harvey Milk

Harvey Milk

à sa troisième tentative, le 8 novembre 1977, Milk est élu au Conseil des autorités de surveillance, devenant ainsi le premier élu ouvertement homosexuel de l'histoire de la Californie et non-fonctionnaire dans une administration aux États-Unis.

Le court mandat de Milk changea beaucoup de choses. Avec son style à la fois convivial et flamboyant, il incarnait une nouvelle façon de faire les choses. Il militait de façon audible et ciblée pour les droits des homosexuels et ceux d'autres groupes minoritaires, ainsi que pour la protection des quartiers de San Francisco contre l'expansion des entreprises. À maintes reprises, il exhorta les homosexuels à sortir de l'ombre et à nouer des alliances pour élargir leur communauté. L'un

de ses combats les plus médiatisés fut de cibler l'activiste et ancienne chanteuse anti-gay Anita Bryant et l'Initiative Briggs, une proposition de loi (d'initiative populaire) qui avait pour but d'interdire aux homosexuels d'exercer le métier d'enseignant. L'initiative Briggs fut rejetée et, bien que Bryant connût un certain succès, la couverture médiatique des débats permit à Milk de transmettre son message sur les droits des homosexuels à un public bien plus large que d'habitude, celui des téléspectateurs.

Mais Milk se fit aussi des ennemis lorsqu'il revint sur un accord de soutien à son collègue, Dan White, un ancien policier de 32 ans. Il devait l'aider à suspendre l'ouverture d'un établissement de santé mentale dans son district. White cessa dès lors de lui adresser la parole et fut le seul superviseur à voter contre l'ordonnance de 1978 sur les droits des homosexuels défendus par Milk. Plus tard cette année-là, White démissionna de son poste de superviseur à cause d'une accumulation de problèmes : un divorce en cours, un salaire insuffisant et un restaurant au bord de la faillite. Il finit par demander au maire de la ville, Moscone de le réintégrer. Milk fit partie de ceux qui firent pression sur Moscone pour refuser. Le 27 novembre 1978, White pénétra dans l'hôtel de ville en

Ci-contre, à gauche et ci-dessus : Milk photographié dans son magasin de photo de Castro Street, en 1977.

Ci-contre, à droite : Lettre de Milk au président Jimmy Carter, du 28 juin 1978, déclarant son opposition à la proposition n° 6 de Californie, connue sous le nom d'Initiative populaire Briggs.

HARVEY
MILK
nov6
HE'S YOUR CANDIDATE FOR
SUPERVISOR
HARVEY
MILK
nov6
HE'S YOUR CANDIDATE FOR
SUPERVISOR
HARVEY
MILK
nov6
HE'S YOUR CANDIDATE FOR
SUPERVISOR
HARVEY
MILK
nov6
HE'S YOUR CANDIDATE FOR
SUPERVISOR

« JE SAIS QUE L'ESPOIR SEUL NE SUFFIT PAS, MAIS SANS ESPOIR, LA VIE NE VAUT PAS LA PEINE D'ÊTRE VÉCUE. ET VOUS… VOUS DEVEZ LEUR DONNER DE L'ESPOIR. »

HARVEY MILK

escaladant une fenêtre et assassina le maire. Il se dirigea ensuite vers le bureau de Milk, lui demanda d'entrer et tira quatre balles : une dans son poignet, quand Milk leva la main pour se protéger, une dans la poitrine et deux dans la tête. Moscone et Milk étaient morts sur le coup.

Le 21 mai 1979, Dan White fut déclaré coupable d'homicide volontaire, au lieu de meurtre au premier degré, invoquant des facultés mentales diminuées en raison de la dépression et d'un régime de malbouffe. Beaucoup de personnes sortirent dans les rues pour protester contre le verdict, engendrant ce qu'on appela les émeutes de la nuit White.

White reste en prison cinq ans. Il se suicida deux ans après sa libération. Harvey Milk était mort à seulement 48 ans, mais son héritage était immense. Une place, où flotte le drapeau arc-en-ciel, porte son nom, ainsi qu'une école de New York pour jeunes LGBTQ. Il a inspiré plusieurs réalisations, notamment un opéra, le film documentaire de 1984 *The Times of Harvey Milk* et le film de 2008, *Milk*, de Gus Van Sant, avec Sean Penn. Dustin Lance Black a remporté l'Oscar du meilleur scénario original pour ce film. En 2009, une des premières actions entreprises par le président Obama fut de décerner à Harvey Milk la plus haute distinction civile du pays, la médaille présidentielle de la Liberté. Stuart Milk, son neveu et fondateur de la Fondation Harvey Milk, accepta la médaille.

Le plus grand héritage d'Harvey Milk est celui de l'espoir. Il savait qu'il était primordial que les gens sortent au grand jour. Sachant qu'il était une cible potentielle, il avait enregistré un message où on l'entend dire : « Si une balle devait pénétrer mon cerveau, faites que cette balle détruise les portes de tous les placards. » En 1978, quelques mois avant son assassinat, lors du défilé de la Gay Pride, il prononça un discours qui résonne encore avec autant de force aujourd'hui qu'il y a 40 ans :

« Et les jeunes homosexuels d'Altoona (Pennsylvanie) et de Richmond (Minnesota) qui commencent à s'assumer et qui écoutent Anita Bryant à la télévision et son histoire. La seule chose à laquelle ils doivent aspirer c'est l'espoir. Et vous devez leur donner de l'espoir. L'espoir en un monde meilleur, l'espoir en un avenir meilleur… Et si vous aidez à élire… davantage de gays, cela accorde le feu vert à tous ceux qui se sentent privés de leurs droits, un feu vert qui leur permet d'avancer. Cela signifie de l'espoir pour un pays qui s'est résigné, car si un homosexuel réussit, alors tout le monde peut réussir. »

City Hall Murders

MOSCONE, MILK SLAIN --DAN WHITE IS HELD

San Francisco Chronicle

Mayor Was Hit 4 Times

Feinstein Becomes the Mayor

Index

Ci-contre : Tract pour la campagne d'Harvey Milk. Il fut finalement élu au poste de superviseur le 8 novembre 1977 et exerça pendant onze mois, jusqu'à son assassinat le 26 novembre 1978.

À droite : La une du *San Francisco Chronicle* du 28 novembre 1978, annonçant le meurtre de Harvey Milk et du maire George Moscone. Le meurtrier, Dan White, photographié après son arrestation.

LE DÉBUT DES ANNÉES 1970 ET LE « FONCTIONNAIRE DU NU »

Pendant les années 1970, les changements s'accélèrent à travers le monde. En 1973, le Collège royal australien et néo-zélandais de psychiatrie, puis l'Association américaine de psychiatrie suppriment l'homosexualité de leur liste des troubles mentaux. Aux États-Unis, c'est dû en grande partie aux recherches et à la mobilisation d'Evelyn Hooker. En 1974, la lesbienne Kathy Kozachenko devient la première homosexuelle déclarée élue à une fonction publique après avoir remporté un siège au conseil municipal d'Ann Arbor, Michigan. La même année, le Dr Fritz Klein fonde le premier groupe de soutien aux bisexuels, le Bisexual Forum. En 1973, l'Ohio abroge les lois sur la sodomie. C'est l'un des 20 États à l'avoir fait dans les années 1970.

En 1975, une des plus importantes personnalités queers d'alors retint l'attention du public. Denis Pratt était né en 1908 à Sutton, au sud de Londres, et élevé à Epsom, dans le Surrey. Il abandonna ses études de journalisme au King's College et, vers 20 ans, il s'installa à Londres pour étudier l'art. C'est là qu'il commença à se vêtir et à se maquiller de façon excentrique mais aussi à se prostituer. Il changea son nom pour Quentin Crisp. Avec son style décadent, ses cheveux teints et son visage maquillé, il devint une figure reconnue dans certains quartiers, se mêlant à la foule et aux escort boys. Il était attiré par les durs à cuire, mais se faisait souvent tabasser. Refusé par l'armée pour « perversion sexuelle », il passa la Seconde Guerre mondiale à Londres, cheveux teints au henné, sollicitant l'affection où il pouvait, notamment auprès de ceux qu'il préférait, les soldats américains. Entre-temps, il ne cessa jamais d'écrire et trouve un agent. Ses mémoires intitulés initialement *I Reign in Hell* (d'après la citation de John Milton dans *Le Paradis perdu* : « Mieux vaut régner en enfer que servir au paradis »), sont publiés en 1968 sous le titre de *The Naked Civil Servant*, *Le Fonctionnaire du nu* en français. Le livre attira l'attention de la première productrice de *Doctor Who*, Verity Walker, qui en commanda une adaptation télévisée. Le téléfilm fut diffusé en 1975 au Royaume-Uni et aux États-Unis, faisant de Crisp et de l'acteur John Hurt des stars du jour au lendemain.

Cette notoriété lui permit de publier d'autres livres, de se produire dans des *one man shows* lui assurant une certaine célébrité jusqu'à la fin de ses jours, surtout à New York, où il vécut dans la misère, acceptant les invitations de quiconque lui offrait à dîner. Britannique jusqu'au bout des ongles, il était connu pour ne jamais faire le ménage. Il s'en amusait : « Après les quatre premières années, on ne voit plus la différence. » La chanson de Sting « An Englishman in New York » est un hommage à Quentin Crisp. Mais il a suscité beaucoup de controverses : dans une interview, il qualifia le sida de « mode passagère ». Peter Tatchell a affirmé que Crisp ne croyait pas aux droits des homosexuels. « De quoi voulez-vous vous libérer ? De quoi doit-on être fier ? » avait-il demandé.

Cela dit, beaucoup de personnes LGBTQ de l'époque, y compris Boy George, ont confié que, dans un monde dépourvu de représentants homosexuels, la figure de Quentin Crisp avait été salutaire pour eux.

Le mot « Quentin » était devenu une insulte utilisée contre les gays à l'école, mais il fut l'un des tout premiers et des plus célèbres homosexuels du XXe siècle, et aussi certainement l'un des plus effrontés et des plus intéressants. Il est décédé le 21 novembre 1999 à Manchester. Il était sur le point de commencer une tournée dans sa région de naissance, qu'il détestait... Ses cendres furent rapatriées à New York.

Ci-dessus : Quentin Crisp photographié avec l'acteur John Hurt habillé à la façon de Crisp lors du tournage du *Fonctionnaire du nu*, diffusé à la télévision britannique et américaine en 1975.

Ci-contre : Quentin Crisp âgé de 40 ans en 1948. Des années plus tard, il déclara : « Il n'est pas du tout nécessaire de faire le ménage chez soi. Après les quatre premières années, on ne voit plus la différence. »

LONDON TELEPHONE

CULTURE : LA VIE NOCTURNE

Vers la fin des années 1970, deux gays afro-américains ont changé le cours de l'histoire du clubbing et de la dance music à travers le monde.

En 1977, le DJ Larry Levan vivait près d'un club privé le Paradise Garage, situé dans un entrepôt au-dessus d'un parking à Hudson Square, tandis qu'à Chicago, Frankie Knuckles était le voisin d'un autre lieu, une ancienne usine sur Jefferson Street appelée le Warehouse. Les deux endroits sont devenus les clubs les plus populaires dans leurs villes respectives, et les styles musicaux « garage » et « house » ont évolué directement à partir de celui de ces deux DJ. Leur musique s'adressait surtout aux homosexuels noirs et latinos et tous deux ont défini le modèle des boîtes de nuit pendant 30 ans.

Les bars gays s'étaient multipliés à la fin des années 1960 au Royaume-Uni. On peut citer l'Apollo, le London Apprentice, le Princess of Prussia, le Kings Head, le Pink Elephant et le Regency Club. Le Deuce était un lieu gay non officiel où les mods dansaient ensemble. La London Gay Night Bang ! – rebaptisée GAY – ouvrit en 1976 au Sundowner, au sous-sol du London Astoria, sur Charing Cross, donna ainsi le sentiment d'appartenir à une communauté grâce à sa capacité d'accueil de 1 000 personnes.

Quant au Palace, dans le 9e arrondissement de Paris – un théâtre transformé en boîte de nuit – il attirait tout ce qui était cool et beau, sans distinction de sexualité, de classe ou de couleur de peau. Lancé en mars 1978 avec une prestation de Grace Jones, le monde de la mode s'y mêlait

Ci-dessus : Depuis son ouverture en 1979, la boîte de nuit le Heaven de Charing Cross à Londres est un lieu populaire pour les LGBTQ. Photo de la piste de danse qui ne désemplissait jamais, prise en octobre 1992.

Ci-contre : Salle du Palace, à Paris. Inauguré par Fabrice Emaer en 1978 et réputé pour être un bastion de la culture underground et un lieu hyper tendance.

à des célébrités et à des fêtards gays hédonistes. Les gens buvaient du champagne mimant des câlins. Pour la première fois, des clubs comme le Palace, mais aussi le Heaven et le Studio 54, donnèrent l'impression que tout le monde voulait faire partie du monde gay.

À la fin des années 1970, un club révolutionnaire ouvrit à Londres. Son nom allait devenir célèbre dans le monde entier en tant que symbole de la liberté, de la débauche, mais aussi pour la fabuleuse musique disco qui passait en boucle. L'entrepreneur gay Jeremy Norman, qui avait séjourné aux États-Unis, souhaitait créer un lieu glamour et décadent à Londres. En 1978, le très chic Embassy était la réponse britannique au Studio 54, et, en décembre 1979, sous les arches près de la gare de Charing Cross, il inaugura le plus grand club gay d'Europe : le Heaven.

Le club fit sensation. Y défilèrent les DJ à la mode tels que Tony De Vit et Frankie Knuckles de Warehouse, sous la houlette du producteur de Hi-NRG, Ian Levine. En seulement dix ans, les clubs gays des États-Unis et de Londres étaient passés de lieux clandestins à des lieux cool et incontournables. À l'instar du DJ Luke Howard dans *Faith Fanzine*, l'*Evening Standard* déclara à propos de la soirée d'inauguration du Heaven : « Le plus gros casse-tête du Heaven serait de dissuader les discophiles hétéros de Londres, tentés de passer pour des homosexuels sous les yeux des élégants videurs aux portes du "paradis". » Acheté, étonnamment, par Richard Branson en 1982, le Heaven devint un haut lieu culturel dans les années 1980, réputé pour l'intensité de ses soirées.

Les lieux gays ont toujours eu pour objectif de faire la fête avec une telle intensité que seuls ceux qui ont été réprimés peuvent comprendre, de même les sex clubs tels que le Mineshaft et le Anvil à New York étaient extrêmement populaires. Les drogues étaient également indissociables de nombreux grands clubs gays. D'abord la cocaïne,

Ci-dessus : Le DJ Larry Levan en 1979, voisin durant dix ans du Paradise Garage de New York, où des stars telles que Madonna et Grace Jones se sont produites dans les années 1980.

Ci-contre : Le célèbre super club berlinois Berghain en 2007.

Pages suivantes : Flyer du Panorama Bar, un petit espace de détente situé au-dessus des pistes de danse du Berghain.

LA NUIT GAY À TRAVERS LE MONDE : LES LIEUX QUI ONT MARQUÉ L'HISTOIRE

The Abbey, à West Hollywood. Depuis 1991, avec son café, son restaurant et son bar, il constitue un point de repère pour les LGBTQ de Los Angeles.

L'Arena Madre, à Barcelone. Le vaisseau amiral de cet empire espagnol des clubs gays organise des soirées à thème depuis plus de 20 ans.

Le Berghain, à Berlin. Aujourd'hui l'un des lieux les plus hard-core et notoires du monde. Âmes sensibles, s'abstenir !

Le Cubbyhole, à New York. Ce célèbre lieu tant aimé par les lesbiennes a ouvert ses portes en 1994.

Le Duckie, à Londres. Les soirées du cabaret, créé par Amy Lamé et Simon Strange en 1995, ont toujours lieu chaque semaine à l'historique Royal Vauxhall Tavern.

Le G-A-Y, à Londres. Le club, situé au sous-sol de la salle Astoria, est devenu si populaire que s'en sont ouvert deux autres, à Londres et à Manchester.

L'Imperial Hotel, à Sydney. Un lieu rare et rafraîchissant où tous les membres de la communauté LGBTQ se mélangent.

La Paradise Factory, à Manchester. Le club gay emblématique du nord-est de l'Angleterre. Depuis 1993, les gays et les hétéros peuvent faire la fête ensemble.

Le Popstarz, à Londres. Le DJ Simon Hobart a changé le tempo du Londres gay. Au lieu de danser sous l'effet de la drogue, aujourd'hui on picole en s'embrassant.

Le Queen, à Paris. Le DJ superstar David Guetta a eu ses premiers gros succès ici. Il a été le directeur musical du club légendaire entre 1992 et 1995.

Le Spijker Bar, à Amsterdam. Le plus ancien lieu gay de la ville, destiné à l'origine pour les adeptes du cuir, il accueille désormais des soirées drag et bingo.

Le Studio 54, à New York. Ce n'était pas strictement un club gay, mais l'ambiance queer est définitivement liée à la réputation de ce lieu culte.

Le Woody's and Sailor, à Toronto. L'un des lieux LGBTQ les plus anciens et les mieux gérés au monde.

puis l'ecstasy, plus tard, le speed et la kétamine, sont devenues partie intégrante des clubs tels que la Sound Factory de New York, ouverte en 1989 avec le DJ Junior Vasquez, et au milieu des années 1990, le Twilo. Le Trade, dirigé par Laurence Malice – le premier autorisé à ouvrir 24 heures d'affilée – vint enrichir le paysage londonien en 1990. Il marqua une nouvelle tendance, la fête qui carbure à la drogue, donnant l'illusion de ne jamais finir. La fête prit fin en 2008.

Historiquement, les bars et les clubs étaient les seuls endroits où les LGBTQ pouvaient rencontrer des amis ou un partenaire et se sentir en sécurité, mais avec l'arrivée d'Internet et des applis de rencontre telle que Grindr, la technologie commença à remplacer les bars. Parallèlement à la flambée des loyers, à l'embourgeoisement et, parfois, au déclin du culte du corps parfait, de nombreux lieux gays fermèrent au début des années 2010. Mais aussi vite que les goûts changent, et que les réaménagements urbains entraînent leur fermeture, de nouveaux lieux apparaissaient et les clubs gays continuent d'être à l'avant-garde de la culture du clubbing. Pour survivre, ils ont dû innover. Les super clubs tels que le Berghain, épicentre de la scène techno et dont la clientèle est connue pour sa sexualité équivoque, symbolisent la renaissance de la culture gay à Berlin. À Londres, de petites salles telles que le Glory et Dalston Superstore, ainsi que des soirées avec des prestations *live* comme « Sink the Pink », ont redynamisé la scène. À Paris, les soirées organisées dans des clubs et dans des lieux éclectiques – telles que les soirées « Flash Cocotte », « le Trou aux Biches » le « Menergy »... – sont tendance. L'ouverture de nouvelles salles et le fait de s'être éloigné du machisme « torse nu » et de la drogue qui ont détruit une grande partie de la vie nocturne gay, soulignent une fois de plus l'importance accordée aux lieux LGBTQ comme des refuges, en particulier pour ceux qui expriment de nouvelles identités queers.

[o]
BERGHAIN
panorama bar

CULTURE : LE THÉÂTRE

Malgré quelques brèves scènes, comme le baiser lesbien dans *Le Dieu de Vengeance* de Sholem Asch en 1923, les représentations théâtrales de gays et lesbiennes ont été rares avant 1960. Au Royaume-Uni, à cause de la censure jusqu'en 1969, les productions devaient être examinées et autorisées par le Lord chambellan. Avant cela, des écrivains célèbres, comme Joe Orton, ne pouvaient qu'évoquer de façon évasive l'homosexualité. D'autres, comme Tennessee Williams, l'ont discrètement abordée. Et Terence Rattigan a fait passer des homosexuels pour des hétéros, un procédé très critiqué dans le *New York Times* en 1966 : « Le théâtre homosexuel et ses déguisements » mettant en doute la capacité des auteurs dramatiques gays à écrire sur la vie des hétérosexuels.

Mais une œuvre plus avant-gardiste est en train d'émerger. En 1958, l'ancien danseur italo-américain, Joe Cino, ouvre le théâtre Caffe Cino dans le West Village, à New York, et, fin 1969, il commence à mettre en scène de petites productions. Le mouvement « Off-Off-Broadway » encourage des travaux plus expérimentaux. C'est là que la pièce du Texan Robert Patrick, *The Haunted Host*, dont le sujet est un gay qui redoute avoir entraîné son amant au suicide, est présentée en 1964. Aujourd'hui, Robert Patrick considère le Caffe Cino comme le lieu de naissance du théâtre gay américain.

En 1968 enfin, une pièce à succès aborde directement la vie des homosexuels. *Les garçons de la bande* de Mart Crowley est joué plus de 1000 fois avant d'être interprété à Londres. La même année, la comédie musicale, *Hair*, célèbre la sexualité gay et, en 1973, l'épopée de science-fiction pansexuelle de Richard O'Brien, *The Rocky Horror Show*, est mise en scène à Londres avant de devenir un succès mondial. Et la comédie de Jean Poiret, *La cage aux folles*, l'histoire de deux gays et du fils de l'un, est devenue très populaire à Paris et sera adaptée trois fois sur grand écran.

Mais c'est l'histoire d'une drag-queen juive new-yorkaise qui suscite, pour la première fois, un réel engouement du public pour une histoire gay. La trilogie composée par Harvey Fierstein à la fin des années 1970 – *Torch Song Trilogy* – est la première pièce homosexuelle à devenir un gros succès, réalisant même des bénéfices lors de son passage à Broadway en 1982. Elle fait d'Harvey Fierstein, d'Estelle Getty et de Matthew Broderick des stars. Elle remporte deux Tony Awards. Fierstein est chargé de l'adaptation en comédie musicale de *La cage aux folles* en 1983. On s'en souvient pour son thème, « I Am What I Am ».

Des œuvres plus politiques ont continué à venir de la scène underground, avec des collectifs de théâtre marginaux tels que la compagnie drag Hot Peaches (avec Bette Bourne et Peggy Shaw), la Gay Theatre Alliance, la Triangle Theatre de Boston, et le Britannique Gay Sweatshop, alors que les Américains avant-gardistes Jane Chambers, Alexis De Veaux et Susan Miller deviennent des références à partir des années 1970.

D'origine cubaine, Ana Simo fonde à New York en 1976 la première troupe lesbienne, Medusa's Revenge. Le public était alors très rarement exposé à des pièces aux thèmes lesbiens ou écrites par des lesbiennes. Les thèmes gays étaient plus familiers. En 1986, *Neaptide* de la Britannique Sarah Daniels qui parle du soutien d'un professeur à deux élèves

lesbiennes, est la première pièce entièrement composée par une lesbienne vivante à être mise en scène au Royal National Theatre de Londres.

Dans les années 1980, des écrivains abordèrent le drame du sida. *Night Sweat* (1984) de Robert Chesley est la première pièce sur la maladie produite à New York, suivie un an plus tard de *As Is* de William Hoffman. La première de *The Normal Heart* de la militante Larry Kramer a lieu en 1985. La pièce appelle à une réponse politique plus agressive pour sortir de la crise. *The Baltimore Waltz*, pièce de 1990 de Paula Vogel, dépeint l'agonie de son frère mort du sida. Des performers, comme Tim Miller, tentent de montrer que les homosexuels ne seraient pas anéantis. Les *Elegies for Anges, Punks and Raging Queens* (1989), inspirées du grand patchwork commémoratif du sida, se jouent à New York et à Londres. En 1990, est produite la « pièce gay » la plus célèbre de tous les temps : *Angels in America* de Tony Kushner, une histoire en deux parties sur l'état de l'Amérique et la relation d'un homme mourant avec son partenaire, remporte de multiples récompenses internationales et insuffle un ton nouveau et combatif face au désespoir ambiant.

Monté en 1993 à Londres, *Beautiful Thing* de Jonathan Harvey inaugure un traitement nouveau de l'homosexualité, plus tendre. Sa pièce illustre la simplicité de deux adolescents amoureux issus de la classe ouvrière, tandis que *My Night with Reg* de Kevin Elyot (1994) pose des questions difficiles sur les pulsions autodestructrices.

Le chorégraphe Matthew Bourne fait sensation avec son *Lac des cygnes* entièrement masculin en 1995. L'année suivante, la comédie musicale rock de Jonathan Larson, *Rent*, met en scène un groupe de New Yorkais ethniquement et sexuellement divers. Pour la première fois, le public peut applaudir cette mise en lumière des relations gays, lesbiennes et non binaires. Une décennie plus tard, la comédie musicale *The Color Purple* (2005), aux thèmes lesbiens, est acclamée à Broadway. Le théâtre LGBTQ a toujours été un moyen d'expression essentiel de la légitime indignation face à l'homophobie. *Bent* (1980) de Martin Sherman aborde la persécution nazie des homosexuels, alors que des manifestations violentes accompagnent la première de *Corpus Christi* de Terrence McNally en 1998 qui présente Jésus et les apôtres comme des homosexuels persécutés. En 2000, *The Laramie Project* de Moisés Kaufman décrit la colère et le chagrin autour du meurtre de Matthew Shepard. En 2003, Richard Greenberg remporte le Tony Award de la meilleure pièce de théâtre avec *Take Me Out*, sur l'homophobie dans le milieu du baseball. *Holding the Man* (2006), les mémoires de l'Australien Timothy Conigrave sont adaptées par Tommy Murphy. La pièce rappelle au monde l'impact du sida. En 2011, *8*, de Dustin Lance Black, prône le mariage pour tous. En 2018, un avocat indien queer Danish Sheikh est l'auteur de *Contempt*, mêlant des témoignages de LGBTQ et des extraits d'audiences de la Haute Cour de Delhi en 2012, permettant de renverser la decision de criminalisation de l'homosexualité rendue en 2009 en Inde.

Nous continuons à utiliser le théâtre pour parler de notre communauté. Ma propre pièce *Blowing Whistles* (2005) et celle d'Alexi Kaye Campbell *The Pride* (2008) sondent le mot « fierté ». *John* (2014) de la compagnie DV8, *The Chemsex Monologues* de Patrick Cash (2016), *5 Guys Chillin'* de Peter Darney (2018) et *Sex/Crime* d'Alexis Gregory (2018) explorent la toxicomanie chez les homosexuels. En deux parties, la magnifique pièce de sept heures de Matthew Lopez, *The Inheritance*, traite du sida au travers de gays d'âges différents et séduit le public londonien en 2018.

Marginalisés au sein d'une communauté mise au ban, la vie des LGBTQ de couleur n'est que rarement racontée. Mais cette dernière décennie voit émerger autre chose que la vie de blancs homosexuels. L'Américain Tarell Alvin McCraney commence son ascension avec des pièces telles que *The Brother Sister Plays* (2007-16) et *Wig Out !* (2008). Rikki Beadle-Blair, qui remporte en 1979 le prix du jeune dramaturge de l'*Evening Standard* à 18 ans, produit des œuvres queers percutantes, comme *Fit* (2008). Il encourage des générations d'écrivains et d'interprètes. Nous avons aussi pu voir *A Boy and His Soul* (2010) avec Colman Domingo, *While I Yet Live* (2014) de Billy Porter, la comédie musicale de Griffn Matthew *Invisible Thread* (2014), qui se passe en Ouganda, *Booty Candy* (2014), toutes des succès. Début 2019, *Choir Boy* de Tarell d'Alvin McCraney triompha à Broadway, trois ans après que son film *Moonlight* soit récompensé.

Le réalisateur et scénariste Topher Campbell a produit des pièces dans plusieurs salles du Royaume-Uni, dont le Young Vic à Londres. En 2000, il a créé la Fédération rukus !, qui vient en aide aux LGBTQ noirs.

La vie des transsexuels est aussi moins représentée sur les planches de grands théâtres, mais les militants Kate Bornstein et des artistes britanniques comme Taylor Mac et Travis Alabanza passent par la performance solo. *Hedwig and The Angry Inch* (1998) de John Cameron Mitchell remet en question les identités binaires et *Rotterdam* (2015) de Jon Brittain nous fait suivre le parcours d'un homme trans. Harvey Fierstein et Cyndi Lauper explorent l'univers des travestis dans *Kinky Boots* (2012) (faisant une star de l'acteur Billy Porter), à l'instar de Fierstein dans sa pièce *Casa Valentina* (2014).

La vie des lesbiennes est racontée dans l'adaptation par Lisa Kron du roman graphique d'Alison Bechdel, *Fun Home* (2015). C'est aussi le cas de *Cake* (2017) de Bekah Brunstetter et de *Indecent* de Paula Vogel, une pièce au sujet du scandale d'un baiser lesbien dans le film de 1923 *Le Dieu de Vengeance* (*lire plus haut*). Ces deux œuvres ont été montées à Broadway.

Ci-contre : *La cage aux folles* de Jean Poiret en 1973. En vedette, Poiret dans le rôle de Georges (à droite) et Michel Serrault dans le rôle d'Albin. Cette pièce sur deux gays et le fils de l'un a été jouée dans le monde entier. Elle fut adaptée en comédie musicale en 1986. Transposée au cinéma sous le titre *The Birdcage* (1996), avec Robin Williams et Nathan Lane dans les rôles principaux.

À droite : Jason Isaacs (et Nancy Crane dans le rôle de l'ange) dans *Millennium Approaches* (1993), la célèbre production du National Theatre de Londres. C'est la première partie de l'épopée de Tony Kushner, *Angels in America*.

Ci-dessus, à gauche : Ian McKellen (à gauche) et Michael Cashman (à droite) lors de la promotion de *Bent* (1989), de Martin Sherman. Une création du National Theatre.

Ci-dessus, à droite : Martin Sheen dans le rôle de Ned Weeks dans *The Normal Heart* de Larry Kramer au Royal Court Theatre de Londres, 1986.

À gauche : La comédie musicale rock de Jonathan Larson, *Rent* où figurent des personnages gays, lesbiens, bi et trans à Broadway en 1996.

Ci-contre, en haut à gauche : Une représentation de 1989 de *Paradise Now and Then* de Noel Greig. Les membres de la compagnie de théâtre Gay Sweatshop étaient les visages familiers de la scène gay des années 1980.

Ci-contre, en haut à droite : Craig Stein dans *Wig Out* de Tarell Alvin McCraney. McCraney remportera l'Oscar du meilleur scénario adapté pour *Moonlight* (2016). Une adaptation de sa pièce coécrite avec Barry Jenkins : *In Moonlight Black Boys Look Blue*. *Moonlight* est le premier film avec une distribution entièrement noire et le premier film LGBTQ à remporter l'Oscar du meilleur film.

Ci-contre : Jonathan Ollivier, cygne dans une production entièrement masculine du *Lac des cygnes* de Matthew Bourne, au théâtre Sadlers Wells, à Londres, en 2013.

LE DÉSASTRE

En 1968, un an avant les émeutes de Stonewall, Robert Rayford, âgé de 15 ans, s'était rendu seul à l'hôpital dans le Minnesota. Il était extrêmement malade : il était faible, maigre et parlait peu.

Les docteurs pensaient qu'il était homosexuel ou bisexuel. Il est mort d'une pneumonie le 15 mai 1969. Ses médecins étaient déstabilisés. Au cours de l'autopsie de Rayford, ils découvrirent un type de cancer inhabituel et conservèrent donc des échantillons de sang et de tissus. Vingt ans s'écoulèrent avant que l'on repense à son cas. Toujours en 1968, en Norvège, un chauffeur de camion de 21 ans, Arne Røed, rendit visite à son médecin, se plaignant d'une infection pulmonaire et de ganglions lymphatiques enflés. En janvier 1976, sa fille décéda à l'âge de huit ans. Røed mourut trois mois plus tard, à peine âgé de 29 ans, suivi de son épouse en décembre. Leurs morts étaient déconcertantes, mais jugées sans conséquence. Il fallut attendre quelques décennies avant qu'on se rende compte des effets de la maladie. Puis, au début des années 1980, des scientifiques découvrirent la maladie qui allait dominer et décimer toute une génération d'homosexuels. Le 5 juin 1981, le Centre pour le contrôle et la prévention des maladies signala le cas de cinq gays vivant à Los Angeles atteints d'une affection pulmonaire rare appelée PCP. Deux d'entre eux moururent. Au moment où ces informations étaient révélées dans la presse spécialisée, de nouveaux cas furent signalés à San Francisco et ailleurs aux États-Unis. Des médecins new-yorkais indiquèrent plusieurs cas de sarcome de Kaposi chez de jeunes homosexuels alors que c'est un type de cancer qu'on trouve généralement chez les hommes âgés. Quelques semaines plus tard, le 3 juillet 1981, le *New York Times* publiait un dossier intitulé « Cancer rare observé chez 41 homosexuels ». Il indiquait qu'au cours des 30 derniers mois, des cas avaient été recensés chez des hommes âgés de 26 à 51 ans, avec une moyenne d'âge de 39 ans. Huit des 41 patients étaient morts. Les rapports inquiétants n'étaient pas conscrits qu'aux États-Unis. En décembre, le magazine londonien *Time Out* rapportait à son tour qu'un Britannique était mort d'une PCP, une maladie jusque-là observée parmi les consommateurs de drogues injectables. La communauté scientifique était déroutée. Fin 1981, on déplorait la mort de 121 homosexuels américains ainsi que le signalement de 149 autres cas.

En janvier 1982, l'inquiétude gagna les villes américaines qui abritaient d'importantes populations homosexuelles. La communauté, si habituée à se prendre en charge en cas de problème, commença à se mobiliser. En août 1981, Larry Kramer tint une réunion dans son appartement new-yorkais. Le 4 janvier 1982, avec d'autres, dont Edmund White, ils créèrent l'association Gay Men Health Crisis pour aider les malades et collecter des fonds destinés à la recherche. À San Francisco, Cleve Jones, un ami de Harvey Milk, lança la Kaposi's Sarcoma Research and Education Foundation. La plateforme téléphonique fut d'une aide inestimable pour les citoyens qui manquaient désespérément d'informations et de conseils.

THE NEW YORK TIMES, FRIDAY, JULY 3, 1981

A20 L

RARE CANCER SEEN IN 41 HOMOSEXUALS

Outbreak Occurs Among Men in New York and California —8 Died Inside 2 Years

By LAWRENCE K. ALTMAN

Doctors in New York and California have diagnosed among homosexual men 41 cases of a rare and often rapidly fatal form of cancer. Eight of the victims died less than 24 months after the diagnosis was made.

Ci-dessus : Le *New York Times* rapporte les premiers cas de décès d'homosexuels liés à un « mystérieux cancer », le 3 juillet 1981.

Ci-contre : « Se battre pour nos vies » : un slogan qui met en lumière l'apathie de la société et le manque d'actions envers les victimes du VIH/sida lors la 14e Gay Pride de New York en 1984.

NY
NETWORK
FIGHTING FOR OUR LIVES
SOLACE
CMA

None of these will give you AIDS.

There is no evidence that a person can get AIDS from handshakes, dishes, toilet seats, door knobs or from daily contact with a person who has AIDS.

For the facts about AIDS, call the Illinois State AIDS Hotline:

1-800-AID-AIDS

It's toll-free and confidential.

Reprinted by permission of AIDS Institute, N.Y.S. Health Department
Printed by Authority of State of Illinois
November 85-300M-50321

En juillet 1982, on recensa trois cas à Haïti, et d'autres chez des personnes transfusées. Le Centre pour le contrôle et la prévention des maladies (CDC) parlait à présent d'épidémie. Il utilisa le terme « maladie 4-H » en référence aux groupes les plus susceptibles de la présenter : Haïtiens, hémophiles, héroïnomanes et homosexuels. La maladie commença à se manifester dans le monde entier. En Ouganda, les autorités signalèrent la mort de personnes atteintes d'une maladie appelée « Slim ». En mai 1982, le *New York Times* parla pour la première fois de « déficit immunitaire lié aux homosexuels » (GRID en anglais) et de « maladie d'immunodéficience acquise » (AID). Un mois plus tard, à Londres, Terrence Higgins, qui avait été DJ aux États-Unis, s'effondra alors qu'il travaillait comme barman dans le plus grand club gay, le Heaven. Il décéda le 4 juillet 1982, à l'âge de 37 ans. Son petit ami Rupert Whitaker, ainsi que d'autres de ses amis créèrent une fondation caritative qui porte son nom afin de soutenir les personnes malades.

Dans un climat de confusion générale, une avalanche de préjugés et un système de santé inaccessible à tous, la communauté gay commença à flancher. La comédienne Joan Rivers, indignée par la façon dont son coiffeur avait été traité lorsqu'il était malade avant de mourir, fut la première à organiser une importante collecte pour le VIH et le sida avec le soutien de la chanteuse Sylvester au Studio One à West Hollywood.

On aurait pu espérer qu'en cas de nouvelle maladie mortelle, les médias et les politiciens réagiraient avec calme et compassion. Si seulement… Le 17 juillet 1982, *The Australian*, le journal de Rupert Murdoch, déclara à la une : « Une épidémie de "peste gay" ravage les États-Unis ». Le 15 octobre 1982 à Washington, lors d'une conférence de presse à la Maison-Blanche, Larry Speakes, attaché de presse de Reagan, dit en plaisantant : « Je ne l'ai pas. Et vous ? » De plus en plus de cas étaient signalés en Europe, dans les populations les plus hétérogènes, et, le 24 septembre 1982, le CDC utilisa pour la première fois le terme « syndrome d'immunodéficience acquise », ou sida. Au Royaume-Uni, en mai 1983, le tabloïd à succès de Murdoch, *The Sun*, rapporta sous le titre « La peste gay américaine tue trois personnes en Grande-Bretagne », que cinq gays britanniques et un hémophile étaient porteurs de la maladie. Un autre média indiqua que les victimes étaient traitées comme des « lépreux des temps modernes ». Les télévangélistes américains Jerry Falwell et Billy Graham proclamaient que Dieu punissait les gays avec le sida.

À l'inverse, de nombreux gays courageux firent face à ce fanatisme. Le 8 août 1983, un certain Bobbi Campbell est devenu le premier Américain à déclarer publiquement qu'il était atteint lorsqu'il apparut avec son ami Bobby Hilliard sur la couverture d'un numéro spécial de *Newsweek* consacré à l'impact du sida sur la communauté gay : « GAY AMERICA : Sexe, politics and the Impact of AIDS. » Campbell mourut un an plus tard, peu avant son partenaire. Fin 1983, alors qu'il y avait plus de 3 064 cas et 1 292 décès aux États-Unis, le président Reagan n'avait pas encore prononcé le mot « sida » en public.

En 1984, les médias britanniques et américains étaient à l'offensive. Des célébrités telles que la star de télévision britannique Kenny Everett furent forcées de sortir du placard. Des journalistes comme George Gale du *Sunday Mirror* mirent en garde contre la « propagande gay » et associèrent les homosexuels aux pédophiles. Ils attisaient de manière hystérique la peur et la haine de toute personne susceptible d'être malade. Le magazine gay *Him Monthly* rapporta que les personnes séropositives étaient victimes « non seulement d'une infection physique, mais également de rejet social et d'isolement ». Le *Sun* semblait vouloir parcourir le monde à la recherche de personnes désireuses d'exprimer les pires propos au sujet des homosexuels. Un psychologue déclara : « Tous les homosexuels devraient être exterminés pour arrêter la propagation du sida. Il est temps d'arrêter de tourner autour du pot. »

La communauté médicale se démenait pour comprendre. En juin 1984, l'Institut Pasteur et l'Institut du cancer américain annoncèrent avoir identifié le virus puis développèrent un test sanguin. Aux États-Unis, les saunas gays de San Francisco et de New York furent fermés pour empêcher toute propagation. Une décision controversée. On comptait 7 699 cas avec 3 665 décès aux États-Unis et 762 cas en Europe – et toujours pas un mot du président Reagan. En 1985, la panique toucha le monde entier, et comme on croyait que le sida ne touchait que les gays, les vies des malades se consumaient dans un torrent d'homophobie.

Aux États-Unis, Ryan White, âgé de 13 ans, qui avait contracté le VIH lors d'une transfusion sanguine, se vit refuser le droit de fréquenter l'école et devint le symbole du besoin de compassion. En septembre, le Reagan utilisa le mot « sida » pour la première fois lorsqu'il fut interrogé sur le financement de la recherche en conférence de presse.

Le 2 octobre, l'acteur Rock Hudson mourut des suites du sida. Sa mort et la révélation de sa sexualité choquèrent le monde. Il légua 250 000 dollars pour créer l'American Foundation for AIDS Research qui fusionna avec l'AIDS Medical Foundation, dirigée par son amie Elizabeth Taylor. Elle se consacra dès lors à plein temps à cette tâche, et les dons commencèrent à affluer. En 1986, on attribua un nom au virus de l'immunodéficience humaine, le VIH. Les homophobes se faisaient de plus en plus virulents. Le politicien californien Lyndon LaRouche chercha – sans succès – à faire en sorte que le VIH/sida soit défini comme une maladie « infectieuse, contagieuse et transmissible » ce qui aurait obligé les patients à une quarantaine. En réponse au traitement des tabloïds du sujet, les ministres britanniques firent part de leur inquiétude face aux violences homophobes. Lorsque, le 11 décembre, le chef de police de Manchester, James Anderton, déclara que des gays étaient « empêtrés dans une fosse d'aisance qu'ils avaient eux-mêmes remplie », le *Sun* l'encensa, et demanda même pourquoi « des terroristes homosexuels… continuaient de partager le même lit et défiaient nos mises en garde ? » Entre-temps, la maladie, encore taboue, ne cessait de faire des victimes. Le créateur de mode Perry Ellis mourut en mai 1986, officiellement d'une encéphalite. Le *New York Magazine* évoqua les suites du sida. À la fin de l'année, le nombre de cas recensés atteint 38 401 : 2 323 en Afrique, 31 741 en Amérique, 3 858 en Europe et 395 en Océanie. Ces chiffres ne prenaient pas en compte les parties du monde où le fait de signaler la maladie était tabou. C'est encore le cas aujourd'hui dans certains pays.

En 1987, alors qu'on attendait que les gouvernements réagissent, la superstar Liberace, qui n'avait jamais reconnu être gay, mourut des suites du sida. Le tabloïd de Rupert Murdoch, *News of the World*, publia une enquête selon laquelle les lecteurs souhaitaient à nouveau criminaliser l'homosexualité. Le député conservateur Geoffrey Dickens fit partie d'un petit groupe de parlementaires qui tentèrent sans succès de changer la loi.

Ci-contre : Hystérie et confusion. Affiche d'intérêt public sur le VIH et le sida, diffusée par le département de la Santé de l'État de New York en 1987.

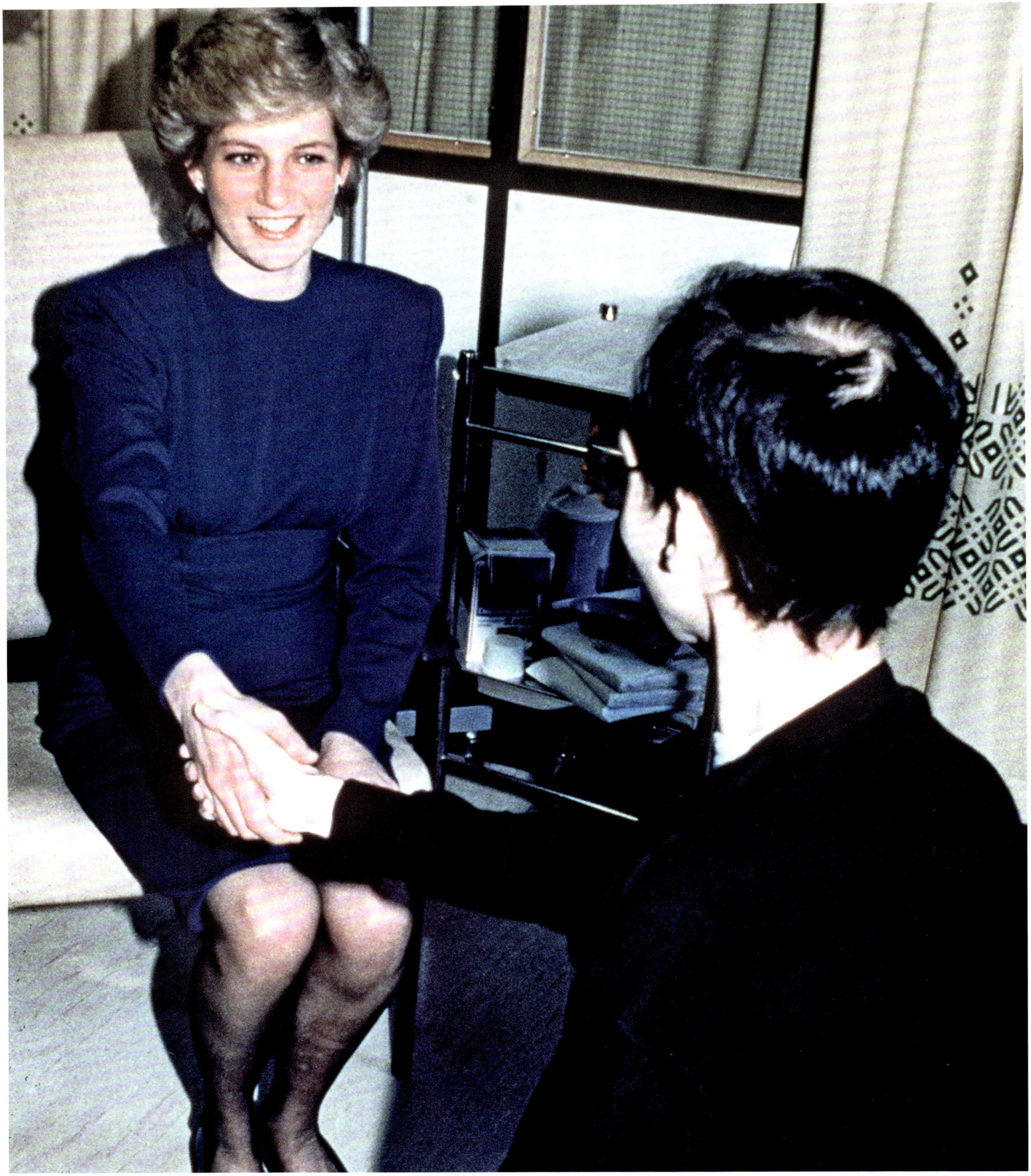

Ci-contre : Pendant cette période de peur, d'homophobie et d'hystérie, on a rejeté les personnes vivant avec le VIH et le sida. Elles ont même été qualifiées de « terroristes ». En avril 1987, la princesse Diana a été la première personnalité mondiale à serrer publiquement la main d'une personne malade à l'occasion de l'ouverture du service VIH/sida de l'hôpital de Middlesex.

Ci-dessus : Un panneau publicitaire à Londres de la campagne de santé publique sur le VIH et le sida lancée en 1986 par le gouvernement.

AIDS
DEATH
EVERY
GETTING
MURDER
ONE
AIDS
DEATH
EVERY
SEVEN
MINUTES
ONE
AIDS
DEATH

En avril 1987, la princesse Diana mit fin à la stigmatisation lorsqu'elle visita le service des malades du VIH/sida du London Middlesex Hospital. Une photographie où on la voit serrer la main d'un homme souffrant du sida fit le tour du monde. La campagne télévisée « Sida, ne mourez pas d'ignorance » fut lancée par le gouvernement britannique, et des tracts diffusés dans tous les foyers. Entre-temps, instrumentalisant le soutien du Parti travailliste aux gays et aux lesbiennes, le Parti conservateur annonça dans la presse et sur panneaux d'affichage que les travaillistes voulaient apprendre aux enfants à devenir homosexuels. Les deux députés conservateurs David Wilshire et Jill Knight proposèrent une loi interdisant d'enseigner que l'homosexualité était autorisée – l'odieux article 28. La même année en Floride, la maison d'une famille a été incendiée parce que leurs trois fils, hémophiles, étaient séropositifs.

En mars 1987, l'auteur et dramaturge Larry Kramer, qui avait quitté la Gay Men's Health Crisis en 1983, prit la parole lors d'une manifestation organisée au Lesbian and Gay Community Services Centre de New York. Il avertit que les deux tiers des gays pourraient mourir dans les cinq ans à venir et demanda si on souhaitait vraiment s'organiser pour lutter contre le sida. Deux jours plus tard, 300 personnes assistèrent à la première réunion d'un nouveau groupe non violent d'action directe qu'ils nommèrent la AIDS Coalition to Unleash Power – ACT UP.

ACT UP organisa sa première manifestation à Wall Street, le 24 mars 1987, contre le groupe pharmaceutique Burroughs Wellcome, le fabricant de l'AZT, le principal traitement du VIH à l'époque. ACT UP l'accusait de profiter de la mort de milliers de malades. 17 personnes furent arrêtées. Peu de temps après, l'Agence fédérale américaine des produits alimentaires et médicamenteux (FDA) annonça qu'elle allait réduire le temps nécessaire pour approuver de nouveaux médicaments.

ACT UP se développait et organisait des actions de plus en plus ambitieuses. Douglas Crimp, historien de l'art et membre d'ACT UP, confia que leur connaissance du fonctionnement des médias avait contribué au succès du groupe. Il ajouta que pour leur deuxième action, à la grande poste de New York, ils profitèrent de la présence de la télévision qui filmait les retardataires venus poster leurs déclarations d'impôt à la dernière minute. Ici, ACT UP brandit le triangle de couleur rose, en inversant le symbole utilisé par les nazis pour identifier les homosexuels, placé au-dessus du slogan percutant : « SILENCE = DEATH ».

Des ramifications du groupe virent le jour et les manifestations se multiplièrent : dans les hôpitaux pour réclamer plus de recherches ; à la Maison-Blanche ; dans les Instituts nationaux de la santé ; contre le maire de New York, Ed Koch, un gay qui refusait de l'avouer, pour ne pas en avoir assez fait ; contre des compagnies aériennes refusant des malades ; contre *Cosmopolitan* pour avoir prétendu qu'il était presque impossible aux femmes de contracter le VIH auprès des hommes ; devant la Trump Tower pour protester contre les allègements d'impôt pour les promoteurs immobiliers alors que les personnes atteintes du sida mouraient à la rue. L'artiste emblématique Keith Haring et l'ancienne militante des émeutes de Stonewall, Marsha P. Johnson furent tous deux membres d'ACT UP.

À gauche : Le groupe radical d'action directe ACT UP a été créé à New York en mars 1987. Ses membres ont organisé des actions à travers le pays et le mouvement s'est répandu dans le monde entier. Ici, les manifestants organisent une action en 1991 devant la Maison-Blanche qui consistait à s'enchaîner aux grilles pour protester contre l'inaction du président Bush.

Ci-dessus : Une manifestation d'ACT UP devant l'Arc de Triomphe à Paris, lors de la Journée mondiale du sida en 1994.

À droite : ACT UP dans une marche à Paris en 1993. La bannière comporte les noms d'un certain nombre d'associations caritatives et de groupes militants.

SIDA
L'épidémie
ne fait que
commencer
MOBILISATION
GENERALE !
SIDA
L'épidémie
ne fait que
commencer
MOBILISATION
GENERALE !
P, AIDES, A
, ARCAT
AIDES
SIDA
ACT UP
PARIS
PARTS, ARCAT-SIDA, SOLENSI ET VLS
TEZ LE SIDA !

SIDAÏQUE

MARINE NATIONALE
SIDAÏQUE
MINITEL GAY
OZ
QUETZAL
QUETZAL

Une manifestation importante eut lieu le 14 septembre 1989, lorsque les membres de l'association s'introduisirent clandestinement à la Bourse de New York, et déployèrent des banderoles, noyant la cloche par leurs clameurs et interrompant les transactions. Quelques jours plus tard, Burroughs Wellcome baisse le prix de l'AZT de 20 %. En décembre 1989, ACT UP organisa la manifestation « Stop the Church » contre l'homophobie des catholiques, contre l'interdiction des préservatifs et pour les droits des femmes. Plus de 4 500 personnes défilèrent devant la cathédrale Saint-Patrick. La police arrêta plus de 100 personnes.

ACT UP était un étendard, mais d'autres branches virent le jour à travers le monde. Les membres d'ACT UP Londres très actifs comptaient parmi leurs membres le journaliste Paul Burston qui participa à plusieurs actions, dont des barrages routiers. Des faits décrits dans la pièce d'Alexis Gregory, *Riot Act* (2018). ACT UP Paris a aussi occupé le terrain de façon remarquable dès 1989, avec des actions telles que des « die-in », déroulant une énorme bannière sur Notre-Dame en signe de protestation contre la position de l'Église catholique et remettant des tracts d'éducation sexuelle à des écoliers. En 1992, les membres organisèrent une « journée du désespoir », déployant des actions coordonnées dans Paris. L'année suivante, lors de la Journée mondiale du sida, ils recouvrirent l'obélisque de la Concorde d'un préservatif géant. Une image restée dans les mémoires. *120 battements par minute*, le film primé en 2017, et réalisé par l'ancien membre, Robin Campillo, est une mise en fiction déterminée de l'histoire du mouvement.

En 1987, Reagan parla pour la première fois publiquement du sida et forma la Commission Watkins sur l'épidémie. Il ne pouvait plus ignorer le drame, en partie grâce aux actions d'ACT UP et celles d'autres militants.

En 1988, vingt ans après sa mort, les chercheurs réexaminèrent les tissus du jeune Robert Rayford. Ils l'ont reconnu comme la première personne connue à mourir du sida aux États-Unis. Le Norvégien Arne Røed, son épouse et leur fille sont les premiers Européens, indiquant que le VIH était présent au moins dès les années 1960. Par la suite, les scientifiques ont conclu que le virus avait été transmis de primates africains à des êtres humains au début du XXe siècle.

La mort de célébrités attira l'attention sur l'ampleur de la catastrophe et atténua également les préjugés à l'encontre des anonymes malades. En 1989, le chorégraphe Alvin Ailey à l'âge de 58 ans. En 1990, Ryan White, à 18 ans, le militant LGBTQ Vito Russo, 44 ans, l'artiste Keith Haring, 31 ans et la pop star brésilienne Cazuza, 32 ans. En 1991, c'est au tour du chanteur de Queen, Freddie Mercury, à 44 ans, 24 heures à peine après avoir confirmé les rumeurs ; puis le parolier de *La Belle et la Bête* et de *La Petite Sirène*, Howard Ashman à 41 ans, et le joueur de basket-ball, Magic Johnson, a annoncé qu'il était victime du VIH. En 1992, l'acteur bisexuel de *Psychose* Anthony Perkins mourut à 60 ans. Puis Robert Reed, 59 ans, acteur de la série *Brady Bunch*, l'acteur britannique Denholm Elliott, à 70 ans et le chanteur australien Peter Allen, 48 ans. En 1993, Arthur Ashe, le champion de tennis hétérosexuel, à 50 ans et Rudolf Noureev, à 54 ans.

En 1994, le sida était devenu la principale cause de décès des Américains de 25 à 44 ans. En ont été aussi victimes : l'auteur Randy Shilts, âgé de 42 ans ; le réalisateur Derek Jarman, 52 ans ; le rappeur du groupe NWA, Eazy-E, 30 ans (décédé un mois après avoir été diagnostiqué) ; la militante Elizabeth Glaser, 47 ans ; le champion olympique de patinage artistique, John Curry, 44 ans ; et le champion olympique de plongeon, Greg Louganis, annonce qu'il est séropositif.

Le 30 juin 1994, le premier épisode de la troisième saison de l'émission de téléréalité sur MTV, « The Real World », se déroula à San Francisco. Un des colocataires réussit à faire tomber les préjugés et à toucher les téléspectateurs du monde entier. Il s'agit de Pedro Zamora, un homosexuel âgé de 22 ans né à Cuba. Zamora avait émigré aux États-Unis à l'âge de 8 ans, et testé séropositif à 17 ans. Il consacra sa vie à sensibiliser la population à la maladie. Il a décidé de passer l'audition afin d'inspirer la compassion pour les personnes malades et pour mieux informer le public. Il devint immensément populaire. Au cours de la série, Zamora échangea ses vœux avec son compagnon Sean Sasser, gagnant la sympathie de ses colocataires et des téléspectateurs. Des années plus tard, *Time Magazine* a classé la querelle entre Zamora et ses colocataires n° 7 sur la liste des « 32 moments les plus mémorables de l'histoire de la télé-réalité ». L'émission fut diffusée des mois après avoir été tournée. Zamora était de plus en plus malade. Il est décédé quelques heures après la diffusion du dernier épisode, le 11 novembre 1994. En dépit de sa brève vie, Zamora changea l'opinion publique et les relations des Américains avec ceux qu'on qualifiait alors de citoyens de seconde classe et dont la vie et la mort n'avaient aucune importance. Le président Bill Clinton fut parmi ceux qui félicitèrent Zamora pour son engagement, lui attribuant le mérite d'avoir incarné le VIH et le sida, mais aussi celui d'avoir donné un aspect humain à ceux qui vivent avec la maladie.

L'ITALIE DANS LES ANNÉES 1980

Dans les années 1980, les militants italiens ont lutté pour faire avancer la cause dans l'un des pays les plus catholiques et les plus conservateurs d'Europe, qui a une histoire complexe avec l'homosexualité ; l'homosexualité masculine y est légale depuis 1890 et l'âge du consentement est 14 ans, pour tous. Le premier groupe de défense des droits des homosexuels, Arcigay, a été créé à Palerme en 1980, puis s'est étendu au niveau national en 1985. Il est aujourd'hui la plus grande organisation italienne LGBTQ. Il mène des campagnes pour l'égalité totale. Il a joué un rôle clé dans la légalisation du mariage homosexuel survenue en 2016. Le groupe passe beaucoup de temps à protester contre l'Église catholique et le pape. Il dispose d'un observatoire politique : LGBTI Political Watch pour surveiller la position des responsables publics et des partis politiques sur des questions relatives à la cause. Des études ont montré que la société avait évolué à l'égard des personnes LGBTQ. Ces dix dernières années, environ 74 % des personnes interrogées pensent que les homosexuels devraient être traités comme les autres et près de 80 % estiment que les transsexuels devraient être protégés par la loi contre les discriminations.

Pages précédentes : Deux participants au défilé de la Gay Pride parisienne de 1987. Ils arborent le triangle rose. Cet horrible symbole utilisé par les nazis pour identifier les prisonniers homosexuels a été repris par le mouvement pour la défense des droits des LGBTQ, principalement par ACT UP.

Ci-contre : Pedro Zamora a posé pour cette affiche de prévention contre le sida destinée aux hispanophones. En 1980, il déclare : « À 17 ans, j'ai découvert que j'avais le VIH et j'ai aussi appris que tout le monde pouvait le contracter. »

"Al cumplir los 17, me
enteré que tenía
el HIV y también que
todo el mundo
lo puede contraer."
Peter Zamora, con resultados positivos del HIV
De cada 250 estadounidenses, uno
está infectado con el HIV.
1-800-344-7432
AMERICA
RESPONDE
AL SIDA
DEPARTMENTO DE SALUD Y SERVICIOS HUMANOS
CDC

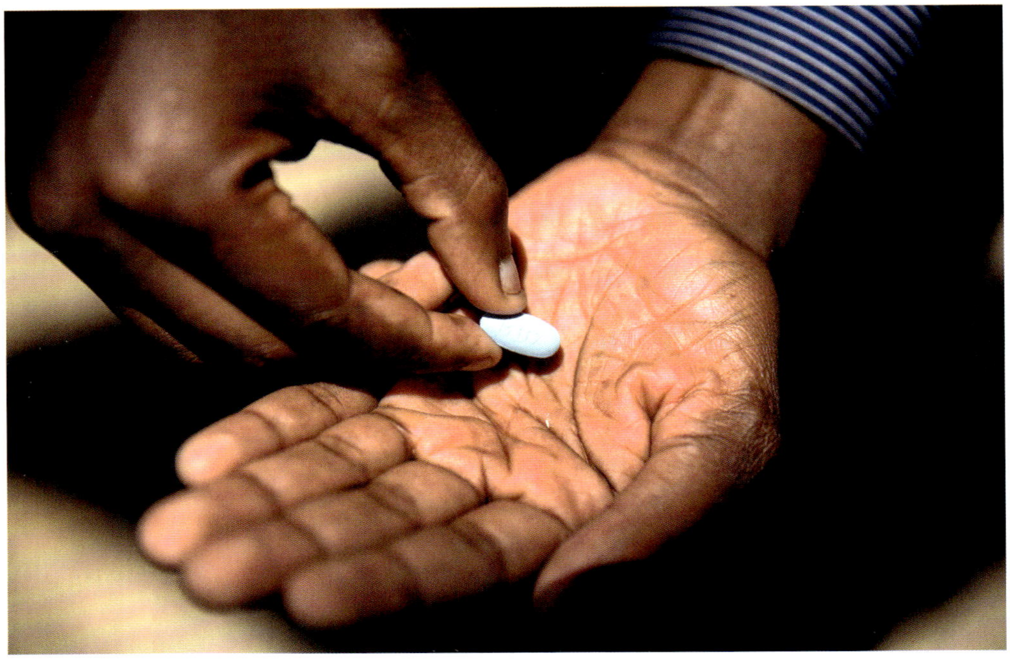

Le premier traitement pour le VIH fut homologué en 1987. La zidovudine – AZT (azidothymidine) - fait partie de la classe des inhibiteurs nucléotidiques de la Reverse Transcriptase (NRTI en anglais), qui visent à empêcher le VIH d'infecter des cellules saines. À de fortes doses, elle est toxique. La majorité de ceux qui prenaient de l'AZT continuaient à mourir. Alors que les scientifiques commençaient à mieux comprendre le fonctionnement de la maladie, il devint évident qu'entre le moment où une personne était infectée et celui où elle tombait gravement malade, le virus se multipliait des milliards et des milliards de fois. Ce qui signifiait qu'il se produisait des mutations pharmaco-résistantes, entraînant finalement l'échec du traitement. En 1995, des scientifiques mirent au point les inhibiteurs de la protéase, qui empêchent le VIH d'infecter de nouvelles cellules. Les tests révélèrent que la prise de plusieurs médicaments était plus efficace, empêchant le processus de multiplication et donc l'apparition de mutations du virus résistant. Le Combivir, contenant deux médicaments, fut homologué en 1997 et une polythérapie mise en place, réduisant rapidement la quantité de VIH dans le sang. Beaucoup ont vu leur état s'améliorer. Cela a été salué comme la fin de l'épidémie, mais les choses ne sont pas si simples. La thérapie antirétrovirale n'est pas curative : si la personne cessait de prendre ses médicaments, le VIH attaquait à nouveau son système immunitaire. Et bien sûr, il s'agissait d'un traitement réservé uniquement aux personnes dotées d'une couverture maladie, celles qui pouvaient se le permettre ou qui vivaient dans un pays avec une couverture médicale gratuite. Cependant, au cours des vingt dernières années, le traitement antirétroviral transforma la vie de nombreuses personnes vivant avec le VIH. Elles peuvent désormais vivre longtemps et mener une vie normale.

Les progrès ne se sont pas arrêtés là. Un traitement anti-VIH pris dans les 72 heures après exposition, appelé PPE (prophylaxie post-exposition), est très efficace pour stopper le virus. En 2012, nous avons connu un autre développement majeur : la PrEP (prophylaxie préexposition), approuvée par la FDA. La PrEP, si elle est pris tous les jours par des séronégatifs, peut empêcher toute exposition au VIH entraînant l'infection. Ce médicament souleva quelques inquiétudes, même parmi les gays et bisexuels qui croyaient que le PrEP encouragerait les relations non protégées, et, par conséquent, pourrait augmenter la propagation d'autres infections sexuellement transmises.

Au Royaume-Uni, le Service national de santé (NHS) fut poursuivi pour avoir refusé d'autoriser le financement de la PrEP en juin 2016, affirmant qu'il n'était pas responsable de la prévention. La décision fut retoquée et le NHS commença les essais cliniques, mais au moment où j'écris ces lignes, le médicament n'est pas encore disponible à grande échelle. Malgré cela, les taux d'infection chez les homosexuels et bisexuels ont décliné pour la première fois. À partir de 2014, l'OMS recommanda aux personnes à risque, notamment les hommes gays et bisexuels et les femmes transgenres, de prendre la PrEP à titre préventif. Elle notait que les hommes qui avaient des relations sexuelles avec des hommes avaient 19 fois plus de risques, et les femmes trans près de 50 fois de contracter le VIH que le reste de la population. Aux États-Unis, la PrEP est disponible sur ordonnance, mais beaucoup, surtout les Afro-américains – moins susceptibles de souscrire une assurance maladie – n'y ont pas accès. Le Bureau de recensement évalue qu'en 2017, 10,6 % des Afro-Américains n'étaient pas assurés, contre 6,3 % des Blancs non hispaniques. Or, en 2016, 44 % des diagnostiqués VIH en 2016 étaient Afro-Américains, alors qu'ils ne représentaient que 12 % de la population américaine.

Ci-dessus : Thembelani Sibanda présente le médicament préventif contre le VIH, le PrEP, qu'il prend dans l'espoir d'éviter les risques liés à son style de vie. Photo de 2017.

Ci-contre : Thembelani posant lors de son interview au sujet du médicament PrEP à Soweto, Afrique du Sud, en 2017.

TÉMOIGNAGE
PERSONNEL

JONATHAN BLAKE
UN DES PREMIERS À AVOIR ÉTÉ DIAGNOSTIQUÉ COMME PORTEUR DU VIH AU ROYAUME-UNI

Je suis né en 1949 et j'ai grandi à Birmingham dans une gentille famille juive de la classe moyenne. J'ai appris à mes parents que j'étais gay en 1970, j'avais 21 ans. Je l'ai fait à cet âge-là parce que la majorité venait d'être fixée à 21 ans et ils ne pouvaient rien y faire. Ma mère a dit : « Oh, nous savions déjà ». On se sentait opprimés avant sa décriminalisation partielle. On devait toujours se cacher, mais on était résignés, se disait que ça ne pouvait être autrement. Que ce soit interdit me procurait un certain plaisir. Nous vivions sur le fil du rasoir et nous pouvions facilement devenir accros à l'adrénaline parce que, chaque fois que nous prenions du plaisir, nous enfreignons la loi.
J'ai fait une l'école de théâtre et je m'y suis vraiment plu. Je suis allé à Londres, puis à 20 ans, à New York faire des rencontres. Les années 1970 étaient insouciantes.
J'ai continué à travailler comme acteur jusqu'en 1980-1981, puis j'eus l'impression que je n'intéressais plus personne dans le métier. En février 1981, je suis allé à San Francisco parce que ma copine Debra allait se marier, ses amis de Londres devaient jouer les placeurs durant la cérémonie. Je fréquentais les saunas. On commençait à ressentir un malaise. Les gens ne mouraient pas, mais on sentait que quelque chose clochait. Nous ne connaissions pas le sida ni le VIH. Je suis rentré et j'ai repris le cours de ma vie.
J'ai commencé à être malade en juin ou juillet 1982. J'étais serveur chez Joe Allen. Tous mes ganglions lymphatiques étaient enflés. J'étais incapable de joindre mes bras et mes jambes – je ressemblais à un gorille. Je vivais dans l'East End et je suis allé voir mon généraliste. Elle m'a dit : « Serre ma main ». Elle a palpé un ganglion que j'avais au creux du coude et ça m'a fait mal. Elle m'expliqua que « c'est une poignée de main de marin ». Les marins tâtaient le ganglion lymphatique des prostituées pour voir si elle était atteinte de la syphilis. Elle m'a demandé si je ne m'étais pas fait tester pour la syphilis récemment. Je suis donc allé au service des maladies vénériennes de l'hôpital du Middlesex, la James Pringle House. Le personnel n'avait jamais rien vu de tel. Ils ont fait une biopsie. Le lendemain, ils m'ont dit que j'étais positif pour un truc appelé la HTLV3 et que c'était incurable. Ils ont dit que j'étais en phase terminale et qu'il n'y avait pas de remède. Ils ne pouvaient plus rien faire pour moi. C'était en octobre 1982 et j'avais 33 ans. J'avais le souffle coupé. Je ne savais pas quoi faire. J'étais face au néant. Je ne sortais plus, je ne parlais plus à mes amis. Je me coupais du monde. Puis, j'ai eu l'envie de voir des gens à nouveau. Je me rendais dans des bars gays, mais je restais caché. Puis, j'ai commencé à entendre parler de ce qui se passait aux États-Unis, mais on ne prononçait pas encore le mot « sida ». En décembre, j'ai décidé que je ne voulais pas d'une mort lente et atroce. J'ai donc décidé de me suicider. Je n'ai pas pu. Cela aurait dévasté les miens. Alors j'ai pensé que je devais me ressaisir et profiter de la vie. J'ai vu une annonce dans *Gay News* et j'ai participé à une manif antinucléaire en 1983 et c'est là que j'ai rencontré mon ami, Nigel. Je reprenais espoir. Nous avons emménagé ensemble avec d'autres gays et lesbiennes à Brixton. Les premiers mois, nous n'étions pas nombreux. Comme les médecins ne savaient rien au sujet de la maladie, on en discutait beaucoup avec eux. Mon généraliste était fasciné par mon cas, car j'étais son premier patient porteur du virus HTLV3. Nous essayions ensemble de rassembler les pièces du puzzle. Contrairement aux États-Unis, même si les médecins ne pouvaient rien faire, nous avions un système de santé publique (le NHS) qui pourvoyait toujours à des soins palliatifs – le fait qu'on s'occupe de nous nous rassurait. J'ai été classé L1 à l'hôpital du Middlesex, c'est-à-dire l'un des premiers diagnostiqués. Mon ami George était un L5. Puis les choses ont empiré. C'était terrible. J'avais un ami qui avait contracté le virus et en était mort. J'avais beaucoup d'amis qui portaient les stigmates du sarcome de Kaposi sur leur visage. Les décès étaient encore plus nombreux parmi les amis de Nigel. Puis vint le tour des acteurs comme Ian Charleson. Les premières années ont été les pires. Notre communauté était en train de rétrécir de jour en jour. Nous étions donc constamment aux prises avec la maladie. Lorsque George est revenu, son petit ami était hospitalisé, et il partageait sa chambre avec l'ami d'un autre ami. Nous étions entourés par la mort, les mourants et la peur. C'était interminable. En 1984, j'ai rejoint le Lesbians and Gays Support the Miners (soutenant la cause des mineurs, alors en grève) et cela m'a aidé à oublier ma maladie. Nous étions toujours bien accueillis par les gays du sud du pays de Galles, mais aussi très critiqués des homosexuels. Certains ont posé la question : « Qu'est-ce les mineurs ont fait pour nous ? Pourquoi ne collectons-nous pas des fonds pour le VIH et le sida ? »
La presse nous a traités comme des terroristes et c'était affreux, mais c'était dans l'ordre des choses. J'avais vécu avec la criminalisation et avec le fait d'être considérés comme les derniers des derniers. Donc c'était exactement la même chose sauf que c'était un peu plus ciblé. Ils avaient là une arme contre nous. Une partie du discours m'a affecté. C'était très difficile au plan sexuel car je ne voulais pas transmettre le sida. Difficile et frustrant à la fois. Nigel était très politisé, il faisait partie de Gay Left (la gauche gay) avec Emmanuel Cooper, Philip Derbyshire et Simon Watney. On m'a demandé de témoigner au procès au sujet de l'AZT. À ce moment-là, ils en donnaient trois grammes par jour, ce qui était toxique. Je pense que le fait d'avoir refusé m'a probablement sauvé la vie.
Il y a eu beaucoup de hauts et de bas et j'ai été déclaré inapte au travail après un zona. Je passais du canapé au lit. Je n'avais pas d'énergie. Je ne pouvais rien faire. Le médecin a dit : « Le moment est venu de serrer les dents » et il a élaboré une thérapie combinée. La première semaine, rien. La deuxième semaine, rien. La troisième semaine, je me suis dit : « Pourquoi est-ce que je fais ça ? » La quatrième semaine, je me suis réveillé et j'avais une énergie incroyable et j'ai fabriqué une terrasse dans mon jardin ! C'était l'effet Lazare ! Ressuscité d'entre les morts ! Incroyable ! Ce fut génial pendant douze mois, puis j'ai eu des douleurs aux mains et aux pieds. J'avais développé une neuropathie périphérique au niveau de mes terminaisons nerveuses à cause du traitement. Mon médecin m'a mis sous une autre thérapie. J'étais tellement malade que c'était totalement débilitant, alors nous avons convenu d'arrêter. Quinze mois sans pilule, c'était merveilleux. En 1997 j'ai reçu les résultats des tests de charge virale. Quand je n'eus plus que 70 cellules T et que ma charge virale dépassa le million, nous commençâmes un autre traitement.
Je suis maintenant à mon cinquième. J'ai eu beaucoup de chance. Peut-être que mes parents m'ont transmis de bons gènes, je ne sais pas. Mais il n'y a jamais eu un moment où j'ai pensé que j'étais sorti de l'auberge. La réalité est qu'il n'y a pas de remède.
On parle de vaccins. C'est peut-être dans ma tête, mais je ne peux pas croire qu'une société pharmaceutique créera un vaccin alors qu'elle gagne tellement d'argent avec les traitements actuels. Aujourd'hui, je demande aux jeunes de bien s'informer parce que nous avons accès aux médicaments. Si vous savez que vous êtes positif, vous pouvez bénéficier d'un traitement. Si vous ne le faites pas, vous êtes une bombe à retardement. Vous avez peut-être été infecté, mais vous ne le savez pas. Il faut connaître son histoire sexuelle et connaître l'histoire des gays. Les gens se sont battus pour les acquis dont nous jouissons aujourd'hui, mais nos droits pourraient disparaître en un clin d'œil.

Ci-contre : Jonathan Blake enflammant la piste de danse du service d'aide sociale des mineurs dans la vallée de Swansea (Pays de Galles) en décembre 1984. Une fête organisée par le groupe Lesbian and Gays Support The Miners.

« LES GENS SE SONT BATTUS POUR LES ACQUIS DONT NOUS JOUISSONS AUJOURD'HUI, MAIS NOS DROITS POURRAIENT DISPARAÎTRE EN UN CLIN D'ŒIL. »

JONATHAN BLAKE

CULTURE : L'ART

Alors que les LGBTQ devaient vivre en marge de la société, les écrivains, les musiciens et les artistes ont souvent été les seuls à témoigner de notre identité et de notre vie. Après les émeutes de Stonewall – une période où l'art, le militantisme et la sexualité ont souvent convergé –, une nouvelle vague d'artistes ouvertement LGBTQ a émergé, créant leur propre lexique visuel et culturel.

David Hockney a figuré l'expérience gay dans ses premières œuvres telles que *We Two Boys Together Clinging*. En 2018, sa toile *Portrait of an Artist (Pool with Two Figures)*, avec sa thématique gay sous-jacente – l'artiste observe un homme musclé nager – a été vendue 90 millions de livres, le montant le plus élevé pour un artiste vivant.

Le film *Sebastiane* (1976), de l'artiste multimédia anglais Derek Jarman, est l'un des premiers films gays diffusé à la télévision. Cet artiste est l'un des plus courageux et des plus audacieux en matière de créativité. Jarman a affiché sa situation de porteur du VIH et a clamé ses convictions en tant que membre d'OutRage ! Le groupe s'est souvent opposé à Stonewall, qu'il considérait trop conservateur, un point de vue partagé par Jarman. Il a fait campagne jusqu'à sa mort des suites du sida en 1994. Son extraordinaire travail créatif exprimait sa révolte contre la politique conservatrice des années 1980 et 1990. Il reste aujourd'hui un artiste inégalé, dans le sens où il a su représenter des personnages historiques gays, de façon à la fois avant-gardiste et grand public.

Ci-dessus : *The Piers (Sunbathing Platform with Tava Mural)* d'Alvin Baltrop. Épreuve sur argentique de 1975.

Ci-contre : *David dans Grove Street*, Boston. Nan Goldin. 1972.

Moins connu, Alvin Baltrop n'en est pas moins un témoin privilégié de la communauté queer du XXe siècle. Né et élevé à New York, il a commencé sa carrière de photographe à l'adolescence avec comme sujet principal, sa ville. Pendant son service militaire dans le personnel médical de la US Navy, il fit sa propre chambre noire et photographia ses camarades marins. Baltrop retourna à New York où il prit des milliers de clichés des badauds sur les quais du Lower West Side entre 1976 et 1985. Il a ainsi immortalisé une communauté LGBTQ diverse et un lieu maintenant disparu qui était une plaque tournante pour les artistes et les écrivains. En tant qu'homosexuel noir, il a connu l'homophobie et le racisme du monde de l'art, et son travail n'a été reconnu qu'après sa mort en 2004. Les photographies de Baltrop sont rassemblées dans un livre, *The Piers* (2015), un document rare de la période pré-sida marquée par la culture de la sexualité clandestine à New York.

Keith Haring, Catherine Opie, Robert Mapplethorpe et Nan Goldin figurent parmi les autres personnalités clés de la scène artistique américaine de la fin du XXe siècle. Le graffiteur Keith Haring est devenu célèbre grâce à son travail dans les lieux publics, notamment dans le métro de New York. Il fréquentait des gens aussi connus qu'Andy Warhol et Madonna. Jusqu'à sa mort tragique en 1990, à 31 ans, il a milité activement au sein d'ACT UP. La popularité de son œuvre n'a jamais décliné. Il est aujourd'hui un symbole d'humanité, d'amour et de l'importance de l'engagement. Le travail de Catherine Opie a toujours été axé sur l'idée de la communauté depuis qu'elle a commencé petite fille à photographier sa famille et son quartier. Dans les années 1990, sa série « Being and Having » (1991) et « Portraits » (1993-1997) dépeint des LGBTQ de San Francisco et de Los Angeles. Elle explore le genre et les sous-cultures queers en détournant les portraits traditionnels. Une façon de provoquer le regard masculin. Né en 1946 à New York, Robert Mapplethorpe fait sensation dans les années 1970 en prenant des photos explicitement sexuelles de lui-même et d'hommes sur le thème BDSM. Ses portraits intimes sont ceux de l'élite new-yorkaise branchée de l'époque : Truman Capote, Marianne Faithfull, Grace Jones, Iggy Pop et sa muse de longue date Patti Smith. Son exposition itinérante, « The Perfect Moment », a suscité la controverse dès décembre 1988. Financée par des fonds publics, elle a dû être annulée en 1989 sous la pression. Entre-temps, Mapplethorpe était mort des suites du sida le 9 mars 1989.

Les photographies de Nan Goldin sont probablement les documents visuels qui ont le plus d'impact et certainement les plus connus de la sous-culture LGBTQ au XXIe siècle. Ayant découvert la photographie à l'adolescence, Goldin a ensuite shooté la joie, l'amour, la douleur, la toxicomanie et les abus avec une honnêteté déconcertante. Son exposition et son livre, *The Ballad of Sexual Dependency* (1986), sont un reflet fidèle de la communauté LGBTQ dans les années 1980, dans un New York accablé par le sida, notamment des sujets politiques liés au genre. Goldin clôt son livre en confiant : « Ce livre est celui de la perte, tout en restant pourtant la ballade de l'amour. » Elle est aujourd'hui une photographe reconnue, également pour ses travaux récents, tels que *Positive Grid* (2010), une remise en question de la représentation des personnes séropositives par les médias.

Ci-contre : L'artiste Keith Haring, dont l'art s'inspire des graffitis, est devenu mondialement connu et lui a valu des fans célèbres tels que Warhol et Madonna. Haring était actif au sein d'ACT UP avant son décès des suites du sida en 1990.

ARTISTES CONTEMPORAINS PRIMÉS : CHARLOTTE PRODGER

Charlotte Prodger a remporté le prestigieux prix Turner en 2018 pour son exposition « BRIDGIT/Stoneymollan Trail at Bergen Kunsthall » (2017). Travaillant principalement en vidéo, elle explore la relation entre le corps, l'identité et les paysages d'un point de vue queer. Elle a confié au magazine *Frieze* en 2014 que : « Les histoires queers de province ou de la campagne sont importantes pour moi… Je les perçois comme des subjectivités qui existent en dehors du contexte urbain libéral. »

The
Pep Boys
MANNY, MOE & JACK

TÉMOIGNAGE PERSONNEL

NAN GOLDIN
PHOTOGRAPHE AMÉRICAINE

PORTRAIT DE SON AMI DAVID ARMSTRONG (1954–2014)

David est la première personne que j'ai photographiée. Il m'a appris à rire et m'a surnommée Nan. J'ai vu qu'il était au placard et lui ai indiqué le chemin de la sortie. Nous étions deux ados hippies. David avait 14 ans, moi 15. C'était en 1969 en banlieue. J'avais l'impression que c'était un ange lorsqu'il est entré dans ma vie. Il s'est présenté à mon école communautaire gratuite, la Satya Community School. C'était un concept d'éducation populaire. Il était parfait, totalement androgyne, avec la grâce d'un jeune faon. Il ressemblait à un dessin d'Aubrey Beardsley avec ses mains qui font penser aux courbes d'un cygne. Je rêvais de le connaître. Pendant plus d'un an, je ne faisais que murmurer, mais j'ai attiré son attention. Ma réputation m'avait précédée : j'avais acquis le statut de légende dans son ancien lycée après m'être fait virer pour avoir vendu de la marijuana sur le parking. D'une manière ou d'une autre, il a vu en moi une personne sophistiquée et glamour. Il pensait que j'incarnais la promesse de quelque chose à laquelle il aspirait.

Notre premier contact eut lieu lors d'un voyage scolaire dans un coin appelé Thousand Acres. Nous nous sommes rencontrés au rayon viande du supermarché local, où nous étions tous les deux en train de voler des steaks. Il a projeté sa lumière sur moi et m'a ramené à la vie. Il avait cette capacité à s'intéresser aux choses de façon très intense. Et si vous faites l'objet d'un tel intérêt, alors ça vous pousse à vous battre à fond contre l'adversité pour le restant de vos jours. Quand j'étais avec David, je devenais celle que je voulais être. Nous nous complétions mutuellement. Nous sommes devenus inséparables. J'avais déjà découvert ma grande attirance pour les gays à l'âge de 13 ans. L'un de mes précédents pensionnats était dirigé par un homosexuel, sa mère et ses deux chiens. C'était une période marquée par la répression homophobe : dévorante, elle se nourrissait et se répandait comme un virus. Je voyageais avec le directeur, Dr B, son amoureux, et mon petit ami, un cuisinier antillais et nous avons écumé les lieux de drague et des bars drag d'Europe. Alors, quand j'ai rencontré David, j'ai pressenti qu'il pouvait être gay, bien avant qu'il ne s'en rende compte lui-même.

Une nuit, peu après notre rencontre, je l'ai ramené dans la chambre d'étudiant de mon frère à Harvard, où j'ai trouvé refuge entre deux familles d'accueil. Quand je me suis glissée contre lui dans le petit lit, espérant le séduire, il est allé se coucher par terre. Je lui ai demandé s'il avait peur que je le viole et s'il était gay. Ces paroles prononcées à voix haute eurent un effet libérateur pour lui. Jusque-là, il avait seulement reconnu qu'il avait des fantasmes bisexuels. Il m'a attribué le mérite de l'avoir autorisé à être lui-même. Je n'en revenais pas ! Nous sommes sortis en courant et avons passé le reste de la nuit à draguer sur Harvard Square. David attirait les hommes plus âgés comme un aimant. Ils les poussaient au désespoir. L'un d'eux divorça avant de comprendre que David était un garçon. Durant ces années, on ne parlait pas ouvertement d'homosexualité. Tout n'était que dissimulation et sous-entendus. David était un anachronisme dans cette banlieue. Avec son androgynie, ses longs cheveux et ses oreilles percées, il détonnait au Dunkin Donuts du coin. Il était impensable d'être comme ça à l'époque. Il a passé sa vie entière à chercher dans la littérature et la culture quelque chose qui donnerait un sens à son désir, mais aussi la raison de cette envie inexplicable. J'ai parcouru des livres de psychologie à la recherche d'une définition ou d'une reconnaissance de mon propre attrait pour les gays et les drag-queens. Les meilleurs, c'étaient des livres sur la honte comme *Thé et sympathie*, *Le puits de solitude* et *Peyton Place*. Nous lisons *Miss High Heels* de Diane di Prima à haute voix, excités par ses fantasmes érotiques de longs gants de satin parcourant une peau dénudée. Nous avons cherché partout des indices subtils, des sous-entendus gays codés dans tous les livres et les films que nous avons lus et regardés.

Nous sommes allés voir des triples séances de cinéma programmant Fellini, Visconti et les déesses hollywoodiennes des années 1930-40. Nous avons dévoré Oscar Wilde et Gertrude Stein, la Renaissance italienne, Le Caravage et avons rêvé de la Factory de Warhol. Nous étions fiers d'être des dilettantes. Nous avons imaginé un monde où la sexualité et le genre seraient complètement confondus.

David a quitté l'école et s'est installé dans la communauté Wasted Lives for Peace. Nous nous sommes perdus de vue. C'était la première fois qu'il fréquentait des garçons et des filles homosexuels. Il s'est épanoui. Il a fait de l'auto-stop avec eux jusqu'à San Francisco pour la première marche pour les droits homosexuels, la future Gay Pride. Il a trouvé un travail dans une boutique sur Harvard Square, le Sphinx. À l'avant du magasin, il y avait des livres sur l'occultisme, et au fond, David vendait des vêtements vintage. Il vendait du tulle et du taffetas tout en se prélassant telle une odalisque sur un coffre ancien. Il a commencé à se travestir, d'abord à moitié, puis complètement.

Nous nous sommes croisés à nouveau en 1972 au Other Side, le bar drag underground de Bay Village. Nous avons emménagé ensemble, avec son premier petit ami, Tommy, ma première petite amie, Marcy, et deux grandes folles qui m'obsédaient. Ce fut une période de grande tolérance et de changements rapides. On prenait du Mandrax et de l'Adderall, on partageait nos amis, nos vêtements, notre argent, nos drogues et parfois même nos amants. Nous avons vécu plusieurs vies pendant ces courtes années. C'était magique jusqu'à ce que mon ex-petit ami mît le feu à notre appartement.

Ci-contre : *La main de Tommy sur les fesses de David à Cambridge Street, Boston*. Nan Goldin, 1973.

Pages suivantes : *David et Naomi sur la piste de danse du Other Side à Boston*. Nan Goldin, 1973.

POLITIQUES : SORTEZ DU PLACARD !

L'homosexualité, la bisexualité, ou le fait d'être transgenre ont souvent été considérés comme un obstacle aux fonctions politiques. Il est certainement vrai que cela a empêché de nombreuses personnes de se présenter quand d'autres politiciens ont compris qu'il fallait rester dans le placard. Peu à peu, grâce au courage de pionniers, les obstacles ont été surmontés, permettant à davantage de gens d'exercer leurs mandats en restant fidèles à eux-mêmes. Aujourd'hui, il n'y a jamais eu autant de politiciens ouvertement LGBTQ. Cependant, dans beaucoup de pays, on ne peut toujours pas faire son coming out durant son mandat.

1974

Aux États-Unis, la lesbienne Kathy Kozachenko est la première personne ouvertement homosexuelle à être élue à une fonction publique.

1975

Au Royaume-Uni, Maureen Colquhoun est élue en 1974 députée du Parti travailliste. Un an plus tard, elle quitte son mari pour la rédactrice en chef du magazine *Sappho* et se fait « outer » peu de temps après. L'aile locale du parti l'empêche de se représenter à nouveau, bien que la direction nationale ait réfuté la décision. Elle perd son siège aux élections de 1979.

1976

Coos Huijsen est la première personne ouvertement LGBT à devenir membre d'un Parlement national. Il est élu à la Chambre des représentants des Pays-Bas en 1972 et a fait son coming out en 1976, à l'âge de 37 ans.

1979

Quand Angelo Pezzana fait son coming out, il est le premier parlementaire ouvertement homosexuel de l'histoire de l'Italie.

1979

La première députée à faire son coming out en Norvège est la lesbienne Wenche Lowzow. Elle l'annonça à mi-mandat et a été réélue en 1981.

1983

Aux États-Unis, Gerry Studds, membre de la Chambre des représentants, est « outé » lorsqu'il révèle avoir eu une relation sexuelle avec un huissier du Parlement âgé de 17 ans.

1984

Le député Chris Smith, lors d'un meeting à Rugby, a déclaré : « Bonjour, je m'appelle Chris Smith, je suis le député travailliste d'Islington South et de Finsbury et je suis homosexuel. » Il deviendra le premier député britannique à avoir déclaré sa séropositivité.

Ci-dessous : Coos Huijsen, l'ancien homme politique néerlandais qui a fait son coming out alors qu'il était député à la Chambre des représentants des Pays-Bas dans les années 1970.

Ci-dessous : Le député britannique Chris Smith en 1998. En 1997, il est devenu secrétaire d'État à la Culture, aux Médias et aux Sports au cabinet de Tony Blair.

Ci-contre, en haut à gauche : En 2006, les députés du Parti démocrate des États-Unis s'opposent au vote de l'amendement à la Constitution qui aurait privé les couples de même sexe du droit au mariage.

Ci-contre, en haut à droite : Bob Brown, ancien politicien et écologiste australien en 2018.

Ci-contre, en bas : Nancy Pelosi signe le projet de loi qui abroge la politique du « Ne demandez pas, ne dites pas » de l'armée américaine concernant la sexualité du personnel militaire. Tammy Baldwin se tient derrière son épaule gauche. 2010.

1987
Barney Franks, député du Massachusetts, est le premier membre du Congrès à faire délibérément son coming out, six ans après sa prise de fonction, au moment où la presse s'intéressait de près à ses relations avec un escort (il a été réélu et a exercé ses fonctions jusqu'en 2012).

1988
Au Canada, Svend Robinson est le premier député à révéler son homosexualité.

1991
La femme transgenre Joanne Marie Conte est élue au conseil municipal d'Arvada dans le Colorado.

1994
En Allemagne, Barbara Hendricks et Volker Beck, deux politiciens ouvertement homosexuels, intègrent le Bundestag en 1994.

1996
Bob Brown est le premier parlementaire australien ouvertement gay lors de son élection en 1996. Il est aussi le premier président gay d'un parti australien (les Verts).

1997
Les premiers députés britanniques à révéler leur homosexualité avant les élections sont les travaillistes Stephen Twigg et Ben Bradshaw, élus en 1997.

1998
André Labarrère est le premier politicien français à faire son coming out.

1999
Tammy Baldwin est la première personne ouvertement LGBTQ à être élue à la Chambre des représentants, puis, en 2012, elle devient également la première élue au Sénat, représentant le Wisconsin.

1999
Le premier membre ouvertement gay du Parlement sud-africain est Mike Waters.

1999
Premier maire ouvertement transgenre au monde, Georgina Beyer, d'origine européenne et maorie, siège au Parlement de Nouvelle-Zélande entre 1999 et 2007.

2002
Au Royaume-Uni, Alan Duncan est le premier député conservateur à faire son coming out.

2006
Daniele Capezzone est le premier député italien bisexuel à faire son coming out.

2006
Vladimir Luxuria est la première députée transgenre d'Italie, mais aussi première députée transgenre d'Europe

2009
Nikki Sinclaire est élue au Parlement européen représentant les West Midlands, devenant la première Britannique ouvertement transgenre députée européenne.

2009
Jóhanna Sigurðardóttir est la première ouvertement LGBTQ à diriger un gouvernement, Premier ministre d'Islande entre 2009 et 2013.

2011
Anna Grodzka est la première transgenre élue au Parlement polonais.

2011
Le deuxième ministre LGBTQ à la tête d'un gouvernement est Elio Di Rupo, Premier ministre de Belgique entre 2011 à 2014.

2012
Stacie Laughton est la première transgenre élue à la Chambre des représentants (pour le New Hampshire), sans toutefois pouvoir honorer son mandat.

À droite, ci-dessus : La députée travailliste néo-zélandaise Georgina Beyer s'exprimant en faveur du projet de loi sur l'union civile en 2004

À droite, ci-dessous : La Première ministre islandaise Jóhanna Sigurðardóttir célébrant son élection en 2009.

Ci-contre, en haut à gauche : Le député sud-africain Zakhele Njabulo Mbhele en 2015.

Ci-contre, en haut à droite : Geraldine Roman rencontrant des électeurs lors de sa campagne avant son élection en tant que députée. Bataan, Philippines, 2016.

Ci-contre, en bas à gauche : Andrea Jenkins réagissant à l'annonce de la victoire électorale de Melvin Carter au Minnesota en 2017.

Ci-contre, en bas, à droite : Leo Varadkar, Premier ministre irlandais, au défilé des Fiertés de Dublin en 2015.

2013
Xavier Bettel est devenu le troisième LGBTQ déclaré à la tête d'un gouvernement. Il est devenu Premier ministre du Luxembourg en 2013. Il est toujours en fonction à ce jour.

2014
Zakhele Mbhele est devenue le premier membre ouvertement gay et noir du Parlement d'Afrique du Sud.

2016
Les Philippins élisent au Congrès leur première femme politique transgenre, Geraldine Roman.

2016
Au Sri Lanka, Niluka Ekanayake devient la première transgenre à occuper le poste de gouverneure (province du Centre).

2016
Audrey Tang est invitée à occuper le poste de ministre sans portefeuille au sein du Yuan exécutif de Taiwan, faisant d'elle la première transgenre membre d'un cabinet ministériel.

2017
Danica Roem est élue à la Chambre des délégués de Virginie, devenant ainsi la première politicienne ouvertement transgenre à siéger dans un parlement local aux États-Unis.

2017
Andrea Jenkins est la première femme noire ouvertement transgenre élue à la fonction publique aux États-Unis.

2017
Leo Varadkar, Taoiseach d'Irlande, et Ana Brnabić, Premier ministre de Serbie, sont élus en juin et sont toujours en exercice à ce jour.

2018
Pour la première fois, la Lettonie élit deux députés ouvertement LGBTQ, Edgars Rinkēvičs et Marija Golubeva.

2018
Le Colorado élit le démocrate Jared Polis aux élections de mi-mandat, ce qui fait de lui le premier gouverneur ouvertement homosexuel aux États-Unis.

OUTRAGE !

Alors que l'homophobie se propageait comme un feu incontrôlable au Royaume-Uni, la gauche affichait de plus en plus son aide à la communauté. De 1981 à 1986, le Greater London Council, dirigé par Ken Livingstone, a octroyé des fonds à des associations, notamment le London Lesbian and Gay Centre. Inspiré par le groupe de soutien des homosexuels aux mineurs, le Syndicat national des mineurs a utilisé son vote pour inscrire les droits des homosexuels dans le manifeste du Parti travailliste en perspective des élections législatives de 1987.

Sachant que le soutien du Parti travailliste aux droits homosexuels pourrait accroître leur capital électoral, la presse de droite s'est farouchement opposée à ces droits. Les tabloïds, en particulier, cherchèrent de manière obsessionnelle à associer les travaillistes à des « terroristes homosexuels », selon la formule du *Sun*. En 1986, il étala en une une photo tirée d'un livre pour enfants danois, disponible dans une seule école à Londres, au sujet d'une petite fille qui possède deux papas, *Jenny Lives with Eric et Martin*. La photo était légendée : « *Vile Book in School* » (« Un livre infâme dans nos écoles »).

Lors des élections législatives de 1987, le Parti conservateur publia dans la presse une affiche avec des jeunes tenant des pancartes pro LGBTQ avec ce slogan : « Colonie de vacances du Parti travailliste : voulez-vous y vivre ? Pensez-y. » Un autre tract prétendait que la politique du Parti travailliste en matière d'éducations'inspirait d'un ouvrage intitulé *Young, Gay and Proud*. Après une victoire écrasante, Madame Thatcher proclama que, dans les écoles sous influence du Parti travailliste, « on enseigne aux enfants qu'ils ont le droit inaliénable d'être homosexuels... Tous ces enfants sont privés d'un bon départ dans la vie. »

Le parti a largement usé de ce genre de rhétorique. Les députés conservateurs David Wilshire et Jill Knight ont proposé un amendement à la loi de 1988 qui stipulait que les autorités locales « ne doivent pas promouvoir intentionnellement l'homosexualité » ni « promouvoir dans toute école publique l'enseignement du caractère acceptable de l'homosexualité en tant que relation prétendument familiale ». L'article 28 (section 28) était le premier projet de loi contre les homosexuels de l'époque moderne. Une vive campagne de contestation s'enclencha. Des dizaines de milliers de personnes défilèrent à Londres et à Manchester. Des grands groupes pop, notamment les Pet Shop Boys, les Proclaimers et Billy Bragg, se produisirent lors d'un concert de soutien, et Boy George chanta « No Clause 28 ». Ian McKellen, acteur respecté, fit son coming out lors d'une interview en direct sur BBC Radio 3. Alors que la Chambre des Lords votait en faveur du projet de loi, des lesbiennes sont descendues en rappel dans l'assemblée en s'accrochant au balcon de la galerie publique. Le 23 mai 1988, la veille de l'adoption de l'article 28, des femmes firent irruption sur le plateau du journal de 18 heures de la BBC portant des tee-shirts au slogan « Stop the Clause ».

La section 28 fut un coup dur, à la fois un désastre mais aussi un tournant décisif, car cet échec insuffla une énergie nouvelle au mouvement. Les membres les plus en vue de la communauté estimaient qu'il fallait adopter une nouvelle approche : qui présenterait

Ci-dessus, en haut : L'acteur Ian McKellen (au centre, à gauche) et le militant Peter Tatchell (au centre, à droite) à la tête de la manifestation contre l'article 28. Manchester, février 1988..

Ci-dessus : Des protestations ont eu lieu lorsque la Chambre des Lords s'est prononcée en faveur de l'article 28 en février 1988.

Ci-contre : Une affiche politique du Parti conservateur pour les législatives de 1987. Une des nombreuses tentatives de présenter le soutien des travaillistes aux groupes lesbiens et gays comme une menace pour les familles britanniques.

LABOUR
CAMP
MILITANT RULES
GAY SPORTS DAY
SMASH THE POLICE
GREENHAM WOMEN UNITE
Do you want to live in it?
THINK ABOUT IT.
CONSERVATIVE
Published by C.C.F., 32 Smith Square, London, SW1P 3HH
Printed by Orchard & Ind Ltd., 104 Northgate Street, Gloucester, GL1 1SP
GEP 8

7.5T
PORTILLO
SCREWS
QUEER
SOLDIERS
OUTRAGE!
PORTILLO:
NO
FRIEND
OF
DOROTHY
OUTRAGE!
PORTILLO
SUCKS
OUTRAGE!
PORTILLO:
NO
FRIEND
OF
DOROTHY
OUTRAGE!
OUTRAGE!
PORTILLO
BUGGERS
THE

les arguments de façon plus apaisée, plus diplomatique et donc plus efficace. Des journalistes, des activistes et des personnalités tels que Simon Fanshawe, Michael Cashman, Lisa Power et bien d'autres, se retrouvèrent chez Ian McKellen, pour fonder un nouveau groupe baptisé Stonewall, en référence aux émeutes. D'autres membres de la communauté pensaient que Stonewall s'avéra être un tournant, mais certains membres de la communauté pensaient que son approche plus professionnelle et sans doute plus bourgeoise était une trahison des idéaux queers. Ils cherchèrent un moyen plus direct pour exprimer leur colère et leur soif de justice. L'OMS retira l'homosexualité de la liste des maladies mentales en 1990, mais le public mit du temps à intégrer cette décision. Un an après la formation de Stonewall, l'acteur Michael Boothe fut battu à mort par six hommes dans des toilettes publiques près d'Elthorne Park, à Londres. La sauvagerie de l'attaque fut telle que son pied fut presque arraché. L'année précédente, plusieurs homosexuels furent poignardés ou battus à mort dans des lieux de drague. Ces meurtres ne firent pas l'objet d'enquêtes poussées de la part d'une police structurellement homophobe. Les gays de Londres étaient scandalisés. Préoccupés par le fait que les assassinats des homosexuels n'étaient pas la priorité du mouvement modéré et grand public, les militants Simon Watney, Chris Woods, Keith Alcorn et Peter Tatchell organisèrent un meeting après la mort de Boothe, afin de créer un groupe de pression plein de colère et d'agressivité. La première action publique de OutRage ! fut une manifestation organisée le 7 juin 1990 dans les toilettes

Ci-contre : Peter Tatchell (au centre) manifestant avec OutRage ! sur Parliament Square, à l'occasion du Pride Festival à Londres en 1996. Michael Portillo, secrétaire d'État à la Défense de l'époque, a maintenu l'interdiction des personnes LGBT à servir dans l'armée britannique. Des années plus tard, Portillo confirma des rumeurs selon lesquelles il avait eu des expériences homosexuelles.

Ci-dessus : Ian McKellen quittant le 10 Downing Street après un entretien avec le Premier ministre John Major en 1991. Major déclara qu'il avait « beaucoup appris » sur les homosexuels et leurs droits.

À droite : Kyle Minogue se produit avec Elton John, habillé en drag-queen, au Stonewall Equality Show de 1995, organisé au Royal Albert Hall à Londres. Ils ont interprété le duo « Sisters ».

publiques de Hyde Park, pour s'insurger contre la police qui envoyait des des agents jolis garçons pour piéger des homosexuels. Alors que Stonewall faisait pression sur des politiciens et journalistes acquis à la cause, OutRage ! poursuivit ses actions et déployait des banderoles provocantes. En réponse à la décision du secrétaire d'État à la Défense, Michael Portillo, de maintenir l'interdiction de recruter des LGBTQ dans l'armée, on pouvait lire sur l'une d'elles : « Portillo encule les soldats queers ! »

Le groupe d'action directe Queer Nation vit le jour en 1990 à New York. Utilisant des stratégies similaires, le groupe fut fondé par quatre membres d'ACT UP – Tom Blewitt, Alan Klein, Michelangelo Signorile et Karl Soehnlein – en réaction à la violence à l'encontre des LGBTQ. L'un de ses objectifs était d'investir l'espace public hétérosexuel, et sa première action eut lieu dans un lieu typiquement hétérosexuel, le Flutie's Bar. Ils y faisaient des descentes pour montrer que les LGBTQ n'acceptaient plus d'être confinés dans les espaces qui leur étaient attribués, et qu'ils investiraient les lieux publics, sans dissimuler de marques d'affection. Ces actions prirent le nom de « Nights Out ». Queer Nation se confronta diverses personnalités publiques (ainsi que ceux qui étaient publiquement homophobes), distribua des tracts souvent controversés lors de défilés, notamment dans des quartiers où des attaques avaient été perpétrées contre des membres de la communauté. Des antennes de Queer Nation se développèrent à San Francisco, Denver, Atlanta, Houston et Portland.

Bien que souvent présentées comme opposées, les stratégies de Queer Nation et d'OutRage !, par opposition à celles de Stonewall, fonctionnèrent comme une manœuvre d'encerclement, où tous les flancs étaient attaqués en même temps. Les *sit-in* organisés par OutRage ! forcèrent les politiciens à reconnaître la nécessité d'aborder la question des droits homosexuels, permettant à Stonewall de se présenter comme le visage raisonnable du mouvement. En 1994, appuyée par Stonewall, la députée conservatrice Edwina Currie déposa un amendement portant l'âge du consentement à 16 ans pour tout citoyen (à l'époque, il était de 21 ans pour les gays). S'ensuivirent des débats houleux. Le soir du vote, des milliers de personnes, menées par OutRage ! veillèrent devant la Chambre des Communes. L'amendement fut rejeté par les députés conservateurs, qui proposèrent d'abaisser l'âge du consentement pour les gays à 18 ans seulement. Dehors, la veillée menaçait de tourner à l'émeute. Bien que ce fût un échec, le processus avait montré que l'homophobie qui avait permis aux conservateurs de remporter les élections six ans auparavant commençait à devenir un handicap pour le parti.

OutRage ! suscita l'indignation pour leur pratique qui consistait à « outer » des personnalités publiques nuisibles aux intérêts des LGBTQ. Se concentrant sur l'hypocrisie de l'Église, le groupe protesta contre l'ordination du nouvel évêque de Durham, Michael Turnbull, condamné pour homosexualité. En 1998, Tatchell fut arrêté pour « comportement tapageur et violent dans une église » lorsqu'il monta en chaire dans la cathédrale de Canterbury pour s'élever contre l'archevêque George Carey. Tatchell fut présenté dans les médias comme l'un des hommes les plus détestés du pays. Il fut souvent malmené, arrêté, attaqué. On lui crachait dessus et il recevait des balles et des menaces de mort. De l'autre côté du spectre, Stonewall travaillait avec le show-business et se lança dans des relations publiques plus offensives ainsi que dans une collecte de fonds dans le cadre de ce qui allait devenir l'Equality Show. En 1994, les Pet Shops Boys étaient à l'affiche du Palladium et les superstars Elton John, Richard Gere, Sting, Antonio Banderas et Jennifer Saunders se produisirent au Royal Albert Hall. Les déclarations décisives de certaines célébrités dans les années 1990 jouèrent un rôle clé dans l'évolution de l'opinion publique. En 1992, la chanteuse K.D. Lang devint la plus célèbre lesbienne du monde quand elle a fait son coming out dans *The Advocate*.

Elle apparut superbe en une de *Vanity Fair*, dans un fauteuil de barbier, en train d'être rasée par le mannequin Cindy Crawford. En 1993, Elton John, après plusieurs années d'addiction à la drogue, entama une relation avec le publicitaire David Furnish et fonda la AIDS Foundation. La rockeuse américaine Melissa Etheridge fit son coming out lors de la soirée d'investiture du président Bill Clinton. Elle boycotta le Colorado, à cause de l'amendement 2, discriminatoire pour la communauté LGBTQ. L'acteur Stephen Fry dévoila son homosexualité en 1994. Il déclara au *Guardian* en 2009 que la fierté était gagnée par « les corps meurtris d'hommes et de femmes homosexuels harcelés, battus et maltraités qui se sont soulevés pour être reconnus et qui ont refusé de s'excuser d'être ce qu'ils sont ». Paul O'Grady, qui se produisait en Lily Savage dans le pub gay londonien, le Royal Vauxhall Tavern, utilisa sa notoriété pour mettre en avant les droits LGBTQ et devint l'un des humoristes préférés de la télévision. En 2005, il fut sacré meilleur humoriste aux British Comedy Awards. La star américaine Nathan Lane révéla son homosexualité dans *The Advocate* en 1999, expliquant que le meurtre de Matthew Shepard l'avait décidé à sauter le pas : « C'était comme si quelqu'un m'avait giflé pour me réveiller… Il serait égoïste de ne pas faire ce qui est dans notre pouvoir. » Grâce aux actions de ces personnalités populaires, la place des LGBTQ dans la culture commença à changer. Le simple fait qu'elles s'affichent et soient adulées par le public, c'était déjà un atout. La reconnaissance et l'acceptation se firent plus prestigieuses quand Ian McKellen fut fait Chevalier. Cet acteur très respecté symbolisait la célébration des LGBTQ à la fois par la société et l'*establishment*. Il a promu sans relâche l'idée fondamentale selon laquelle les LGBTQ méritaient un traitement égal.

Le mouvement d'égalité LGBTQ, en particulier Stonewall, a tiré parti de l'évolution de l'opinion publique du fait de l'influence de ces personnalités célèbres ouvertes d'esprit. À la fin des années 1990 et au début des années 2000, Stonewall mena campagne avec succès en faveur d'une réforme juridique dans plusieurs domaines clés des droits homosexuels au Royaume-Uni. Angela Mason, directrice générale de Stonewall entre 1993 à 2003 représentait une alternative acceptable face à l'« ennemi public » Peter Tatchell. Les deux approches se sont révélées une combinaison inestimable pour la progression vers l'égalité.

LE PARTI TRAVAILLISTE ET LA RÉFORME JURIDIQUE

L'incitation à la révolte permanente prônée par des organisations telles qu'OutRage ! a aidé Stonewall à réaliser un des plus gros coups lorsque le chef du Parti travailliste, Tony Blair, assista à l'Equality Show de 1996 avec sa femme. C'était le plus fort signal politique jamais reçu. Cela signifiait que si M. Blair devenait Premier ministre en 1997, les choses pourraient vraiment changer. Il remporta une écrasante victoire. Le G-A-Y organisa une soirée pour suivre les résultats de l'élection sur grand écran. On sautait de joie quand un conservateur perdait un siège. La plus grosse acclamation s'éleva quand Portillo s'inclina face à Stephen Twigg, travailliste ouvertement gay. Cela annonçait une nouvelle ère plus libérale sur le plan social, et les gays souhaitaient en récolter les fruits. Lors du défilé des fiertés sur Clapham Common en 1997, Graham Norton, le comique gay, chargé d'un documentaire pour Channel 4, exhorta les 250 000 personnes à clamer : « Nous voulons l'égalité, M. Blair ! » – et puis ça a commencé. En 1997, Stonewall apporta son soutien lors d'une affaire portée devant la Cour européenne des droits de l'homme. Deux adolescents, Euan Sutherland et Chris Morris, demandèrent au gouvernement britannique de ramener à 16 ans l'âge de consentement entre hommes. La Cour tranché en leur faveur, mais le gouvernement de Blair a dû se battre pendant trois ans pour modifier la loi en 2000.
En 1999, Stonewall apporta encore son soutien aux soldats homosexuels Duncan Lustig-Prean et John Beckett qui obtinrent gain de cause devant la Cour européenne, estimant que l'interdiction des LGBTQ à servir dans les forces armées était illégale. Elle fut levée en 2000.
On ne put plus juguler cet élan. En 2000, l'Écosse abrogea l'article 28, mais les députés anglais et gallois le maintinrent. L'adoption devint légale pour les couples homosexuels en 2002, et Alan Duncan fut le premier député conservateur à faire son coming out. En 2003, l'Angleterre et le Pays de Galles abrogèrent enfin l'article 28 et les communes interdirent de licencier une personne au motif de son orientation sexuelle. En 2004, la loi sur la reconnaissance du genre (Gender Recognition Act) autorisait les transgenres à changer de sexe, et les unions civiles. À l'approche des élections législatives de 2005, Tony Blair devint le premier Premier ministre en exercice à faire la couverture d'un magazine gay. En 2007, la loi sur l'égalité fut adoptée, interdisant la discrimination en matière de fourniture de biens, d'installations, de services, d'éducation et de fonctions publiques en raison de l'orientation sexuelle. En une décennie, le gouvernement travailliste avait transformé le paysage juridique des LGBTQ de Grande-Bretagne

Ci-contre, à gauche : Des membres d'OutRage ! protestent contre l'inégalité en matière d'âge de consentement au Royaume-Uni. Londres, 1994.

Ci-contre, à droite : Une pancarte de Nation Queer pour protester contre les politiques d'extrême droite à Houston, Texas, en 1992.

À gauche : Des activistes de Nation Queer et d'ACT UP, dont l'un est déguisé en pape, manifestent contre les positions de l'Église catholique et de l'armée américaine, mais aussi contre la non-assistance du gouvernement aux victimes du sida. Texas, 1992.

TÉMOIGNAGE PERSONNEL

DAVID FURNISH

PRÉSIDENT DE LA ELTON JOHN AIDS FOUNDATION. FONDÉE EN 1992, ELLE A RÉUNI PLUS DE 400 MILLIONS DE DOLLARS POUR DES PROGRAMMES LIÉS AU VIH.

Aujourd'hui, l'actualité autour du VIH et du sida est essentiellement positive. Nous sommes arrivés au point où, si tout le monde connaissait son statut VIH et avait accès aux médicaments, nous n'aurions plus de nouveaux cas. La PrEP signifie que si vous êtes séronégatif et que vous prenez bien le médicament, vous réduirez de 95 % votre risque d'infection. Si vous savez que vous êtes séropositif et que vous suivez vitre traitement, sauf pour de rares exceptions, votre charge virale passe à zéro. Alors, même si vous êtes séropositif, vous ne pouvez pas transmettre le virus. C'est une avancée majeure.

Il y a encore deux défis à relever. La stigmatisation est encore là. Comme quand le sida était la maladie de la honte et de la mort, un mal qui touchait uniquement les homosexuels, les consommateurs de drogues injectables et les personnes aux « mœurs légères » : les « groupes honteux ». L'autre défi concerne l'accès aux médicaments. Aux États-Unis, nous constatons que les Afro-américains homosexuels et bisexuels vivant dans le Sud profond sont la communauté qui connaît le plus de nouveaux cas. Ils souffrent deux fois plus d'homophobie de la part de leur propre communauté ainsi qu'un accès très limité à une quelconque assurance maladie.

J'ai été le témoin d'un très grand changement. Au début des années 1990, je suis allé au Kenya et en Afrique du Sud, et nous ne pouvions rien faire à part fournir des soins palliatifs. Parfois, les gens mourraient alors que nous allions leur rendre visite. Il y avait des cercueils partout. La mort était omniprésente. Les gens avaient honte. Aujourd'hui, ils portent des tee-shirts « Je suis séropositif », ce qui démontre bien qu'avec l'éducation, le VIH peut même devenir un emblème de courage.

Les administrations Reagan et Bush Junior ont fermé les yeux, parce que c'était « une maladie gay » et personne ne s'en souciait. Entre-temps, il y a eu 70 millions de cas d'infection et 37 millions de décès. Dans les pays où l'homosexualité est illégale, ou dans ceux profondément homophobes, avoir le VIH expose à la stigmatisation. Les gens refusent de se faire tester ou de prendre des médicaments, de peur d'être associés à la maladie. Et il y a de nouvelles infections. Même chose avec les travailleurs du sexe et les utilisateurs de drogues injectables. Si nous portons des jugements, nous ne pourrons jamais en venir à bout. Si nous informons ces personnes, leur donnons accès aux tests, aux traitements et aux échanges de seringues, nous stopperons l'infection. Le sexe est une réalité sociale. L'addiction en est une autre. Les temps où Nancy Reagan disait « Dites simplement non » sont révolus.

Une autre difficulté majeure concerne le prix des médicaments dans certaines régions du monde. Une prescription de PrEP aux États-Unis, sans prendre en compte l'assurance maladie, coûte environ 4 300 dollars. Si vous avez une assurance maladie, cela couvrira le coût du traitement, mais si vous êtes un Afro-américain pauvre du Sud, vous n'aurez probablement aucune couverture et acheter de la PrEP sera largement au-dessus de vos moyens. Le président Clinton a fait une chose révolutionnaire pour l'Afrique. Lorsque les prix des médicaments dépassaient les capacités des systèmes de santé, il est allé voir les industries pharmaceutiques et leur a demandé de rendre les médicaments plus accessibles. Il a encouragé l'utilisation de génériques bien moins coûteux. C'est ce qu'il nous faut maintenant.

Aujourd'hui, les décès dus au sida surviennent principalement lorsque le VIH a été diagnostiqué longtemps après la contamination, c'est-à-dire sans traitement. Donc, plus vite nous savons, plus vite nous traitons les patients. Les gens doivent suivre sérieusement leur traitement. Vous ne pouvez pas l'arrêter puis le reprendre, car cela signifie que vous avez les moyens de continuer votre traitement, alors que demander de plus ! L'espérance de vie d'un séropositif est la même que celle d'un séronégatif. Le député britannique, Lloyd Russell-Moyle, qui a révélé sa séropositivité – ce qui nous ramène aussi à ce qu'a fait Magic Johnson – est une leçon de courage et nous avons besoin de plus de gens comme lui pour dire : « Je vis avec cette maladie, je mène une vie bien remplie et je suis sous traitement ; je ne peux transmettre le virus à personne d'autre. » Nous continuons à combattre la honte.

Je suis fier de ce qu'a accompli la Elton John AIDS Fondation. Nous avons commencé en 1993 et avons collecté plus de 400 millions de dollars en 25 ans. Nous avons financé des milliers de programmes destinés à aider les personnes vivant avec le VIH et à combattre les préjugés. En Grande-Bretagne, nous avons financé la bataille juridique contre le NHS (National Health Service, le système de santé publique) qui a abouti à un procès. Nous avons également financé le PrepSter, qui aide les hommes à acheter la PrEP générique fiable à l'étranger. Cela a entraîné un recul spectaculaire du nombre de nouvelles infections. Mais nous ne serons pas heureux tant qu'il y aura de nouvelles infections. C'est possible si nous sommes bien informés, si nous éliminons la stigmatisation, connaissons notre statut et que si tout le monde a accès aux médicaments.

Ci-contre : David Furnish et celui qui est devenu son mari, Elton John, visitant le patchwork commémoratif du sida exposé au National Mall à Washington, lors de la dix-neuvième conférence internationale sur le sida, en juillet 2012.

CULTURE : LE CINÉMA

Le militant allemand Magnus Hirschfeld est l'auteur du premier film qui défend l'homosexualité. *Différent des autres* (1919) raconte la relation entre deux musiciens à une époque où un tel amour était impossible. Après l'abandon du tristement célèbre code d'autocensure d'Hollywood en 1968, *Les garçons de la bande* (1970) de Mart Crowley fut le premier film américain sur les homosexuels. Bien que le sujet du film soit la haine de soi, il n'était pas aussi sombre que le rôle de l'homosexuel psychopathe. Un rôle favorisé par la censure qui ne laissait filtrer que des figures négatives de cette « perversion sexuelle ». Les décennies suivantes ont été marquées par d'incroyables succès, et des échecs, sur la vie des LGBTQ sur grand écran.

LES ANNÉES 1970

Dans les années qui suivirent les émeutes de Stonewall, des réalisateurs et des écrivains gays ont commencé à raconter la vie des LGBTQ. John Schlesinger a montré des homosexuels et bisexuels dans *Macadam Cowboy* (1969) et *Un dimanche comme les autres* (1971). En 1972, la comédie musicale *Cabaret*, tirée du roman de Christopher Isherwood qui met en scène un personnage bisexuel, remporte un énorme succès et huit Oscars. Des cinéastes tels que James Bidgood (*Pink Narcissus*, 1971), Chantal Akerman (*Je, tu, il, elle*, 1974), Jan Oxenberg (*A Comedy in Six Unnatural Acts*, 1975), Derek Jarman (*Sebastiane*, 1976) et Rainer Werner Fassbinder (*Les larmes amères de Petra Von Kant*, 1972), ont tous marqué de leur empreinte le 7e art. La vie des transsexuels a été représentée dans *Women in Revolt* (1971), produit par Warhol, *L'année des treize lunes* de Fassbinder, et dans le thriller grand public, *Un après-midi de chien* (1975) avec un personnage de transsexuelle interprété par l'acteur Chris Sarandon. Puis en 1972, le premier téléfilm décrivant l'homosexualité avec tendresse arrive sur les écrans : *That Certain Summer*, l'histoire d'un père qui révèle son homosexualité à son fils. Revenant sur le fait qu'on lui a déconseillé d'accepter le rôle principal, l'acteur hétérosexuel Hal Holbrook a déclaré : « J'ai déjà cambriolé des banques, enlevé des enfants, violé des femmes et assassiné des gens, depuis que je fais du cinéma. Maintenant que j'allais jouer un homosexuel, c'était comme si je mettais fin à ma carrière. Pour l'amour du ciel ! Dans quel type de culture vivons-nous ? » Le film britannique *Nighthawks* (1978) examine la vie d'un homosexuel à Londres. *La cage aux folles* – une comédie centrée sur un couple gay qui dirige une boîte de nuit – a été en 1978, le deuxième film le plus rentable en France et demeure l'un des films en langue étrangère qui a le mieux marché aux États-Unis.

Ci-dessus : La distribution de l'adaptation cinématographique de la comédie musicale *Les garçons de la bande* de Mart Crowley, réalisée par William Friedkin en 1970.

LES ANNÉES 1980

Le grand public est encore exposé à des représentations négatives des LGBTQ. En 1980, *Cruising*, avec Al Pacino, sur un serial killer qui choisit ses victimes dans le milieu gay BDSM, et *Fenêtres sur New York* (1980), sur une lesbienne harcelée, ont tous ceux provoqué des manifestations. Le public LGBTQ était régulièrement insulté à travers le cinéma. *Teen Wolf* (1985) est un excellent exemple de l'homophobie ordinaire d'Hollywood : « Si tu t'apprêtes à me dire que tu es pédé, je ne pense pas pouvoir l'encaisser », dit un personnage à son copain joué par Michael J. Fox, qui répond, offensé : « Je ne suis pas un pédé, je suis un loup-garou ! »

Toutefois, il y eut quelques lueurs d'espoir… *Desert Hearts* (1985) marquait un progrès dans la représentation de l'homosexualité féminine, mais les réalisateurs de *La Couleur pourpre* (1985) et de *Beignets de tomates vertes* (1991) ont pris soin de reléguer au second plan les thèmes qui sont au cœur des romans.

Sans être des succès, *Un printemps de glace* (1985), *Clins d'œil sur un adieu* (1986) et *Un compagnon de longue date* (1989) ont abordé le sida. Puis il y a le film qui a changé la donne, *Philadelphia* (1993) avec deux grandes stars : Tom Hanks, licencié quand on découvre qu'il est atteint du sida, et Denzel Washington, son avocat.

Citons d'autres succès : *My Beautiful Laundrette* (1985), *Maurice* (1987), *Torch Song Trilogy* (1988) et *Le baiser de la femme araignée* (1985), qui a valu à William Hurt (hétérosexuel) l'Oscar du meilleur acteur, provoquant la colère de certains qui estimaient qu'il y a bien trop d'acteurs gays non avoués ou qu'ils étaient pas mis en avant tels que Harvey Fierstein. En 1989, *Looking for Langston* nous plonge dans la vie des gays afro-américains lors de la renaissance de Harlem, dans les années 1920.

Ci-dessus : Quels changements en une décennie ! William Friedkin réalise *Les garçons de la bande*. Il enchaîne avec le terrifiant *Cruising/La chasse* en 1980, dont voici l'affiche, avec Al Pacino traquant un tueur qui sévit dans le milieu BDSM de New York.

Ci-dessous : Helen Shaver, Patricia Charbonneau et Audra Lindley en têtes d'affiche d'une représentation positive (selon l'époque) des lesbiennes dans le classique *Desert hearts* (1985), inspiré du roman éponyme de Jane Rule.

ANDY WARHOL

L'un des personnages les plus influents des temps modernes est Andrew Warhol né en 1928 à Pittsburgh en Pennsylvanie. Après avoir emménagé à New York, il travaille comme dessinateur publicitaire. C'est alors qu'il opère une synthèse entre sa sensibilité d'élève des Beaux-Arts et la publicité, alors en pleine expansion. Dans les années 1960, Warhol crée un nouveau mouvement, le Pop Art. Entouré de sa tribu d'acteurs, de mannequins, d'artistes et des membres de la Jet-Set dans son atelier la Factory, il élabore un nouveau langage visuel qu'il applique au cinéma, mais aussi à la sérigraphie. Warhol exprime ouvertement sa sexualité à travers son travail, représentant les hommes avec amour et sensualité, choquant alors le monde de l'art. La Factory était un refuge pour ses « superstars ». D'autres artistes queers, des transsexuelles et des drag-queens sont devenus parties prenantes de son travail, apparaissant dans ses films. Créateur du célèbre magazine *Interview* et convaincu qu'« à l'avenir, chacun aura droit à son quart d'heure de célébrité », certains pensent qu'il est responsable de la dégénérescence de l'art et qu'il a ouvert la porte à l'ère des célébrités sans substance, tandis que d'autres le considèrent comme le génie par excellence. Il est mort à New York en 1987 à 58 ans des suites d'une opération de la vessie.

À droite : Andy Warhol et ses superstars à la Factory en 1971. De gauche à droite, Holly Woodlawn, Jackie Curtis, Joe Dallesandro et Jane Forth.

Ci-dessous : Harris Glenn Milstead *alias* Divine, avec John Waters en 1975 à New York.

Ci-contre : L'affiche de *Female Trouble* (1974), réalisé par John Waters avec Divine en vedette.

JOHN WATERS ET DIVINE

À la fin des années 1960, deux artistes homosexuels hors pair ont émergé de la banlieue de Baltimore, dans le Maryland. Préférant les films plus trash et scandaleux aux films d'art et d'essai, John Waters abandonne ses études de cinéma à l'université de New York et son ami d'enfance, le coiffeur Harris Glenn Milstead, quant à lui, se produit en drag-queen. Rebaptisé Divine par Waters, il joue dans ses films avec une compagnie de Baltimore, les Dreamlanders. Le premier long-métrage de Waters est *Mondo Trasho* (1969), suivi de *Multiple Maniacs* (1972) où on pouvait voir des gays s'embrasser et Divine se faire extraire un chapelet de l'anus. En 1972, *Pink Flamingo* fait de Waters et Divine des stars underground cultes, surtout en raison de la scène où Divine mange, pour de vrai, une crotte de chien, chose qu'il regrettera plus tard. A suivi une série de films à succès et scandaleusement trash.

En 1981, après avoir joué dans des troupes de drag et au théâtre, Divine sort son premier titre disco, « Born to Be Cheap », suivi de ses hits Hi-NRG « Shoot Your Shot » et « You Think You're A Man ». La collaboration Waters-Divine culmine en 1988 avec le succès du film grand public, *Hairspray*, sur une fille en surpoids et sa mère menant la lutte pour l'intégration raciale dans l'Amérique des années 1960. Le film donne enfin à Milstead l'occasion de faire ses preuves en tant qu'acteur sérieux. Mais trois semaines plus tard, alors qu'il se préparait à apparaître dans la sitcom très

populaire *Mariés, deux enfants*, il meurt d'une crise cardiaque foudroyante à 42 ans. John Waters continue à aligner les succès avec *Cry Baby* (1990) et *Serial Mother* (1994). En 2003, *Hairspray*, la comédie musicale, fait un triomphe à Broadway avant qu'Hollywood ne produise sa propre version, consolidant ainsi le statut Waters et Divine comme des grandes figures du cinéma. John Waters vit aujourd'hui à Baltimore.

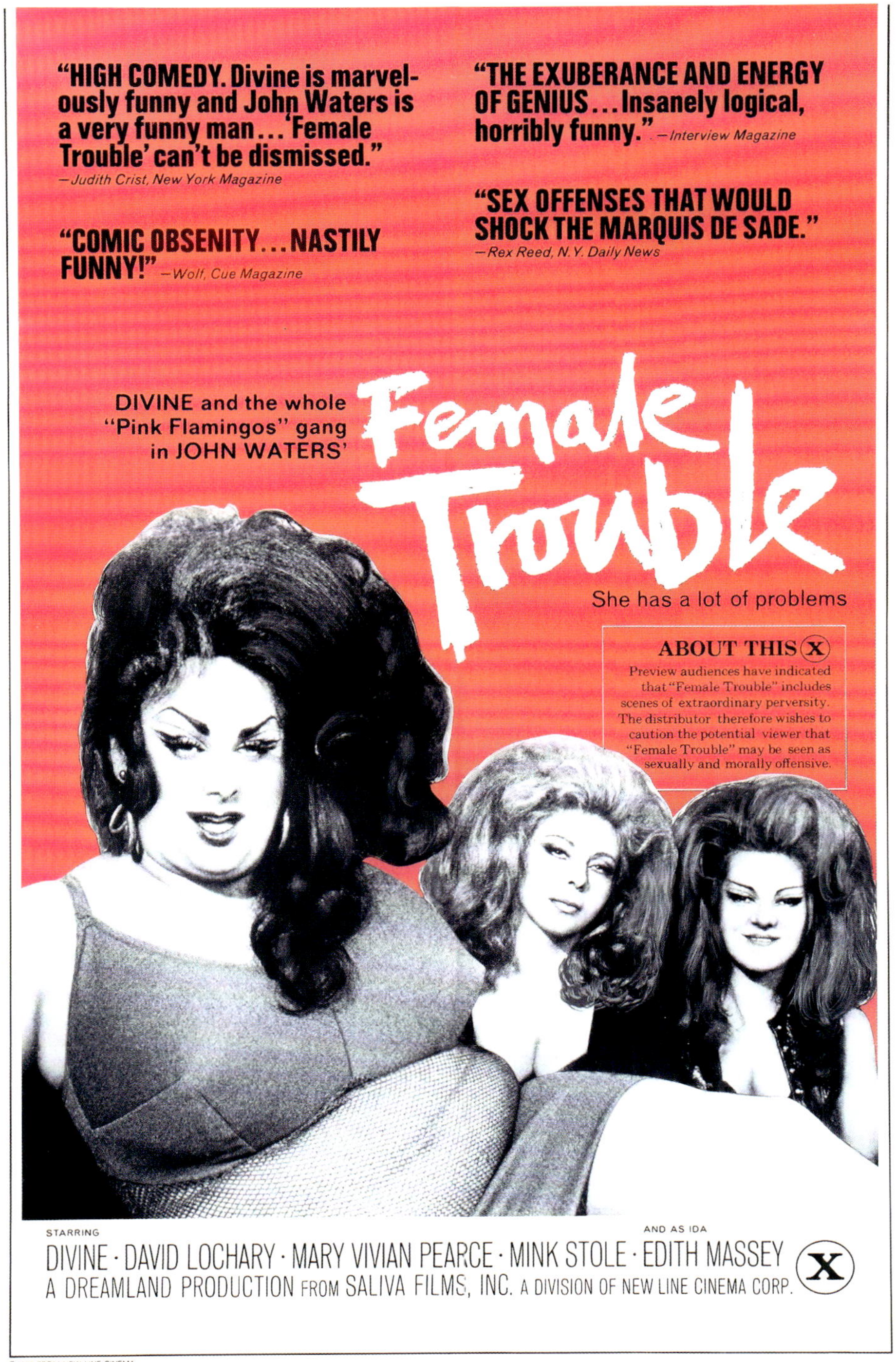

©1975 FROM NEW LINE CINEMA

« JE NE FAIS PAS ÇA PAS POUR PASSER UN MESSAGE, J'ESSAIE SIMPLEMENT DE DONNER DU BON TEMPS AUX GENS ET DE LES FAIRE RIRE... ILS VIENNENT POUR ÊTRE CHOQUÉS ET JE FAIS EN SORTE QU'ILS EN AIENT POUR LEUR ARGENT. »

JOHN WATERS

LES ANNÉES 1990

Au début des années 1990, le documentaire de référence *Paris is Burning* (1990) revient sur la vie des noirs et latinos à l'origine du « voguing », une façon d'échapper à la pauvreté et à la marginalisation. Le britannique *Young Soul Rebels* (1991) dissèque les tensions entre sexualité et race dans le Londres des années 1970. *The Crying Game* (1992) marque une avancée dans la représentation de la transsexualité, bien qu'il ait été critiqué en raison du dénouement sensationnaliste. Le drame autobiographique, un des rares films de ce genre autant acclamé par le public, *Les Nuits fauves* (1992), écrit, mis en scène et joué par Cyril Collard, retrace sa vie de bisexuel atteint du sida. Il remporte quatre Césars, trois jours après la mort de Collard.

Incarnée par le succès de Gus Van Sant, *My Own Private Idaho* (1991), une nouvelle vague de jeunes cinéastes queers en colère émerge. Ce cinéma New Queer est porté par *Poison* (1991) de Todd Haynes, *Swoon* (1992) de Tom Kalin's, *The Living End* (1992) de Gregg Araki. *Totally Fucked Up* (1993) de Richard Glatzer, et *Grief* (1993) de Richard Glatzer, et enfin Go Fish (1994) de Guinevere Turner et Rose Troche qui remporte de nombreuses récompenses pour avoir célébré l'homosexualité féminine. La décennie se termine avec le film lesbien préféré du public, *But I'm A Cheerleader* (1999) de Jamie Babbit. Un complet revirement s'opère dans la représentation des homosexuels au cinéma quand on passe de tueurs aux comiques. En 1993, le deuxième film le plus rentable aux États-Unis, *Madame Doubtfire*, met en scène Harvey Fierstein et Scott Capurro, le frère de Robin Williams et son ami. Pour la première fois, les gays font rire et ne sont plus raillés. *Priscilla, folle du désert* (1994), *Extravagances* de Julie Newmar (1995), *Jeffrey* (1995), *In & Out* (1997), *La cage aux folles* (1996) mettent en scène des gays qui suscitent l'amusement et non la peur, raflant la mise aux États-Unis pour les derniers. *The Incredibly True Adventure of Two Girls in Love* (1995), *Bound* (1996) et *The Watermelon Woman* (1996), écrit, dirigé et joué par la lesbienne noire Cheryl Dunye, concourent à améliorer leur image. *Beautiful Thing* (1996) permet au public gay de succomber enfin et *Ni dieux ni démons* (1998) vaut à Ian McKellen une nomination pour l'Oscar du meilleur acteur et l'obtention de l'Oscar du meilleur scénario pour Bill Condon. En 1999, le succès fou de *Tout sur ma mère* d'Almodóvar permet de porter un nouveau regard sur les trans et l'expérience du sida et vaut au réalisateur son premier Oscar. *Ma Vie en rose* (1997) et *Boys Don't Cry* (1999), traite de la transsexualité et de la transphobie. Ces films et bien d'autres ont ouvert la voie à d'autres comme *Hedwig and the Angry Inch* (2001) et *Transamerica* (2005).

Ci-dessus : *Paris Is Burning*, documentaire de 1990 réalisé pat Jennie Livingstone, met en lumière les boîtes de drags de New York où fut créé le voguing.

Ci-contre : Rooney Mara (à gauche) et Cate Blanchett, amantes dans le film *Carol*, réalisé par Todd Haynes en 2015, basé sur le roman de Patricia Highsmith *The Price of Salt*.

LES ANNÉES 2000

À l'aube du nouveau millénaire, petits et grands studios ont intégré les thèmes LGBTQ. Une production remarquable est *Le Projet Laramine* (2002), sur l'histoire de Matthew Shepard. Dans un autre genre, une vague de comédies romantiques LGBTQ a produit des perles telles que *La Tentation de Jessica* (2001) et *Big Eden/Un petit miracle* (2000), même si la qualité n'est pas toujours au rendez-vous.

En 2005, Jake Gyllenhaal et Heath Ledger sont les héros du *Secret de Brokeback Mountain* d'Ang Lee, un film qui remporte plusieurs Oscars, manquant tout de même celui du meilleur film, mais devient le premier film gay qui entre au panthéon de la culture populaire. Trois ans plus tard, *Harvey Milk* (2008) – un autre film influent basé sur la vie du politicien gay – vaut l'Oscar du meilleur scénario original à Dustin Lance Black et celui du meilleur acteur à Sean Penn. Jouissant d'un succès peu commun pour un film LGBTQ, le drame péruvien *Contracorriente* (2009), réalisé par Javie Fuentes-León, sur l'amour entre un homme marié et un artiste, remporte le World Cinema Audience Award au Festival de Sundance en 2010.

LES ANNÉES 2010

Au cours de la dernière décennie, les films LGBTQ se sont succédé à un rythme effréné. Des réalistes comme *Week-end* (2011) et *Seule la terre* (2017), des drames tels que *Holding the Man* (2015), le controversé *La vie d'Adèle* (2013), le film au grand cœur *Tout va bien ! The Kids Are All Right* (2010) et le coup de cœur du public *Carol* (2015). *Pride* (2014) revient sur le mouvement des droits des homosexuels dans les années 1980 en Grande-Bretagne. Les personnes de couleur, elles aussi, sont représentées dans le très acclamé *Pariah* (2011), la comédie trans *Tangerine* (2015) et dans *Still Black* (2008). Mais aussi dans les œuvres de Patrick Ian Polk, dont *Punks* (2000), *The Skinny* (2012) et *Blackbird* (2014). Le succès international de *Moonlight* (2016) vaut à son scénariste Tarell Alvin McCraney un Oscar et permet enfin à un film gay sur la communauté noire de remporter l'Oscar du meilleur film en 2017.

Le drame chilien *Une femme fantastique* (2017) dont le rôle principal de transsexuelle est interprété par la transsexuelle Daniela Vega gagne un Oscar, et *120 battements par minute* retrace l'histoire d'ACT UP Paris. *Call Me by Your Name* (2017) séduit un très large public, grâce aux charmes des acteurs principaux – et parce que c'est un film délicat et de qualité. La comédie romantique pour ados *Love, Simon* (2018), un film que les clients du Stonewall Inn n'auraient jamais rêvé de voir, fait aujourd'hui le bonheur des jeunes LGBTQ. En 2018, *Come As You Are*, produit et joué par la LGBTQ Chloe Grace Moretz, et *Boy Erased*, montrent les dégâts de la soi-disant « thérapie de conversion ». *Plaire, aimer et courir vite* (2018), de Christophe Honoré, remporte le prix Louis Delluc en 2018. La façon dont ont été représentés les LGBTQ reflète l'évolution du regard de la société : on est passé des personnages simplistes de tueurs à des seconds rôles répugnants, bien que parfois drôles, puis à des stéréotypes sympathiques, et enfin à des héros équilibrés dans des histoires racontées et interprétées par des LGBTQ ou des acteurs sympathisants à la cause. Le cinéma comme miroir de la société commence enfin à projeter une image fidèle de la réalité.

DIX GRANDS FILMS TRANS

Different for Girls (1996)
Ma Vie en Rose (1997)
Better Than Chocolate (1999)
Breakfast on Pluto (2005)
Transamerica (2005)
Becoming Chaz (2011)
Tomboy (2011)
Boy Meets Girl (2014)
Tangerine (2015)
Une femme fantastique (2017)

DIX FILMS LGBTQ AVEC DES PERSONNAGES NOIRS

Paris is Burning (1990, documentaire)
The Watermelon Woman (1996)
Still Black: A Portrait of Black Transmen (2008)
En secret (2011)
Pariah (2011)
My Brother the Devil (2012)
Call Me Kuchu (2012, documentaire)
The Skinny (2012)
Blackbird (2014)
Moonlight (2016)

DIX FEEL GOOD MOVIES POUR GAYS

Torch Song Trilogy (1988)
Beautiful Thing (1996)
Big Eden (2000)
Shelter (2007)
Week-end (2011)
Pride (2014)
Au premier regard (2014)
Strike a Pose (2016)
Seule la terre (2017)
Love, Simon (2018)

DIX FEEL GOOD MOVIES POUR LESBIENNES

The Incredibly True Adventure of Two Girls in Love (1995)
Fucking Åmål (1998)
But I'm a Cheerleader (1999)
La tentation de Jessica Stein (2001)
Sous le soleil de Toscane (2003)
Saving Face (2004)
I Can't Think Straight (2008)
Tout va bien ! The Kids Are All Right (2010)
Mosquita y Mari (2012)
Hearts Beat Loud (2018)

PEDRO ALMODÓVAR

Le cinéaste espagnol a développé un genre propre reconnu du grand public, un mélange de tragique et d'humour noir, souvent sur des thèmes LGBTQ. Son cinéma se distingue par des personnages féminins forts ou des personnages trans imposants et sympathiques. Parmi ses films les plus notables, citons *Femmes au bord de la crise de nerfs* (1988), nommé dans la catégorie de l'Oscar du meilleur film étranger qu'il obtiendra un an plus tard pour *Tout sur ma mère* (1999) – un film qui lui a valu les Golden Globe et un BAFTA – *La mauvaise éducation* (2004) et *La Piel que Habito* (2011)

DEREK JARMAN

Artiste pluridisciplinaire, Jarman était un militant, un anarchiste qui s'est opposé à l'establishment en Grande-Bretagne des années 1970 jusqu'à sa mort en 1994 des suites du sida. Son premier long-métrage, *Sebastiane* (1976), considéré comme le premier film britannique progay, a fait l'objet d'une énorme controverse lors de sa diffusion à la télévision. Opposant virulent à la section 28 et au gouvernement Thatcher, il est le réalisateur de nombreux films dont : *Jubilee* (1978), *Caravaggio* (1986), *The Last of England* (1987) et *Blue* (1993).

DIX FILMS LGBTQ D'ART ET D'ESSAI

Fucking Åmål (Suède, 1988)
Garçon d'honneur (Taiwan, 1993)
Créatures célestes (Nouvelle-Zélande, 1994)
The Celluloid Closet (États-Unis, 1995, documentaire)
À Toute Vitesse (France, 1996)
Lilies-Les feluettes (Canada, 1996)
Prêtre (Royaume-Uni, 1996)
Echte Kerle (Allemagne, 1996)
Bent (Royaume-Uni, 1997)
Happy Together (Hong Kong, 1997)
Oscar Wilde (Royaume-Uni, 1997)
Garçons d'Athènes (Grèce, 1998)
Comme un garçon (Royaume-Uni, 1998)
High Art (Canada/États-Unis, 1998)
L'homme est une femme comme les autres (France, 1998)
Le Trio (Allemagne, 1998)
Beau Travail (France, 1999)
Avant la nuit (États-Unis, 2000)
Drôle de Félix (France, 2000)

DIX FILMS LGBTQ AUSTRALIENS

The Naked Bunyip (1970
The Getting of Wisdom (1977)
The Clinic (1982)
The Sum of Us (1994)
Priscilla, folle du désert (1994)
Love and Other Catastrophes (1996)
Monster Pies (2013)
Gayby Baby (2015)
Ecco Homo (2015, documentaire)

En haut : Vainqueur de l'Oscar 1999, le film espagnol *Tout sur ma mère*.

Ci-dessus : Le réalisateur révolutionnaire, artiste et activiste Derek Jarman (au milieu), lors d'une action d'OutRage !, en 1991.

Ci-contre, en haut : Georges Du Fresne, jeune trans dans ma *Ma Vie en rose* (1997), dirigé par Alain Berliner.

Ci-contre, en bas : Leslie Cheung et Tony Leung Chiu-wai dans *Garçon d'honneur* (1997), de Wong Kar-wai.

Pages suivantes : Chiron (Trevante Rhodes) dans un élan de tendresse pour Kevin (André Holland) dans l'extraordinaire *Moonlight* (2016), qui remporta les Oscars du meilleur film, du meilleur second rôle et du meilleur scénario adapté en 2017.

LES LESBIAN AVENGERS

La métisse Stormé DeLarverie est née la veille de Noël 1924 à La Nouvelle-Orléans. Avec sa silhouette sculpturale, elle s'est produite en drag-king et maître de cérémonie au sein de la Jewel Box Revue, un spectacle de drag qui a sillonné l'Amérique entre 1955 et 1969. DeLarverie était au Stonewall le soir des émeutes. On ne sait pas qui les a déclenchées, mais de nombreux témoins affirment que c'était une butch. Certains ont prétendu que c'était DeLarverie, ce qu'elle a confirmé.

Un flic m'a dit : "Bouge-toi d'là, pédé", pensant que j'étais un mec », a-t-elle raconté en interview. Elle a ajouté : « J'ai dit : "Pas question ! Et ne t'avise pas de me toucher". Le flic m'a poussée et je l'ai instinctivement frappé au visage. Il a saigné ! Et il s'est retrouvé à terre, mais pas moi ! »

Sa compagne de 25 ans, Diana, est décédée dans les années 1970. Ces dernières années, DeLarverie, considérée comme un vétéran des émeutes, travailla comme videur dans des bars lesbiens, dont le Cubbyhole. Elle avait l'habitude de patrouiller dans Greenwich Village vérifiant qu'il n'y avait aucun incident « moche » dans les bars. Beaucoup parlent de DeLarverie comme de la « Rosa Parks lesbienne ». Elle est un symbole fort de la fierté et du pouvoir lesbien, mais aussi de l'occultation des Afro-Américains et des non-conformistes dans l'histoire officielle LGBTQ.

Les hommes gays et les organisations gays du mouvement LGBTQ ont eu tendance à s'attribuer une place plus importante. Les lesbiennes ont dû composer avec le double problème de l'homophobie et du sexisme depuis l'extérieur de la communauté et parfois même de l'intérieur. Cependant, des organisations lesbiennes ont surmonté ces préjugés pour devenir des symboles et sont, en réalité, en son cœur même. Dykes on Bikes (« Les gouines à moto ») a été créée en 1976 par Soni Wolf, et on a pu les voir en avant du cortège de la Gay Pride de San Francisco. Elles sont un élément populaire des Gay Prides (en Europe, au Canada, en Australie et en Israël), même si le choix très cru du nom de l'organisation ne fait pas l'unanimité. Le mouvement féministe lesbien né dans les années 1970 et 1980 était extrêmement critique envers l'hétéronormativité et la suprématie masculine. Il joue aujourd'hui un rôle très important dans le féminisme moderne.

On a beaucoup écrit sur les divisions apparentes entre les groupes gays et lesbiens du mouvement pour l'égalité LGBTQ, mais on connaît moins bien le fait que les lesbiennes furent au premier plan de la riposte à la crise du sida, en soignant leurs frères homosexuels et en protestant contre la section 28, comme mentionné précédemment.

À droite, au-dessus : Défilé des Lesbians of Color à la Los Angeles Pride en 1979.

À droite : Un couple en smoking à la deuxième édition de la National March on Washington for Lesbian and Gay Rights, en 1987.

Ci-contre : Stormé DeLarverie, identifiée par beaucoup comme étant la lesbienne qui s'est opposée à la police lors des émeutes de Stonewall. Elle aurait demandé l'aide de la foule et l'incita à jeter la première pierre sur un fourgon de police. Photo prise à New York en 1986.

The Cubby H
CUBBY HOLE

ARKANSAS
COUNTRY
DYKE

En 1992 est né à New York un groupe en faveur de la visibilité des lesbiennes, les Lesbian Avengers. Elles ont organisé des actions et des campagnes pour protester contre la misogynie, les programmes scolaires homophobes et l'homophobie en politique. L'une de ses actions les plus remarquables a été l'organisation de la première Dyke March officielle, précédée de deux événements improvisés. En mai 1981, 200 lesbiennes ont organisé une marche en marge d'une conférence de lesbiennes à Vancouver. En octobre, Dykes Against the Right a fait de même à Toronto. Rassemblant plus de 20 000 lesbiennes, la première Dyke March officielle a eu lieu le 24 avril 1993, la veille de l'historique March on Washington for Lesbian, Gay and Bi Equal Rights and Liberation qui a vu la participation de plus d'un million de personnes. Depuis cet événement majeur, de plus en plus de Dyke Marchs ont lieu à travers le monde, généralement juste avant la Gay Pride.

Malgré la domination persistante des hommes homosexuels dans l'histoire des LGBTQ, il y a de plus en plus de femmes qui se distinguent dans leurs domaines respectifs. Au Royaume-Uni, citons les présentatrices de télévision Sandi Toksvig, Sue Perkins et Clare Balding, la sportive Nicola Adams, les responsables politiques Ruth Davidson et Angela Eagle, la directrice générale de Stonewall, Ruth Hunt, et l'actrice et mannequin Cara Delevingne. En Espagne, la politicienne Ángeles Álvarez fait campagne contre la violence sexiste et l'actrice et ancienne Miss Espagne, Patricia Yurena, est la première reine de beauté au monde à avoir fait son coming out. En France, la joueuse de tennis Amélie Mauresmo, ancienne numéro un mondiale, a fait son coming out à l'âge de 19 ans en 1999, tandis que la chanteuse et compositrice Héloïse Letissier, *alias* Christine and the Queens, qui s'identifie comme pansexuelle, a accédé à la célébrité dès son premier album en 2014. La réalisatrice belge Chantal Akerman, qui préférait ne pas être définie par sa sexualité, a été saluée comme une pionnière pour son chef-d'œuvre d'art et d'essai *Jeanne Dielman, 23 quai du Commerce, 1080 Bruxelles*.

Les États-Unis sont un vivier de femmes influentes, parmi lesquelles la sportive Martina Navratilova, la chanteuse Melissa Etheridge, les actrices Jodie Foster, Sarah Paulson et Jane Lynch, la comédienne Wanda Sykes, les présentatrices de télévision Rachel Maddow et Robin Roberts et, bien sûr, sans doute la plus influente des LGBTQ, Ellen DeGeneres.

Ci-dessus : Les Lesbian Avengers manifestent à la Maison-Blanche pendant la Gay Rights March en avril 1993. Plus de 500 000 militants LGBT et leurs familles ont participé au plus grand rassemblement LGBTQ de l'histoire.

Ci-contre : Une manifestante portant l'une des nombreuses pancartes brandies lors de la manifestation de tous les records, la Gay Rights March de 1993 à Washington.

LES ALLIÉS

DES AMIS ET UNE FAMILLE

En 1968, l'un des fondateurs de l'association étudiante Gay People de l'université Colombia était un jeune gay nommé Morty Manford. Trois ans plus tard, après avoir participé aux émeutes de Stonewall, il fut agressé puis arrêté alors qu'il distribuait des tracts lors d'un dîner politique.

Quand sa mère, Jeanne, a appris la nouvelle, elle exprima sa colère dans une lettre au *New York Post*. En 1972, à l'époque où la plupart des gens avaient honte de leurs enfants homosexuels, son geste était extrêmement courageux. Jeanne défila avec son fils lors de la Gay Pride, brandissant une pancarte qui disait : « Parents d'enfants gays : unissons-nous pour aider nos enfants ». Elle fut bouleversée par la réaction des jeunes gays : « Ils me prenaient dans leurs bras, m'embrassaient, criaient et me demandaient si je pouvais aller parler à leurs parents. » Alors, Jeanne et son mari, Jules, ont décidé de créer un groupe pour « jeter un pont entre la communauté homosexuelle et la communauté hétérosexuelle ». Le groupe portait le nom de Parents of Gays, et ne réunissait que 20 personnes lors de sa première réunion.

Morty, devenu procureur général adjoint de l'État de New York, a réussi à faire adopter une loi fondamentale sur les droits des gays en 1986. Il est décédé des suites du sida en mai 1992, à 41 ans. Jeanne a vécu jusqu'à 90 ans en 2013. Son association, désormais la Parents, Families and Friends of Lesbians and Gays, est la plus grande organisation américaine de familles de LGBTQ. Depuis sa création, elle a empêché la dislocation d'un nombre incalculable de familles. Des groupes affiliés sont présents dans 15 pays, dont le Royaume-Uni, la Chine, l'Amérique latine et Israël. Jeanne symbolise quelque chose parfois négligé mais très important pour la cause LGBTQ : ses alliés. Sir John Wolfenden, et le député Leo Abse, qui a fait passer une loi mettant en œuvre les recommandations du rapport Wolfenden, étaient tous deux hétérosexuels. Au Royaume-Uni, l'Albert Kennedy Trust a été créé en 1989 par Cath Hall, une mère de famille d'accueil hétérosexuelle, après la mort d'un jeune issu de l'aide sociale à l'enfance tombé du toit d'un parking. Au cours des cinq dernières décennies, de nombreux hétérosexuels, même s'ils ne sont pas aussi nombreux que nous l'aurions souhaité, ont été d'une aide et d'un soutien précieux.

Les stars hollywoodiennes furent les premières à réagir au drame du sida. Elizabeth Taylor a organisé le premier gala de collecte de fonds du AIDS Project à Los Angeles et utilisé son propre argent pour lancer la Elizabeth Taylor AIDS Foundation. Travaillant sans relâche, elle a fustigé trois présidents pour ne pas avoir assez combattu le sida et obligea Reagan à en parler publiquement. Carrie Fisher, Joan Rivers, Liza Minnelli, Sharon Stone et Bette Midler ont été parmi les premières ralliées à la cause. En 1991, lors du concert de l'AIDS Benefit à Los Angeles, Bette Midler a déclaré : « Je n'ai pas fui comme beaucoup. Quasiment tous ceux avec qui j'ai commencé sont mortes. » L'engagement de la princesse Diana pour les droits homosexuels a conduit le journaliste

À droite : Jeanne Manford et son fils, le militant gay Morty Manford, défilent lors du Christopher Street Liberation Day March, ancêtre de l'actuelle Gay Pride de New York. La PFLAG s'est développée à partir de ce moment-là, la première et plus importante organisation qui inclut les lesbiennes, les gays, les bisexuels, les transgenres, les queers, leurs alliés et leurs parents.

Ci-contre : Bette Midler en 1972, photographiée ici sur scène au Continental Baths, un sauna gay de New York, était l'une des premières célébrités qui a soutenu des personnes séropositives et atteintes du sida.

Ludwig

John Junor du *Mail on Sunday* à la qualifier de « la sainte patronne de la sodomie ». Richard Gere, dont un frère est gay, a joué dans *Bent* en 1979. Avec un frère et des amis proches gays, tous morts du sida, Madonna a fait tomber des barrières en introduisant la culture gay, en traitant de thèmes gays dans ses chansons et en dénonçant l'homophobie.

Des célébrités soutiennent la cause du bout des lèvres, alors que d'autres s'engagent. Kylie Minogue joue dans les clubs gays et pour des galas. Cyndi Lauper, Miley Cyrus et Lady Gaga ont fondé des associations pour soutenir les jeunes LGBTQ. Ariana Grande soutient très ouvertement ses fans gays, tout comme le groupe britannique Little Mix.

Oprah Winfrey a souvent discuté des questions relatives aux LGBTQ dans son émission et elle a joué le rôle de thérapeute auprès d'Ellen DeGeneres après que celle-ci a fait son coming out dans sa sitcom *Ellen*. Depuis sa création en 1982, Channel 4 (Royaume-Uni) a toujours été *gay friendly*. La chaîne diffuse des programmes sur les gays et l'émission *Queer As Folk*. L'actrice de la série *Les Craquantes*, Bea Arthur, est devenue une ardente défenseure des jeunes sans-abri LGBTQ et Daniel Radcliffe a enregistré des messages pour le Trevor Project. Le chanteur de rap Macklemore a interprété son hymne pour le mariage homosexuel, « Same Love », aux Grammy Awards de 2014, au cours desquels Queen Latifah a symboliquement marié plusieurs couples, et Madonna est venue chanter. Macklemore a réitéré lors de la finale de l'Australian National Rugby League en 2017, en faveur du référendum sur le mariage gay.

Ci-dessus : Madonna a toujours été une des plus grandes stars alliées des LGBTQ. Elle a utilisé sa notoriété pour dénoncer l'homophobie et a intégré l'iconographie gay dans ses œuvres. *In Bed with Madonna* (1991), le documentaire sur sa tournée Blond Ambition Tour, a donné plus de visibilité à la culture gay, en outre beaucoup de ses danseurs (sur la photo) sont eux-mêmes gays.

Ci-contre : Ayant une sœur lesbienne, Cyndi Lauper est l'une des alliées les plus dévouées de la cause gay du show-business. Elle a créé la fondation True Colors pour aider les sans-abri LGBTQ et a composé la comédie musicale *Kinky Boots*. Ici en photo en 2006 lors de la cérémonie de clôture de la 7e édition des Gay Games à Chicago.

D'autres célébrités alliées des LGBTQ :

- Patricia, Rosanna et David Arquette
- Garth Brooks
- Lena Dunham
- Chris Evans
- Colin Farrell
- Ariana Grande
- Anne Hathaway
- Adam Levine
- Marlee Martin
- Kevin Smith

Des célébrités avec des enfants LGBTQ :

- Warren Beatty et Annette Bening
- Jackie Chan
- Dick Cheney
- Cher
- Sally Field
- Magic Johnson
- Anne Rice
- Cybil Shepherd
- Barbra Streisand
- Isiah Thomas
- Gloria Vanderbilt
- Alice Walker

CULTURE : LA TÉLÉVISION

Les tout premiers homosexuels à la télévision américaine n'eurent droit qu'à de brèves apparitions dans des rôles très secondaires et firent toujours l'objet de controverses. Le producteur de télévision hétérosexuel Norman Lear a eu le mérite d'y avoir introduit le premier personnage gay. Il s'agit de Steve, apparu en 1971 dans un unique épisode du sitcom populaire *All in the Family*. Jusqu'au premier personnage trans, une femme noire dans *The Jeffersons*, un sitcom diffusé sur CBS en 1975, mais aussi le premier couple gay dans une série éphémère de 1975, *Hot L Baltimore*.

En 1972, le premier gay récurrent, Peter, un décorateur, apparaît dans une comédie sur ABC, *The Corner Bar*, mais la série a été dénoncée par la Gay Activists Alliance pour en avoir fait un personnage stéréotypé ainsi que pour la diffusion de blagues homophobes. Le téléfilm *That Certain Summer* avec Martin Sheen et Hal Holbrook a été mieux accueilli par la critique, nominé six fois aux Emmy Awards et en remporta un. En 1977, ABC fait jouer Billy Crystal dans le rôle d'un homosexuel, Jodie Dallas, dans une sitcom controversée *Soap*, diffusé jusqu'en 1981.

À partir des années 1970, la télévision britannique commence peu à peu à s'intéresser à la vie des LGBTQ en diffusant *A Change of Sex*, trois documentaires sur la transformation de la transsexuelle Julia Grant. Toujours sur le même thème, citons *What Am I ?*, sans oublier celui sur ITV *Male Sexuality*. Mais ce sont les séries qui auront le plus d'impact.

Salué pour avoir traité d'importants sujets de société dans sa série dramatique pour enfants *Grange Hill*, le scénariste et producteur Phil Redmond a créé le premier héros gay dans un feuilleton britannique

en 1982 : Gordon Collins, dans *Brookside*, sur Channel 4. En 1994, Beth Jordache, l'un des personnages interprétée par Anna Friel, découvre qu'elle est lesbienne au cours d'une scène de baiser qui provoqua indignation et excitation dans les médias. Il s'agissait du premier baiser lesbien diffusé avant 21 heures à la télévision britannique.

EastEnders, le très populaire feuilleton créé par la productrice Julia Smith et l'écrivain gay Tony Holland en 1985, a été accueilli par un « *EASTBENDERS !* » (*Bender* veut dire gay en argot) dans le *Sun* lors de l'apparition du premier gay dans la série en 1986 : Colin Russell, joué par Michael Cashman. Mais malgré les gros titres, la présence d'un gay, ce deux fois par semaine, sur les petits écrans, eut un fort impact positif.

Alors les feuilletons britanniques traçaient la route, la représentation des LGBTQ à la télévision américaine, quant à elle, faisait du sur-place. Depuis le premier épisode en 1981, la méga série glamour *Dynastie* mettait en vedette un gay, Steven Carrington, souvent cité comme étant le premier en prime time. Mais les producteurs firent en sorte qu'il couche avec des femmes, ce qui amena l'acteur original à quitter la série. Steven revint deux saisons plus tard interprété par un autre acteur – son visage était justifié par un incendie sur une plate-forme pétrolière.

Le sitcom à succès de Roseanne Barr, *Roseanne*, est l'une des séries les plus révolutionnaires en termes de représentation. Diffusé entre 1988 et 1997, il comprenait deux personnages homosexuels. Leon, le patron de Roseanne, et l'amie de la famille, Nancy, jouée par Sandra Bernhard. Le traitement des questions LGBT était pertinent : on put y voir Roseanne préparer le mariage de Leon, avec des strip-teaseurs, des bannières triangulaires roses et des flamants roses, ce à quoi le futur marié s'opposa. En 1993, l'adaptation par Channel 4 et PBS de *Tales of the City* (*Chroniques de San Francisco* en français) d'Armistead Maupin, mettant en vedette des premiers rôles gays, bisexuels et trans, fut un moment important pour les LGBTQ (Netflix a produit une nouvelle série, diffusée en 2019 avec Laura Linney, Olympia Dukakis et Ellen Page). Pendant les années 1990, les producteurs ont inclus des gays – le plus souvent dans des rôles secondaires néanmoins – dans plusieurs grandes séries comme *Hill Street Blues*, *Urgences* et *My So-Called Life* (*Angela, 15 ans* en français).

Un véritable tournant eut lieu en 1997, quand Ellen DeGeneres, vedette du sitcom à succès *Ellen* et son personnage éponyme ont fait leur coming out. ABC diffusa le « Puppy Episode », dans lequel le coup de foudre d'Ellen pour le personnage joué par Laura Dern, l'aide à se rendre compte qu'elle est lesbienne en l'annonçant accidentellement à travers les haut-parleurs d'un aéroport. Le coming out personnel et professionnel d'Ellen a été très médiatisé et a provoqué des remous. Critiquée pour être « trop gay », les audiences de la série ont baissé et la série a finalement été annulée. Néanmoins, le carcan avait été brisé. Un an plus tard, NBC misa sur un scénario à propos d'un avocat gay et sa meilleure amie, écrit par

Ci-contre : *Queer As Folk*. Après le succès retentissant et mondial de l'émission britannique de Russell T. Davies, Showtime a commandé une version américaine diffusée entre 2000 et 2005 (photo).

Ci-dessus : Ellen DeGeneres fait son coming out à Laura Dern dans le « Puppy Episode » de sa sitcom à succès *Ellen* en 1997. L'épisode a provoqué une réaction violente du public et l'audience en a souffert, entraînant finalement l'annulation du programme. La carrière de Laura Dern en a pris un coup.

Ci-dessus : *The L Word* a été un franc succès pour Showtime. C'était la première série lesbienne jouée par des lesbiennes, diffusée entre 2004 et 2009.

À gauche : « The Fab Five », le casting 2018 de l'émission de Netflix, la version revisitée de *Queer Eye* de la chaîne Bravo.

Ci-contre : L'acteur transsexuel Laverne Cox a ouvert de nouvelles perspectives dans la série sur des femmes en prison, *Orange is the New Black*, diffusée pour la première fois sur Netflix en 2013 et qui a connu un énorme succès.

le duo Max Mutchnick et David Kohan, respectivement gay et hétéro. Ils s'étaient inspiré du film de l'année précédente, *Le Mariage de mon meilleur ami*, avec Rupert Everett jouant l'ami gay de Julia Roberts. Ils avaient aussi compris qu'*Ellen* était trop axé sur les problèmes des LGBTQ et pas assez drôle. Malgré des critiques mitigées au début, *Will & Grace* est devenu un énorme succès populaire et un véritable phénomène culturel. Des années plus tard, le vice-président Joe Biden dira que la série « a sans doute plus contribué à éduquer le public que quiconque jusqu'à présent ».

De l'autre côté de l'océan, Channel 4 diffuse l'ambitieuse série sans concession de Russell T. Davies, *Queer As Folk*, la série gay la plus impudente jamais réalisée. Un énorme succès, et la version américaine, produite par Showtime, dura de 2000 à 2005. Considéré par beaucoup comme inspiré de *Queer As Folk*, *The L Word* fut diffusé entre 2004 et 2009, marquant un grand pas en avant dans la représentation des lesbiennes à la télévision. Comme l'a souligné Alison Glock dans le *New York Times* le 6 février 2005, « avant *The L Word*, on ne voyait quasiment pas de lesbiennes à la télévision ». À ce stade, il devenait normal d'inclure des personnages lesbiens, gays et bisexuels, mais les transsexuels attendaient toujours d'avoir voix au chapitre sur petit écran.

En 2003, la chaîne câblée Bravo programme *Queer Eye for the Straight Guy*, montrant cinq gays chargés de relooker des hétérosexuels, perpétuant le stéréotype selon lequel les premiers sont plus branchés. Un cliché, certes, mais plus positif qu'une image de criminel ou de victime, la norme à une certaine époque. Le *reboot* de *Queer Eye* (sur Netflix depuis 2018) a radicalement changé d'angle et est devenu une émission culte qui fait chaud au cœur. Les cinq nouveaux présentateurs montrent des participants reflétant la diversité (de Tom qui se décrit comme un « beauf » à AJ qui a du mal à faire son coming out), et démontrent qu'on peut être heureux en étant soi-même, souvent avec des résultats très émouvants.

Après le succès de la deuxième saison de *Queer As Folk* et de sa comédie sur la bisexualité *Bob and Rose*, la BBC a demandé à Davies une nouvelle mouture de la série culte de science-fiction *Doctor Who*. Davies en a aussi tiré un *spin off* à la tonalité gay, *Torchwood*, avec comme personnage principal un extraterrestre gay interprété par John Barrowman. En 2017, le Doctor Who a eu son premier copain ouvertement homosexuel, un point significatif dans une série destinée essentiellement aux enfants.

La célèbre drag-queen, RuPaul, émerge en 2009 avec *RuPaul's Drag Race*, une émission de téléréalité, d'abord diffusée sur la chaîne gay Logo. Censée n'être qu'un concentré de glamour et de langues de vipère, elle s'est révélée émouvante et sincère et a eu le mérite de soulever les problèmes des drag-queens. En 2019, l'émission a remporté 9 Emmy Awards. C'est l'un des shows les plus appréciés de la communauté LGBTQ.

En 2013, fut diffusée pour la première fois *Orange is the New Black*, une série sur des femmes de tous bords en prison. Elle est devenue la série originale la plus regardée sur Netflix, donnant enfin à Lea DeLaria, la première humoriste ouvertement gay des *late night shows*, la tribune qu'elle méritait, et en faisant de l'acteur transsexuel Laverne Cox une star.

L'année suivante, Amazon Studios a lancé sa propre série originale, *Transparent*, créée par Jill Soloway, sur les répercussions de la transformation de genre d'un père de famille sur son entourage. Elle a élargi le débat sur l'acceptation des trans et non binaires. Sa diffusion coïncidait avec le moment où Caitlyn Jenner rendit publique sa trans-identité. Aussi le feuilleton *EastEnders* enrichit-il son casting avec son premier transsexuel joué par le transsexuel Riley Carter Millington.

Le producteur/scénariste révolutionnaire, Ryan Murphy, a fait progresser la télévision LGBTQ plus que n'importe qui d'autre. Du phénomène musical *Glee* à *The Assassination of Gianni Versace*, de *The Normal Heart* à l'extraordinaire *Pose*, il s'est imposé comme le gay le plus important dans l'histoire d'Hollywood en signant un contrat de 300 millions de dollars avec Netflix en 2018. La montée en puissance de Netflix et des chaînes de streaming a enfin prouvé qu'il existait un public vaste et diversifié ouvert à des programmes LGBTQ. La série web italienne G&T, consacrée à la relation de deux amis d'enfance, Giulio et Tommaso, a été vue plus de 91 millions de fois sur YouTube (Ses nombreux fans ont créé des sous-titres pour la série en plus de dix langues).

TÉMOIGNAGE
PERSONNEL

RELIGION : LE RÉVÉREND TROY PERRY

FONDATEUR DE L'ÉGLISE COMMUNAUTAIRE MÉTROPOLITAINE OUVERTE AUX LGBTQ

J'ai grandi en Floride et j'ai baigné dans la culture de l'Église baptiste du Sud. On m'a dit que Dieu ne pourrait pas m'aimer si j'étais gay et quand j'ai fait mon coming out, j'en étais convaincu, du moins au début. Je me disais : « Mon Église m'a appris que Dieu ne pouvait pas m'aimer, OK. » Mais, j'ai reçu l'appel du sacerdoce très jeune. Quand j'avais 18 ans, je suis allé voir mon pasteur pour lui parler de mes « drôles de pensées », avant même de savoir ce qu'était un homosexuel. Et il m'a répondu : « Oh, mon Dieu, je sais ce que tu essaies de me dire. Tout ce que tu as à faire, c'est épouser une femme qui règlera ce problème. » Alors, j'ai épousé sa fille. Cinq ans et deux enfants plus tard, nous avons divorcé. Le problème n'était pas réglé. J'ai été appelé dans l'armée et j'ai passé deux ans à l'étranger. Quand je suis rentré, je suis tombé très amoureux d'un homme. C'était la première fois. Ce furent les six plus beaux – et les pires – mois de ma vie. Il voulait qu'on vive notre relation au grand jour, j'ai refusé, et il m'a quitté. J'ai tenté de me suicider, mais grâce à Dieu, mon colocataire m'a emmené à l'hôpital. C'est là qu'une infirmière afro-américaine m'a dit : « Je ne sais pas pourquoi tu as fait ça. C'est stupide. Je suis passée par là. » Et elle a ajouté : « N'y a-t-il pas quelqu'un à qui tu puisses parler ? Pourquoi tu ne cherches pas ? » Elle avait touché un point sensible. Quand je suis rentré chez moi, je me suis allongé sur mon lit, pensant à ce qui s'était passé et là j'ai ressenti la joie dans mon cœur. J'ai dit : « Mon Dieu, Vous ne pouvez pas m'aimer, je suis toujours homosexuel, ça n'a pas changé. » Même cinquante ans plus tard, je m'en souviens encore, Dieu me parla d'une douce voix et a dit : « Troy, je t'aime, et je n'ai ni beaux-fils ni filles. » Et alors j'ai su que je pouvais être gay et chrétien à la fois.
Je me suis mis à rencontrer des hommes. J'ai été dans un bar à Los Angeles, mon petit copain a été arrêté dans le bar pour avoir fessé un ami. À notre retour, il pleurait car personne ne se souciait de lui. Quand j'ai dit que Dieu et moi étions là, il m'a répondu que ce n'était pas vrai et que, lorsqu'il avait 15 ans, il avait été renvoyé du catéchisme parce que son prêtre craignait qu'il contamine d'autres enfants.
Je me suis adressé à Dieu ce soir-là : « D'accord, je pense avoir trouvé ma voie. Si Vous voulez qu'il y ait une église qui s'adresse particulièrement aux gays et lesbiennes, mais aussi ouverte à tout le monde. Dites-moi si c'est le moment. »
Et la voix apaisée me répondit : « C'est maintenant ! » J'ai donc publié une annonce dans *The Advocate*. J'ai indiqué que j'étais le révérend Troy Perry, j'ai donné l'adresse de mon domicile, la date de la réunion, le 6 octobre 1968. Douze personnes sont venues. Notre nombre n'a cessé de croître et, en 18 mois, nous étions un millier et avons pu acquérir un local. On croyait en l'action sociale chrétienne. Nous avons ouvert une banque alimentaire. Notre mission consistait à nourrir les affamés et vêtir ceux qui sont nus : nous marchions sur les traces de Jésus. J'ai aussi organisé des manifestations. Ce n'était pas facile d'être accepté. Il y avait des LGBTQ qui auraient souhaité que je ne sois pas un homme d'Église, mais ils ont tout de même reconnu que j'étais compétent vu que je gérais l'organisation la plus importante de l'époque. Mais pour la majorité, oh mon Dieu !, ils me sont tous tombés dessus. On me disait : « Vous ne pouvez pas être chrétien et homosexuel ! » J'ai débattu avec chacun. Ils étaient choqués de savoir que j'aimais les Saintes Écritures. Ils me citaient un passage, je pouvais en citer quinze ! On m'a craché au visage. On m'a giflé, on a même essayé de m'assassiner. Mais j'ai aussi été invité à la Maison-Blanche pour parler des droits homosexuels. Bill Clinton fut très gentil avec moi. J'étais chargé de la lutte contre les crimes de haine, j'ai été invité à la première conférence sur le sida, j'ai déjeuné avec le président Clinton et le vice-président Gore. Mon ami et moi-même avons été reçus par le président Obama pour célébrer le 40e anniversaire des émeutes de Stonewall. J'ai été honoré mais aussi une cible pour certains. L'une de nos églises fut incendiées et huit pasteurs ont été assassinés.
Aujourd'hui, certaines Églises accueillent les homosexuels. L'Église communautaire métropolitaine, ainsi que les gens comme moi, ont fait l'effort d'aller vers eux. L'Église méthodiste unie, les pentecôtistes et la Convention baptiste du Sud enseignent toujours que l'homosexualité n'est pas compatible avec l'Évangile. L'Église unie du Christ accepte les LGBTQ, mais seulement environ 45 % des églises libérales le font. Même constat au sein des églises unitariennes, où moins de la moitié accueille les homosexuels sans voir en eux des pêcheurs. Le débat est toujours en cours, et les querelles aussi. Mais même dans l'Église catholique, les prêtres disent souvent que le fait d'être homosexuel n'est peut-être pas si grave. La position officielle, toujours la même, consiste à dire que nous devons rester cachés. Pourtant, c'est le conseil le plus inepte. Le niveau d'hypocrisie chez les chrétiens, en particulier dans mon pays, avec les fondamentalistes et les évangéliques est juste énorme : des pasteurs ont été arrêtés pour toutes sortes de crimes. Aujourd'hui, je vois des jeunes qui se disent spirituels mais non religieux et je les comprends. Je ne cesse de rappeler aux gens de ne pas être des hypocrites. Je n'ai pas le temps de me consacrer à ceux qui s'engagent dans le mensonge, ceux qui sont homosexuels tout en qualifiant l'homosexualité de péché. Mon rôle est celui de dire à n'importe quel jeune que Dieu l'aime. Jésus nous connaissait avant même de venir au monde. Alors si Dieu me connaissait alors, il savait qui j'allais devenir à l'âge adulte. Faire son coming out et se trouver soi-même est une chose merveilleuse. C'est une nouvelle naissance. C'est enfin accepter que Dieu vous aime vraiment, et que vous pouvez rester dans votre Église et contribuer à faire évoluer les choses. Mais vous devez vous faire entendre et vous indigner, ne pas les laisser définir qui vous êtes, mais vous définir vous-même : une personne homosexuelle et chrétienne. Et aux transgenres, je dis : « Soyez vous-même. » Oui, ne laissez pas les autres vous définir. Je suis tellement en colère contre notre gouvernement que je ne sais plus quoi faire. Notre président – un fou – dit que les transgenres ne peuvent pas servir dans l'armée, mais elles y sont déjà. De quoi ont-ils peur ? Cela en dit long sur eux. Nous venons de célébrer le 50e anniversaire de la fondation de notre Église. Je regarde ce que nous avons réalisé et je n'en reviens pas. Nous avons pu accomplir tant de choses en si peu de temps. J'ai fondé l'Église à 28 ans. Aujourd'hui, nous sommes présents dans 37 pays. Beaucoup de choses ont changé – du moins jusqu'à ce président… Je nous regarde et je suis très heureux d'avoir vécu cette vie.

Ci-contre : Le révérend Troy Perry marie un couple gay en 1972. Il a fondé l'Église communautaire métropolitaine en 1968. Elle accueille et ordonne des personnes LGBTQ. Elle est aussi ouverte à tous, sans distinction.

« FAIRE SON COMING OUT ET SE TROUVER SOI-MÊME, C'EST L'UNE DES CHOSES LES PLUS MERVEILLEUSES QUI PUISSENT NOUS ARRIVER. C'EST UNE NOUVELLE NAISSANCE. »

RÉVÉREND TROY PERRY

TÉMOIGNAGE
PERSONNEL

RELIGION : LE RABBIN DEBORAH BRIN
L'UNE DES PREMIÈRES FEMMES RABBINS OUVERTEMENT HOMOSEXUELLES

J'étais en deuxième année d'université quand j'ai fait mon coming out. J'avais 19 ans. Ce fut difficile. On pouvait alors lire *Le Puits de solitude*, un roman à la fois déprimant et effrayant. Mais ce qui m'a donné un sens d'appartenance à une communauté fut le mouvement féministe musical, qui comptait beaucoup de lesbiennes comme Cris Williamson et Meg Christian. Durant ma jeunesse, les filles et les femmes n'étaient pas autorisées à participer pleinement à la vie religieuse. Notre accès à la bimah (le centre de la synagogue) était limité et nous n'avions pas le droit de lire la Torah. À la fin de mes études universitaires, j'étais vraiment en colère contre ça et j'ai décidé de m'inscrire dans une école rabbinique. Ce qui me motivait le plus, c'était mon désir de changer les choses.

Afin d'aller à l'école rabbinique, je devais vivre cachée, car on n'acceptait pas d'élèves ouvertement gays ou lesbiennes. Après mon diplôme en 1986, je suis devenue rabbin à la synagogue de la Congrégation Darchei Noam de Toronto. J'étais la seule femme rabbin du pays, on n'était que dix en Amérique du Nord à la tête d'une congrégation. J'étais donc au centre de l'attention. J'ai fini par révéler ma sexualité, avec tact, à la fois à ma congrégation et aux membres du conseil de la synagogue, et tout s'est très bien passé. J'étais la première à voir mon contrat renouvelé et ne pas être congédiée. Mais lorsque mon amie et moi avons décidé de nous fiancer, nous avons, par naïveté, invité des membres de la congrégation. Les gens se sont élevés contre moi. Certains ne pouvaient pas tolérer qu'une lesbienne vive sa sexualité au grand jour. Au travail, les relations se sont détériorées et j'ai donc démissionné. J'ai écrit une lettre à la congrégation publiée dans les *Canadian Jewish News*, et mon histoire a fait le tour de l'Amérique du Nord. C'était en 1992 et l'article était titré : « Un rabbin lesbien démissionne, dénonçant un environnement de travail oppressant ». Ma vie n'avait plus de secret pour personne. J'avais quitté mon travail et je pensais que ma vie et ma carrière étaient finies. Je me croyais vulnérable et sans avenir et je n'avais que 36 ans. Si je m'étais rendue à une conférence, on m'aurait pointée du doigt. Puis j'ai commencé à me détacher de cette situation. J'ai rompu avec ma copine et j'ai déménagé à Albuquerque, au Nouveau-Mexique, où peu de gens me connaissaient. C'était un nouveau départ. J'ai enfin pu être moi-même, intérieurement et extérieurement. Je n'avais pas à faire face à la question : « Est-ce qu'ils savent, ou pas ? » Me réaliser ainsi m'avait libéré. C'était difficile de trouver du travail. J'ai enseigné l'hébreu, j'ai été aumônière dans un centre de soins palliatifs, j'ai travaillé en maison de retraite, mais les choses ont changé quand je suis devenue enseignante au Grinnell College, et là je n'avais pas à dissimuler ma sexualité. Je me souviens d'une étudiante en dernière année très excitée à l'idée de faire ma connaissance après avoir découvert que j'étais citée dans l'ouvrage *Like Bread on a Seder Plate : Jewish Lesbians and the Transformation of Tradition* (1997) de Rebecca Albert. J'ai commencé à comprendre que je pouvais aider les autres. Je pouvais avoir une influence positive sur les étudiants en études rabbiniques gays en difficulté. J'ai accompagné et me suis liée d'amitié avec certains d'entre eux qui sont aujourd'hui rabbins. Je suis heureuse de dire que dans le monde juif libéral, la situation est très différente à présent. Je rencontre des gens qui n'ont absolument pas conscience qu'on pouvait être renvoyé d'une école rabbinique juste parce qu'on était gay ou lesbienne. Ce problème est derrière nous. Des transgenres ont été ordonnées au sein du mouvement du judaïsme reconstructionniste. Les gens sont plus conscients de ces problématiques. Souvent, il faut du temps pour s'adapter aux avancées. Les rabbins transsexuels sont mieux acceptés, mais la bataille est rude, comme pour nous au début. Mais ça va mieux. En regardant en arrière, je suis très fière de moi, mais aussi de la façon dont j'ai lutté pour garder mon intégrité. J'ai osé avoir la meilleure vie possible. J'ai pu faire partie d'un groupe de gens libéraux extraordinaires. Parmi eux, des collègues, des enseignants, des gays, des lesbiennes, mais également des alliés. Nous n'étions pas seuls. Je suis satisfaite quand je regarde en arrière. Que de chemin parcouru.

Ci-dessous : Deborah Brin, un des premiers rabbins lesbiens (parmi les premiers rabbins femmes également) au monde, photographié ici en 1986.

Ci-contre : Asifa Lahore, « première drag-queen musulmane » du Royaume-Uni, aujourd'hui militante transgenre, photographiée en 2018.

TÉMOIGNAGE PERSONNEL

RELIGION : ASIFA LAHORE

CONNUE COMME LA PREMIÈRE DRAG-QUEEN MUSULMANE DE GRANDE-BRETAGNE, ASIFA MILITE SUR L'INTERSECTIONNALITÉ, LA RACE, LE SEXE ET LA RELIGION.

Quand j'étais jeune, je devais jongler avec deux sources de pression. Avec la communauté asiatique, je subissais des propos homophobes et je ne disais rien. Et les vendredis soir, dans des lieux gays, j'entendais des remarques islamophobes ou racistes et je me taisais. Je me détestais de ne faire partie de l'une ou de l'autre communauté. J'ai toujours senti que je ne pouvais pas être LGBTQ et musulmane à la fois.
À l'université, je suis tombée amoureuse d'un musulman gay, je l'ai dit à mes parents, et les problèmes ont commencé. On m'a emmenée chez le médecin de famille. Il était asiatique, mais il m'a apporté son soutien, je dois le souligner. Il m'a dit que c'était naturel et que la famille devait s'en accommoder. Elle ne connaissait pas le mot « gay ». L'imam m'a suggéré de rester célibataire ou de me marier. C'était de plus en plus difficile pour moi et je me suis rendue sur les quais de la Tamise et j'ai pensé à m'y jeter. Je n'ai pas réussi et j'ai fini par me fiancer avec ma cousine au Pakistan. Je suis tombée en profonde dépression et mes études en ont pâti. Mes professeurs voyaient que je n'allais pas bien et ils ont voulu savoir pourquoi. Je me suis effondrée et je leur ai tout raconté. Ce fut une bénédiction et un tournant dans ma vie. J'ai reçu une aide et un soutien d'associations LGBTQ, j'ai rencontré d'autres musulmans LGBTQ et me suis rendu compte que j'étais intersectionnelle et que je devais en être fière. Je suis retournée chez mes parents et je leur ai dit que je n'allais pas épouser ma cousine, mais mon petit ami. Ce fut difficile, mais ils finirent par changer d'avis.
J'étais heureuse, je pouvais concilier toutes mes identités. Je me suis inscrite au concours Drag Idol et suis devenue la « première drag-queen musulmane de Grande-Bretagne ». J'ai commencé à poster des vidéos sur YouTube, à organiser des soirées et des espaces de discussion. Channel 4 a réalisé un documentaire sur moi : *Muslim Drag Queens*, visionné par plus de 1,1 million de personnes. Cela a suscité beaucoup d'attention et j'ai reçu des menaces de mort ainsi que d'innombrables insultes sur Internet. J'ai dû vivre sous protection. Le fait de me produire en drag-queen m'a ouvert des portes et, il y a deux ans, j'ai rendu publique ma transidentité. Mon mariage n'a pas survécu, mais j'ai été soutenue. Ma transition s'est bien déroulée et je suis devenue une vraie femme au sens biologique du terme. Je suis retournée au Pakistan et j'ai assisté au mariage d'un cousin. Des jeunes et mes vieilles tantes m'ont traitée comme une célébrité, malgré nos différences d'âge. Une partie des musulmans se revendique de la mouvance politisée qui n'acceptera jamais l'homosexualité ou une autre forme d'altérité. Mahmoud Ahmadinejad, ancien président de l'Iran, a déclaré : « Oh, nous n'avons pas beaucoup de gays en Iran. » Les érudits veulent que les gens pensent que les LGBTQ n'existent qu'en Occident, pas en Orient, mais avec l'essor des réseaux sociaux, les choses sont plus visibles partout dans le monde.
Je crois que la majorité des musulmans sont libéraux. En Asie du Sud, la plupart des gens sont très ouverts à l'idée de transidentité. C'est très clair dans une grande partie du monde musulman à condition de rester dans une logique binaire. Si vous voulez être une femme, vous devez l'être jusqu'au bout, c'est-à-dire ressembler et jouer les rôles assignés aux femmes. C'est très strict, mais dans ces conditions, c'est toléré.
Il n'y a qu'une minorité de personnes LGBTQ qui a cessé de faire l'autruche. Si plus de gens osaient en parler, il y en aurait plus à l'accepter. Au Pakistan, la moitié de la population est tolérante et souhaite seulement réussir dans la vie. Ensuite, il y a l'autre moitié conservatrice s'oppose à tout changement. Ils sont même contre les réseaux sociaux et Internet. Mais lorsqu'il s'agit de contester le conservatisme de la religion, tous font marche arrière, car c'est un blasphème et, c'est vrai ils pourraient être tués pour ça. C'est particulièrement vrai en Orient, moins en Occident. Les musulmans libéraux ne font rien pour faire avancer les choses. C'est la triste réalité.
De nombreux musulmans LGBTQ, même au Royaume-Uni, ne peuvent pas faire leur coming out. Il y a d'autres personnes comme moi, mais la plupart mènent des vies secrètes. Il y a quelques jours à peine, un musulman britannique d'origine asiatique d'une trentaine d'années s'est inscrit sur la mailing-list de mon club, mais a spécifié : « Je suis heureux de recevoir des courriels, mais pas des SMS au cas où ma femme et mes enfants les verraient. » Ces comportements sont très enracinés.
Je dirais aux jeunes musulmans : « Le moment est venu. Vous vivez une époque où vous pouvez avoir une voix, faire le choix de rester silencieux ou vous faire entendre. Ne sous-estimez jamais votre capacité à le faire. Même sur les médias sociaux, votre message peut être amplifié. Vous pouvez y trouver beaucoup de soutien. »
Aujourd'hui, je suis heureuse d'être Britannique, musulmane, transgenre, LGBTQ et artiste drag-queen. Je suis aussi également malvoyante. Je suis une personne unique. Tous les jours, je saute du lit au réveil. Plus je m'accepte, plus je suis heureuse.

FIERS DE SERVIR LEUR PAYS

De nombreux pays interdisent, ou ont interdit, aux personnes LGBTQ de servir dans l'armée.

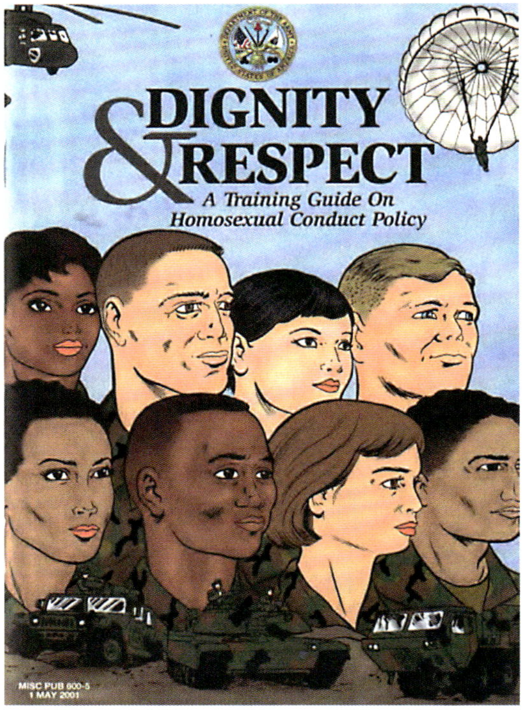

Cette interdiction affaiblit les armées et détruit parfois des vies. En 2017, Keith Biddlecombe a raconté à *Attitude* comment en 1956 – alors jeune marin de 20 ans de la Royal Navy – il avait été envoyé dans une prison militaire à Malte après avoir été retrouvé au lit avec un autre homme. Sous la contrainte, il avait avoué avoir eu des rapports avec un autre militaire. Lequel avait mis fin à ses jours lors de son arrestation.

Au Royaume-Uni, les médias et de vieux dignitaires de l'armée se sont indignés quand des militants ont fait campagne pour modifier la loi sur le recrutement de personnel LGBTQ. Dix ans après sa mise en œuvre, on constate que cette évolution n'a posé aucun problème. Aujourd'hui, les LGBTQ des forces britanniques participent aux marches des fiertés et y recrutent. L'armée leur parle diversité et les encourage à ne pas se cacher.

En 1975, le sergent technicien Leonard Matlovich, qui a reçu la Purple Heart pour ses services au Vietnam, a tenté de poursuivre en justice l'US Air Force pour avoir été démobilisé après avoir fait son coming out. Il a finalement accepté un règlement à l'amiable, mais son affaire lui a permis de faire la une du *Time*, faisant de lui l'un des gays les plus célèbres des États-Unis, et d'ajouter ainsi le sujet des LGBTQ dans l'armée à la liste des questions d'intérêt national. Il est décédé des suites du sida en 1988.

Un homosexuel afro-américain, Perry Watkins, a été enrôlé dans l'armée entre 1967 et 1968, alors qu'il affichait ouvertement sa sexualité. Et même, il se réengagea. Il déclarera quelque temps plus tard : « Chaque fois qu'ils ouvraient mon dossier, ça disait, "cet homme est homosexuel, mais il est exemplaire" ». Ce n'est qu'en 1981, alors devenu sergent, que son habilitation de sécurité a été révoquée. Après avoir traduit le gouvernement en justice, il put s'enrôler de nouveau et à servir jusqu'en 1984. Il continua à se battre et, en 1988, la justice se prononça en sa faveur. C'était la première fois qu'un tribunal américain se prononçait contre l'interdiction de servir aux membres de la communauté gay et lesbienne. Perry reçut une promotion, des arriérés de salaires, une pleine retraite et une sortie honorable, car il choisit lui-même de ne pas rempiler. Il confia plus tard qu'il faisait partie des oubliés de la lutte contre l'exclusion des LGBTQ de l'armée parce qu'il était noir, qu'il affichait sa sexualité et parfois en drag-queen. Perry est décédé en 1996, à l'âge de 47 ans, des suites du sida. Bien que le cas de Perry fut historique, la

Ci-dessus, à gauche : Manuel de l'armée américaine sur le comportement homosexuel, publié par le Pentagone pour les militaires en 2001.

Ci-dessus, à droite : Affiche de la campagne pour l'égalité, vers 1976.

Ci-contre : Perry Watkins a poursuivi l'armée en justice en raison de l'interdiction de s'engager dans l'armée car il était homosexuel.

WATKINS
U.S. A

CHOI

politique militaire n'a que peu évolué. En 1993, le président Bill Clinton, qui s'était engagé à empêcher leur renvoi, a fini par céder au compromis du « *Don't ask, don't tell* » (« Ne demandez pas, n'en parlez pas »). Les militaires ne seraient plus licenciés pour avoir eu des relations sexuelles gays, à condition de rester discrets. Aucun homosexuel affiché ne pouvait être entrer dans l'armée, car cela « créerait un risque inacceptable contre les principes moraux, l'ordre, la discipline et la cohésion qui forment l'essence des forces armées ». Considérée alors comme une avancée, cette politique a fait l'objet de campagnes intenses pendant deux décennies.

Le lieutenant Daniel Choi qui a combattu en Irak en tant qu'officier d'infanterie, puis dans la Garde nationale de New York, a fait son coming out, en signe de protestation, lors du Rachel Maddow Show en 2009. Renvoyé, il a entamé une campagne acharnée pendant laquelle il s'est enchaîné aux grilles de la Maison-Blanche, a fait une grève de la faim, symbolisant le mouvement opposé au « Don't ask, don't tell ».

En 2011, le président Obama abrogea la loi et déclara : « À partir d'aujourd'hui, les Américains patriotes en uniforme n'auront plus à mentir sur qui ils sont afin de servir leur pays bien-aimé… Nos armées ne perdront plus les compétences extraordinaires et l'expérience de combat de nombreux militaires gays et lesbiens. » Au total, plus de 14 500 soldats avaient perdu leur emploi à cause de cette loi.

Mais en 2017, le président Trump a provoqué l'indignation de la communauté internationale en déclarant qu'il interdirait aux personnes transgenres de servir dans l'armée américaine. En 2018, faisant face à une contre-attaque judiciaire, la Maison-Blanche a indiqué que les membres actifs ne seraient pas démis de leurs fonctions, mais étaient tenus de servir selon leur « sexe à la naissance », accordant ainsi au Pentagone une certaine discrétion dans l'application de la loi. La question devra être tranchée par les tribunaux.

Ci-dessus : Les sourires de tous quand le président Barack Obama a signé l'abrogation de la politique du « Don't ask, don't tell » en septembre 2011.

Ci-contre : Daniel Choi a servi en Irak entre 2006 et 2007. Il a participé au Rachel Maddow Show en 2009 pour s'opposer au « Don't ask, don't tell ».

Pays autorisant les personnes lesbiennes, gays et bisexuelles à servir dans l'armée en 2018
(ceux qui autorisent les transsexuels sont marqués du symbole T)

Afrique du Sud	Danemark (T)	Pérou
Albanie	Espagne (T)	Philippines
Allemagne (T)	Estonie (T)	Pologne
Argentine	États-Unis	Portugal
Australie (T)	Finlande (T)	République Tchèque (T)
Autriche (T)	France (T)	Roumanie
Bahamas	Grèce	Royaume-Uni (T)
Belgique (T)	Irlande (T)	Russie
Bermudes	Israël (T)	Serbie
Bolivie (T)	Italie	Singapour
Brésil	Japon	Slovénie
Bulgarie	Lithuanie	Suède (T)
Canada (T)	Luxembourg	Suisse
Chili	Malte	Taïwan
Colombie	Nouvelle-Zélande (T)	Thaïlande
Corée du Nord	Norvège (T)	Uruguay
Croatie	Pays-Bas (T)	

LE MARIAGE

En 1970, un an après Stonewall, les étudiants Richard Baker et James Michael McConnell ont intenté un procès à l'employé du comté de Hennepin, dans le Minnesota, pour s'être vu refuser une licence de mariage parce qu'ils étaient de sexe masculin. Deux ans plus tard, la cour locale débouta les plaignants avant que la Cour suprême du Minnesota ne confirme cette décision. C'est ainsi que commença le combat pour le mariage homosexuel.

En 1979, les Pays-Bas instaurent la « reconnaissance de cohabitation non enregistrée » ; la première fois dans le monde que les couples de même sexe conquéraient de maigres droits. En 1984, à Berkeley, en Californie, Leland Traiman et Tom Brougham obtiennent un nouveau contrat des employés municipaux, utilisant pour la première fois le terme de « partenaire conjugal ». En 1985, West Hollywood est la première ville américaine à créer un registre des unions. En 1996, le président Bill Clinton promulgue un projet de loi homophobe, The Defense of Marriage Act, ou DOMA, qui définissait le mariage comme une union entre un homme et une femme. Certains pays tels que la France et l'Allemagne garantissent des protections juridiques pour les homosexuels. En 1999, la France met en place le PACS pour partenaires du même sexe, et, en 2001, l'Allemagne accorde aux couples homosexuels quasiment les mêmes droits qu'aux hétérosexuels mariés. La même année, les Pays-Bas sont le

Ci-dessus : Des milliers de personnes se sont rassemblées à la mairie de Sydney en 2017 en soutien au référendum par voie postale. Les bulletins de vote posaient cette question : « La loi devrait-elle être modifiée pour permettre aux couples de même sexe de se marier ? » 61,6 % ont dit oui.

Ci-contre : En 2013, Edie Windsor a réussi à faire en sorte que la Cour suprême des États-Unis annule l'article 3 du Defense of Marriage Act.

WE WON!

premier pays à légaliser le mariage homosexuel. La Belgique fait de même en 2003, suivie de l'Espagne et du Canada en 2005 et enfin de l'Afrique du Sud en 2006.

Au tournant du millénaire, au Royaume-Uni, les militants pensent que le vent tourne quand le gouvernement Blair abolit les lois homophobes. On considère alors le mariage homosexuel comme un luxe, mais en réalité, l'absence de partenariat entretenait une situation désastreuse. Des cas horribles étaient fréquents comme des femmes chassées de leurs logements occupés pendant 30 ans après le décès de leur amie, ou des hommes auxquels on interdit l'accès à la chambre d'hôpital où mourait leur partenaire après un accident de voiture. Puis, en 2004, le Parlement vota le Civil Partnership Act. Début décembre 2005, dans un climat chargé d'émotion, eut lieu la première cérémonie entre Christopher Cramp et Matthew Roche, qui mourut le lendemain d'un cancer. Ils avaient reçu une autorisation spéciale sans respecter le délai d'attente obligatoire. On célébra des unions en Irlande du Nord et en Écosse, et, le 21 décembre 2005, tous les couples anglais et gallois ont pu nouer des partenariats civils. Les images de l'union de Sir Elton John et David Furnish ont fait le tour du monde.

En France, en 2004, François Hollande engage son parti en faveur de la légalisation du mariage homosexuel. La mesure devient promesse électorale en 2012, promesse tenue après l'élection en 2012.

En 2010, cinq ans après la loi sur les unions civiles au Royaume-Uni, Peter Tatchell lance la campagne Equal Love pour le mariage homosexuel. Le Premier ministre David Cameron, qui avait fait la couverture d'*Attitude*, soutenait la campagne pour donner une image moderne du parti conservateur. Mais des voix s'élevèrent au sein même du parti et des homosexuels s'y sont opposés (l'association Stonewall n'a pas immédiatement soutenu le projet). Le mariage homosexuel est enfin légalisé en Angleterre, en Écosse et au Pays de Galles, et les premiers mariages ont lieu le 29 mars 2014.

De l'autre côté de l'Atlantique, une incroyable héroïne du mouvement LGBTQ se fait connaître : Edie Windsor, âgée de 83 ans. Edie avait partagé plus de 40 ans de sa vie avec Thea Spyer. Elles ont conclu un partenariat à New York en 1993 et se sont mariées au Canada en 2007. À la mort de Thea en 2009, Edie a dû payer des droits de succession de 363 053 dollars, ce qu'elle n'aurait pas eu à payer si le pays avait reconnu le mariage homosexuel. En 2010, elle intenta un procès au gouvernement pour obtenir le remboursement et obtint gain de cause deux ans plus tard.

L'année suivante, la Cour suprême déclara que la DOMA était anticonstitutionnelle. Le 26 juin 2015, à la veille de la Gay Pride, la Cour suprême revint sur 50 ans de jurisprudence et annula le jugement rendu dans l'affaire intentée par l'étudiant Richard Baker en 1972, autorisant ainsi le mariage homosexuel dans les 50 États. Une foule enthousiaste a accouru au Stonewall Inn, le théâtre d'un changement crucial cinq décennies auparavant, et on a dansé, chanté et pleuré toute la nuit.

Cet élan a gagné d'autres régions du monde. L'Allemagne, où l'on pouvait conclure des partenariats de vie depuis 2001, vota le mariage en 2017. La chancelière Angela Merkel a toutefois voté contre, en accord avec sa conviction du mariage étant une union « entre mari et femme ».

L'Irlande annonça l'organisation d'un référendum sur la question. En mai 2015, on assista à des scènes impressionnantes quand des Irlandais du monde entier rentrèrent au pays pour voter. Pour la première fois, enfants, parents et grands-parents eurent l'occasion de parler de sexualité, donnant lieu à des conversations émouvantes diffusées sur YouTube. Les résultats tombèrent le 23 mai. Avec un taux de participation de 60,5 %, 62 % ont voté en faveur du mariage homosexuel et 38 % contre. Le peuple irlandais entrait dans l'histoire en tant que première société à avoir voté en faveur du mariage homosexuel. Le mois suivant, 20 000 militants défilèrent à Belfast pour réclamer l'égalité du mariage en Irlande du Nord où elle n'est toujours pas légalisée à ce jour.

En août 2017, à peine deux décennies après la décriminalisation des rapports sexuels entre hommes en Tasmanie, le Premier ministre australien Malcolm Turnbull annonça que le pays organiserait un plébiscite sur l'égalité du mariage. La nouvelle déclencha des vagues d'enthousiasme et d'opposition. L'Australie, qui a acquis la réputation d'organisateur des plus grandes fêtes LGBTQ au monde avec le Sydney Gay and Lesbian Mardi Gras, a également une tradition de conservatisme social et le référendum a fait ressurgir de profondes divisions. L'ancien Premier ministre Tony Abbott (opposé à la réforme malgré sa sœur lesbienne) a été frappé pendant la période de consultation (sous forme d'un référendum consultatif par voie postale) par une personne qui a déclaré l'avoir fait parce que, je cite : « Je savais que je n'en aurais plus jamais eu l'occasion. » Le dirigeant de Qantas, l'une des nombreuses entreprises nationales à soutenir publiquement la réforme, s'est fait entarter par un manifestant chrétien. Certaines personnes ont affirmé avoir été intimidées au travail en raison de leur intention de vote.

Le 14 novembre 2017, les résultats ont montré que plus de 61,6 % (sur un taux de participation énorme de 79,5 %) étaient en faveur du mariage homosexuel. Le Marriage Amendment (Definition and Religious Freedoms) Act (2017) a été adopté par le Parlement le 7 décembre et est entré en vigueur deux jours plus tard. Les premiers mariages ont eu lieu le 15 décembre.

Pays qui autorisent le mariage entre personnes de même sexe
(en novembre 2017)

Allemagne	Espagne	Nouvelle-Zélande
Afrique du Sud	États-Unis	Norvège
Argentine	Finlande	Pays-Bas
Australie	France	Portugal
Belgique	Islande	Royaume-Uni
Brésil	Irlande	Suède
Canada	Luxembourg	Uruguay
Colombie	Malte	
Danemark	Mexique	

Ci-contre, en haut à gauche : En 2017, Bode Mende et Karl Kreile signent leur acte de mariage à Berlin. C'est le premier couple gay allemand marié.

Ci-contre, en haut à droite : Des couples néerlandais découpant le gâteau de mariage après avoir été unis en 2001 par le maire d'Amsterdam, Job Cohen.

Ci-contre, en bas : Scène de joie à Dublin après le vote en faveur du mariage homosexuel lors du référendum de 2015. L'Irlande est devenue le premier pays à opter pour le mariage gay au suffrage universel. Le « oui » l'a emporté avec 62,3 % des suffrages.

En haut : Le 16 juin 2015, à San Francisco, une foule se forme sur Castro Street après la décision de la Cour suprême des États-Unis de faire du mariage homosexuel un droit constitutionnel fédéral.

En bas : Des Franco-Canadiens manifestent en 2013 devant le consulat de France de Montréal, à l'occasion du mariage pour tous en France. On peut lire sur l'une des pancartes : « Marié au Québec, célibataire en France ! Mettons fin à ces contradictions ! »

Ci-contre : Un couple s'embrasse devant le Congrès argentin avant le vote du Sénat sur le mariage homosexuel. En 2010, l'Argentine fut le premier pays d'Amérique latine à autoriser le mariage homosexuel.

La

GEORGINA BEYER

PREMIÈRE PARLEMENTAIRE OUVERTEMENT TRANSGENRE. ELLE A SIÉGÉ AU PARLEMENT DE NOUVELLE-ZÉLANDE ENTRE 1999 ET 2007.

Généralement, les gens me considèrent comme une pionnière, ce qui sous-entend que je suis une solitaire, quelqu'un qui esquisse son propre chemin avant de l'emprunter. Personne ne m'a donné de manuel. Je n'ai fait qu'utiliser mes propres moyens pour influer ma vie. Prenez par exemple mon expérience de comédienne, que ce soit au cinéma, à la télévision ou dans les drag shows, cela m'a appris à être à l'aise devant la foule, et même à en tirer du plaisir. On voit en moi une oratrice. Tout vient de là. Ce sont des compétences transférables.
En tant que transsexuelle, j'avoue que je ne pouvais pas rêver d'une telle expérience en politique. Certes, J'ai dû relever des défis. J'ai été en danger de mort. Étonnamment, ce n'était pas aussi difficile qu'on aurait pu le penser. Mais ce qui compte dans cette histoire, ce sont les personnes qui m'ont élue. C'est bien à ce niveau-là que s'est produit le vrai changement.
Pour ma première élection, je visais un siège au conseil du district de Carterton. Avec mes partisans nous n'y avons vu qu'une tribune pour parler de problèmes sociaux, et l'idée d'être élus ne nous a jamais traversé l'esprit. Sans doute doutais-je de moi-même parce que transgenre et aussi par rapport à mon passé haut en couleur. Je n'avais rien dissimulé. J'en étais incapable. Pourquoi l'aurais-je fait ? Être transgenre et ancienne travailleuse du sexe était un peu inhabituel pour un électorat conservateur néo-zélandais et j'étais un peu plus intéressante que d'habitude pour un candidat, mais ils ont apprécié ma parfaite honnêteté.
Je ne l'ai pas perçu comme un problème. Je n'ai pas honte de qui je suis, de ce que je suis. Mais j'ai senti la responsabilité – que je me suis moi-même imposée – de me conduire de façon exemplaire.
Si vous avez des cadavres dans votre placard, je suggérerai de les révéler avant d'intégrer le monde de la politique. Il faut être bien dans sa peau.
Vous ne devriez rien n'avoir à cacher. Soyez fier de qui vous êtes. Ne vous enfermez pas dans une logique victimaire. Ne soyez pas trop dans le conflit ni dans la réaction. Il faut se créer une carapace.
Tout ce que fait un élu public est minutieusement passé au crible, vous devez donc agir avec prudence et responsabilité. Si vous avez des secrets, ils se transformeront en fardeaux.
Tout le monde me respectait au Parlement. Je ne pense pas avoir fait l'objet de plus de pression qu'un autre député. Même si je l'ai déjà mentionné dans ma première allocution, j'ai essayé de ne pas tenir compte du fait d'être transgenre. Je suis devenue la cible d'une haine qui venait de l'extérieur du Parlement. Mais vous devez prendre de la hauteur et ne pas les laisser gagner. Les haineux ont fini par se désagréger en groupes marginaux que personne ne respectait.
Traitez les autres comme vous souhaiteriez être traité. Soyez déterminé, quelqu'un qui réfléchit avant d'agir. Faites l'effort de comprendre le monde dans lequel vous travaillez et vivez, qu'il s'agisse des affaires, de la politique ou d'autre chose. Nous avons des personnes transgenres qui travaillent dans tous les domaines, sans exception.
Les 50 dernières années ont changé la vie des communautés LGBTQI+. C'est un bouleversement. Nous étions nombreux à faire l'expérience d'une libération personnelle. Nous avons été en mesure de participer plus activement à la société, d'être acceptés et reconnus. C'est tellement différent du temps où nous avons entamé ce parcours.

Ci-dessus : En 2012, Georgina Beyer a participé à un *hikoi* (terme maori désignant une manifestation, une marche ou un défilé). Le hikoi Aotearoa Not for Sale a causé la fermeture de plusieurs routes autour de Wellington.

LES DROITS DES TRANS

1910
Le terme « travesti » est utilisé pour la première fois par le sexologue allemand Magnus Hirschfeld.

1930
La Danoise Lily Elbe subit une chirurgie de réattribution sexuelle.

1949
Le terme « transsexuel » fait sa première apparition.

1952
Christine Jorgensen apparaît sur la couverture du *New York Daily News* avec en titre « L'ex-GI devient une beauté blonde ».

1958
Michael Dillon, un médecin de la Royal Navy, est outé par le *Daily Express* et est obligé de fuir le pays.

1961
Le mannequin britannique et figure mondaine April Ashley est outée par le *Sunday People* mettant un terme à sa carrière.

1964
Reed Erickson, transsexuel et philanthrope américain, fonde la Erickson Educational Foundation pour soutenir les LGBTQ.

1966
Naissance de la Beaumont Society au Royaume-Uni, un groupe de soutien à la communauté transsexuelle.

1971
Le terme « transgenre » est utlisé pour la première fois.

1972
La Suède devient le premier pays à autoriser les personnes transgenres à changer légalement de sexe.

1974
L'écrivain Jan Morris fait son coming out dans son autobiographie *Conundrum*.

1981
L'actrice et mannequin Tula (Caroline Cossey) est outée par *News of the World* après être apparue dans le James Bond, *Rien que pour vos yeux*.

1986
Lou Sullivan fonde le groupe de pression FTM International.

1987
La joueuse de tennis américaine Renee Richards intente un procès à la US Tennis Association et obtient le droit de jouer en tant que femme.

1992
Vétéran des émeutes de Stonewall, Marsha P. Johnson est retrouvée morte dans l'Hudson River. Le coroner conclut à un suicide.

1993
Brandon Teena, adolescent transgenre, est assassiné dans le Nebraska.

1998
Création de la Journée du souvenir trans pour attirer l'attention sur la violence transphobe après le meurtre de la transgenre Rita Hester.

2000
Hilary Swank remporte l'Oscar de la meilleure actrice pour son interprétation de Brandon Teena dans *Boys Don't Cry* (1999).

2002
Sylvia Rivera, vétéran de Stonewall, décède d'un cancer à 50 ans.

2004
Nadia Almada, femme trans d'origine portugaise, remporte la finale de l'émission britannique « Big Brother ».

2008
Le meurtrier de la trans américaine, Angie Zapata, est déclaré coupable de meurtre au premier degré et de crime de haine.

2007
Candis Cayne est recrutée pour *Dirty Sexy Money*, devenant la première transsexuelle à jouer un transsexuel récurrent dans une série en prime time.

2008
Chaz Bono, fils de Cher et Sonny Bono, annonce sa transition.

2010
Laverne Cox devient la première transsexuelle afro-américaine à produire et à jouer dans sa propre émission, « TRANSform Me » sur VH1.

2011
L'écrivaine américaine Janet Mock rend publique sa transidentité dans *Marie-Claire*.

2013
Paris Lees figure en tête de la Pink List de l'*Independent on Sunday* et est le premier trans du panel de l'émission « Question Time » de la BBC.

2014
Lancement de la série télévisée centrée sur un personnage trans, *Transparent*. Laverne Cox fait la couverture du *Time*.

2016
Benjamin Melzer est le premier homme transsexuel à figurer sur une couverture européenne de *Men's Health*.

2017
Le président Trump annonce son intention d'interdire aux personnes transgenres de servir dans l'armée américaine.

2018
Daniela Vega devient la première actrice ouvertement trans à présenter un prix aux Oscars.

2019
La Cour suprême des États-Unis autorise l'interdiction des transgenres dans l'armée réclamée par Trump.

TÉMOIGNAGE
PERSONNEL

PARIS LEES

MILITANTES DES DROITS TRANSGENRES, PRÉSENTATRICE ET ÉDITORIALISTE AU *VOGUE* ANGLAIS

Début 1961, les débuts de l'actrice et mannequin, April Ashley, semblaient prometteurs. Photographiée par David Bailey, elle avait honoré les pages du *Vogue* anglais et décroché un petit rôle dans le film *Astronautes malgré eux*, aux côtés de Bing Crosby et Bob Hope. Puis, sa vie a été bouleversée pour toujours, lorsqu'un matin elle a découvert qu'elle était la cible du tabloïd, *Sunday People*, qui titrait : « Son secret est révélé », exposant sa trans-identité. Son nom fut instantanément effacé des crédits du film, et personne ne voulait plus d'elle comme mannequin. Du jour au lendemain, elle passa du statut de star à celui de paria sur qui on crachait dans la rue. Dans les années 1970, les tribunaux ont annulé son mariage au motif qu'elle était, aux yeux de la loi, un homme. Cette affaire a créé une jurisprudence qui a empêché les transsexuels de faire reconnaître leur genre jusqu'en 2004, suite à des années d'efforts du lobby Press For Change. Aujourd'hui, April a 83 ans. J'ai eu l'honneur de la rencontrer deux fois, et même si elle est au troisième acte de sa vie, elle est toujours d'une beauté hors du commun, scandaleuse et incroyablement drôle. J'aurais aimé que les choses se soient passées différemment pour elle.

Bien que nous ayons changé de millénaire, les choses n'ont pas beaucoup bougé quand je fus confrontée à la perspective d'une puberté masculine non désirée. Aussi loin que je me souvienne, je savais que j'étais une fille, mais autour de moi on était convaincu que je devais être un garçon, car j'avais un pénis, etc. Ma mère m'a laissé jouer à la poupée et écouter les Spice Girls, mais pas question que je pense à devenir une fille. J'avais intériorisé l'idée que j'allais grandir en garçon efféminé, puis en ou drag-queen. Si seulement... Je sentais que quelque chose clochait en moi. Que j'étais anormale, perverse et inférieure. C'est ce que j'entendais tous les jours à l'école. J'ai été agressée, j'ai reçu des crachats et des coups. Je m'en suis pris plein la figure. À la maison, la personne qui était censée me protéger me tirait les oreilles parce que je parlais « comme un pédé ». J'ai pardonné à mes parents car ils ne savaient tout simplement pas quoi faire de moi. Comment pouvait-il en être autrement ? La seule fois où ils avaient vu des transsexuels dans les médias, c'était toujours sous le prisme du ridicule, de la pitié ou du dégoût. *Idem* pour moi.

Dieu merci, le débat autour de l'attitude à avoir avec des enfants comme moi a pris une tournure positive. De plus en plus de données viennent confirmer ce que j'ai toujours su : ce n'est pas en brutalisant un enfant trans qu'il deviendra « normal ». Une étude publiée dans le *Journal de l'Académie américaine de psychiatrie de l'enfant et de l'adolescent* (« *Mental Health and Self-Worth in Socially Transitioned Transgender Youth* » de Lily Durwood, Katie A. McLaughlin et Kristina R. Olson) de février 2017 a montré que permettre aux enfants trans de faire leur transition sociale élimine pratiquement tous risques élevés de dépression et de faible estime de soi. Des recherches comme celles-ci sont la raison pour laquelle, en septembre 2018, l'Académie américaine de pédiatrie a publié une recommandation d'accepter et d'aimer les enfants trans pour ce qu'ils disent être.

Comme me l'a dit ma mère récemment : « Si j'avais su ce que je sais maintenant, je t'aurais mis une robe et tu aurais été heureuse. » J'aurais aimé qu'elle le fasse. Je le regrette. Cela m'aurait évité des années inutiles d'indicibles souffrances.

En 2015, le suicide de l'adolescente trans Leelah Alcorn m'a profondément émue. Ses parents ont refusé de l'accepter en fille et l'ont forcée à vivre en garçon. Une nuit, elle s'est jetée sous une voiture. Elle avait 17 ans. Elle a laissé une lettre avec un message très clair pour ceux d'entre nous qui n'ont pas été poussés au suicide : « Réparez la société »

Il existe une autre façon d'agir. En 2016, j'ai rencontré une jolie fille de 16 ans soutenue par sa famille et son école. Elle rayonnait de dynamisme et se projetait dans le futur. Je suis restée en contact avec elle sur Instagram et je suis heureuse de dire qu'elle se débrouille très bien. Son profil n'est que fêtes et vacances en famille. Heureusement, de plus en plus d'enfants sont soutenus par leurs écoles et leurs familles. Ils profitent de ce dont Avril et moi nous ne pouvions que rêver d'avoir, une acceptation inconditionnelle. L'association Mermaids fait un travail magnifique et vital pour venir en aide à ses jeunes et à leurs familles, malgré les attaques incessantes de la presse de droite, toujours hostile aux transsexuels depuis qu'elle a ruiné la carrière d'April Ashley en 1961. La situation n'a pas évolué, elle a même empiré. Remonté contre la presse qui n'a pas cessé de harceler l'institutrice Lucy Meadows pendant les mois qui ont précédé sa mort, le coroner chargé d'enquêter sur son suicide déclara aux journalistes : « Honte à vous tous. » Ces dernières années, les médias britanniques ont attisé la « panique morale », à la manière de la section 28, concernant les enfants transgenres. Le gouvernement Thatcher a introduit cet article pour interdire aux écoles de « promouvoir l'homosexualité ». Cette hystérie collective selon laquelle les enfants pourraient être poussés à « devenir gays » s'est transformée en une peur irrationnelle. Selon Janice Turner dans le *Times* du 11 novembre 2017, les enfants sont « sacrifiés pour apaiser le lobby trans ». Je n'ai aucune idée de ce qu'est ce lobby, mais on peut supposer que cela fait référence aux gens comme moi qui défendent l'idée controversée que les enfants trans devraient être aimés et acceptés. Malheureusement, nous vivons toujours dans un monde où nous nous faisons cracher dessus dans la rue. Mais c'est aussi un monde où les transgenres font la couverture de magazines et remportent des prix, où nous arpentons fièrement les podiums et où nous sommes invités à la télévision pour parler de sujets qui n'ont rien à voir avec le fait d'être trans. En 2013, j'ai été la première femme ouvertement transgenre à participer à l'émission phare de débat de la BBC, « Question Time ». Depuis lors, on voit plein de transsexuels qui réussissent dans tous les domaines, de l'écrivaine à succès de la littérature de jeunesse, Juno Dawson, à la merveilleuse Laverne Cox, une figure incontournable des tapis rouges de la saison des remises des prix à Hollywood. J'ai le sentiment que si April Ashley débutait aujourd'hui, elle ferait la couverture de *Vogue*. Bien sûr, la vie ne se limite pas aux médias, mais j'espère que les perceptions du public changeront, et que les personnes transsexuelles en ressentiront les bénéfices.

Ci-contre : Paris Lees a été la première transgenre à faire partie du panel de l'émission « Question Time » sur la BBC, première à avoir trôné en haut de la Pink List du *Independent on Sunday* et première transsexuelle à collaborer au *Vogue* anglais.

TÉMOIGNAGE PERSONNEL

TRAVIS ALABANZA

ARTISTE, ÉCRIVAIN, METTEUR EN SCÈNE ET MILITANT LGBTQ

Au cours des quatre ou cinq dernières années, ce que j'appelle l'ère post-Caitlyn Jenner, la communauté transsexuelle a été scrutée à la loupe et le genre n'a jamais suscité autant d'intérêt. Beaucoup de *Millennials* croient que toutes ces identités sont nouvelles. Cependant, mon travail tente, en grande partie, de dire que, bien que certains termes soient nouveaux, comme celui de « non-binaire », la perception que les personnes ont d'elles-mêmes n'a pas changé depuis des siècles. Ce n'est pas la première fois qu'une personne se considère ni tout à fait homme, ni tout à fait femme. Nous avons toujours existé. Dans le documentaire, *Paris is Burning*, les noirs queers se jouaient du genre, et pas seulement d'un point de vue esthétique. Ainsi ils se qualifiaient eux-mêmes de « queens », en utilisant des mots non genrés.

Agir comme si notre sexualité et notre personnalité n'étaient pas directement liées à notre genre, c'est ignorer comment les gens nous perçoivent. Lorsque nous avons été agressés par des homophobes, c'est parfois parce que nous avons montré des signes d'affection en public, mais la plupart du temps, les homosexuels sont punis pour exprimer leur genre de façon féminine. Il y a toujours une corrélation entre l'expression non conforme du genre et notre communauté. Si nous avons enrichi le vocabulaire qui nous qualifie, c'est bien pour gagner en autonomie. Cela va peut-être trop vite et on a du mal à suivre, mais pour moi, c'est une victoire d'entendre des trans dire : « C'est mon corps, c'est ce que je suis, et je peux proclamer ce que je suis et comment vous me percevez et vous vous adressez à moi. »

J'ai découvert l'œuvre de James Baldwin à l'âge de 15 ans et cela a complètement changé mon idée de ce que signifiait être queer. J'observais la culture gay du Royaume-Uni et je voyais des gays blancs et des drag-queens blanches et je ne comprenais pas s'il fallait en rire… Tout cela me dépassait, je me suis dit que je n'étais peut-être pas gay. Mais à 17 ans, je suis allé à Oakland, en Californie, en camp de vacances pour queers de couleur (le camp Black Girl Dangerous). J'ai rencontré des personnes qui exprimaient leur genre de différentes façons, y compris, pour la première fois, quelqu'un qui disait « ils » pour parler d'eux-mêmes. J'ai demandé pourquoi. Et « ils » m'ont répondu : « Oh, on ne donne pas beaucoup d'importance au genre ». J'ai tenté l'expérience et c'était comme si on m'avait déchargé d'un poids. Il ne s'agit pas de faire du zèle au sujet de mon identité « non binaire », mais uniquement aspirer à une vie apaisée. Quand je ne me focalise pas sur le fait d'être un homme ou une femme, ou en transition, etc., je suis plus décontractée.

Sur la question de la race, je pense que la communauté évolue. Il y a huit ou neuf ans, lorsque je feuilletais des magazines, il n'était pas rare de n'y trouver aucune personne noire. On n'aurait certainement pas vu une couverture avec uniquement des noirs. Je me demande s'ils font cela pour vendre des magazines, ou bien l'enjeu est autre. Nous sommes à l'ère de ce que j'appelle le « capitalisme de la diversité », où celle-ci rapporte de l'argent. Quand les gens de couleur queers ne seront plus tendance, continuera-t-on à se battre pour nous ? Quand je pense aux questions de race, je pense à l'assurance maladie, à la PrEP, à la prévention au VIH, à l'économie et à l'emploi. Les personnes noires et queers sont toujours sous-représentées, surtout les femmes noires transgenres. Elles sont encore isolées. Mon travail m'amène à parcourir le pays. Je rencontre des personnes noires queers et trans : elles sont souvent livrées à elles-mêmes et doivent faire face à une multitude de problèmes.

Ce que j'aime dans les émeutes de Stonewall, un événement qui mérite d'être glorifié, c'est qu'il semble avoir été un moment où la communauté était unie, ne présentant plus aucune fracture. Lorsque vous regardez les photos, vous voyez des drag-queens se battre aux côtés de transgenres, des gays blancs et de lesbiennes d'origines différentes. Ils étaient tous unis, non pas une unité clichée et sirupeuse, mais luttant contre la violence de l'État. De mon vivant, je n'ai jamais vu un tel exemple. Faisons en sorte de régler nos différends internes tout en nous opposant à ces puissantes forces extérieures.

À l'occasion du 50e anniversaire de Stonewall, je pense que l'action directe est la solution. C'est ma façon de faire mon devoir. Pour moi, le déclic a été le procès de Stansted 15, concernant des activistes qui ont tenté d'empêcher l'expulsion de migrants par avion. Le groupe composé principalement de queers a été reconnu coupable d'actes terroristes. À ses débuts, le militantisme queer, enraciné dans l'action directe, avait une conception « physique » du groupe. Celle-ci s'oppose à la version médiatique en papier glacé de l'identité queer. Si les émeutes de Stonewall doivent nous rappeler une chose, c'est que le changement commence dans la rue.

Ci-contre : Une photo de Travis Alabanza datant de 2018, prise par Eivind Hansen et publiée dans *Paper*.

CULTURE :
LE SPORT

Imprégné de machisme et abreuvé par l'argent des sponsors, le monde du sport professionnel a pris du retard en termes de représentation des LGBTQ. Des sportifs, comme le rugbyman Gareth Thomas, disent avoir eu le sentiment de ne pas avoir pu concilier leur sexualité avec leur amour du sport, tandis que d'autres furent incapables d'en parler, par crainte de perdre des contrats lucratifs ou leurs supporters.

Un des premiers sportifs professionnels américains à faire son coming out fut Glenn Burke, joueur de la Ligue majeure de baseball aux Los Angeles Dodgers et aux Oakland Athletics entre 1976 et 1979. Bien qu'il ait révélé son homosexualité à ses coéquipiers, la direction des Dodgers lui a offert 75 000 dollars pour se marier, ce qu'il a refusé. Il a pris sa retraite à 27 ans en déclarant que « les préjugés ont triomphé ». Il est décédé des suites du sida en 1995.

En 1981, la joueuse de tennis Billie Jean King a été outée lorsqu'une de ses ex lui a réclamé une pension alimentaire. Elle a perdu plus de deux millions de dollars de contrats, mais est devenue l'une des sportives les plus en vue. Quand NBC l'a interrogée sur qu'elle aurait fait différemment, King a répondu : « J'aurais fait mon coming out plus tôt. » Considérée par beaucoup comme la meilleure joueuse de tous les temps, la Tchèque de naissance Martina Navratilova a fait son coming out en 1981 en interview et a réussi à prendre de la hauteur par rapport à l'homophobie dont elle a fait constamment l'objet.

Au Royaume-Uni, Justin Fashanu a été le premier joueur de football professionnel à faire son coming out. C'était en 1990. La réaction fut brutale : actes d'intimidation, chants homophobes et manque de soutien du monde du football, y compris de son frère, John, qui a déclaré « ni vouloir jouer, ni me changer » avec son frère. En 1998, Justin a mis fin à ses jours, et depuis, son histoire plane comme une ombre sur le football. En 2014, un an après sa retraite, le joueur d'Aston Villa et de l'équipe allemande, le milieu de terrain Thomas Hitzlsperger a fait son coming out, et beaucoup de joueuses du Championnat d'Angleterre féminin l'ont

Ci-dessus, à gauche : Glenn Burke a été le premier joueur de la Ligue majeure de baseball à déclarer son homosexualité. Il a joué pour les Dodgers et les Oakland Athletics de Los Angeles de 1976 à 1979.

Ci-dessus, à droite : Justin Fashanu est le premier joueur de football professionnel britannique à faire son coming out. Traqué par la presse et le monde du football, il se suicica en mai 1998 à l'âge de 37 ans.

Ci-contre : Considérée comme l'une des plus grandes joueuses de tennis, Martina Navratilova a fait son coming out en 1981 et a dû longtemps faire face à l'homophobie. En dépit de cela, elle a remporté 18 titres en simple du Grand Chelem, 31 titres en double dames et 10 titres en double mixte.

TEAM

fait aussi, dont l'ex-capitaine de l'équipe d'Angleterre, Casey Stoney. Mais à ce jour, aucun footballeur ouvertement homosexuel évolue en Ligue 1. En 1997, l'Australien Ian Roberts a été le premier rugbyman professionnel à le dévoiler. Suivi en 2009 par Gareth Thomas, de la Fédération galloise, et Keegan Hirst a été le premier joueur de rugby britannique en 2015.

Plus grand plongeur de tous les temps, le champion olympique Greg Louganis sort du placard en 1994 et révèle sa séropositivité l'année suivante. En 2008, le plongeur australien Matthew Mitcham fait son coming out quelques mois après avoir remporté l'or aux JO. En 2013, le plongeur britannique, Tom Daley, fait de même et, en 2017, il épouse le scénariste Dustin Lance Black, c'est l'un des couples gays les plus célèbres.

En 2007, John Amaechi est le premier joueur de la NBA à le révéler, juste après avoir pris sa retraite sportive. En 2013, le basketteur encore en activité Jason Collins déclare ouvertement son homosexualité. L'année suivante, ce fut le tour du footballeur américain Michael Sam.

Le monde du sport semble évoluer. On peut aussi citer, Sir David Lee Pearson, le cavalier paralympique 11 fois médaillé d'or, et la trans superstar, Caitlyn Jenner, ancien décathlonien médaillé d'or aux JO. Pendant les Jeux de Rio en 2016, on n'a jamais vu autant d'athlètes ouvertement homosexuels : *Outsports* a recensé 56 athlètes LGBTQ, sans parler des non-déclarés. Aux JO d'hiver de 2018, le skieur acrobatique Gus Kenworthy et le patineur Adam Rippon sont devenus célèbres. Kenworthy a publié des photos avec Rippon sur les réseaux sociaux, disant : « Nous sommes ici. Nous sommes queers. Il va falloir vous y faire. »

Ci-dessus, à gauche : La volleyeuse professionnelle italienne Paola Ogechi Egonu aux Championnat du monde de volley-ball de 2018. Entre 2017 et 2018, elle a eu une relation rendue publique avec sa coéquipière, Katarzyna Skorupa, au sein de l'équipe AGIL.

Ci-dessus, à droite : Orlando Cruz, boxeur professionnel portoricain, resta invaincu jusqu'en 2009. Il a fait son coming out en 2012 alors qu'il boxait encore et fait partie des premiers à avoir été intronisés au National Gay and Lesbian Sports Hall of Fame.

Ci-contre : Adam Rippon, patineur artistique américain, a remporté le bronze aux JO d'hiver de 2018. Il est juché sur les épaules de Gus Kenworthy, un skieur acrobatique britannique né américain, médaille d'argent en descente acrobatique aux JO d'hiver de 2014. Tous deux ont fait leur coming out.

LA HAINE

Nous sommes malheureusement nombreux dans le monde à faire l'expérience de la haine contre les LGBTQ. Pour certains, ce sont des menaces de mort quotidiennes. La plupart des violences sont occultées par les médias, sauf les pires.

En 1999, le Royaume-Uni a subi l'une des attaques homophobes les plus meurtrières. Le samedi 17 avril, une bombe a explosé à Brixton, au sud de Londres, un quartier qui abrite une communauté noire importante. Les vendeurs de rues se sont inquiétés quand un homme au comportement étrange a posé un sac de sport sur Electric Avenue. Les vendeurs l'ont saisi, la police arrivait quand le sac, rempli de feux d'artifice et de clous, a explosé, blessant plus de 40 personnes, dont un bébé, qui a reçu un clou dans la tête mais qui a heureusement survécu. Le week-end suivant, un autre sac de sport a été laissé à Hanbury Street, à Spitalfields, un quartier où résident de nombreux Asiatiques. Cela a aussi inquiété un badaud qui a apporté le sac au commissariat. La bombe a explosé dans son coffre. Il y a eu 13 blessés.

La police a lancé un appel à témoins et a signalé que quelqu'un ciblait des minorités, avertissant que la communauté gay pouvait l'être aussi.

Le vendredi 30 avril 1999 au soir, Old Compton Street était bondée et les gens prenaient des verres. À l'intérieur du pub Admiral Duncan, un bar gay calme et discret, l'un des plus anciens du quartier gay de Soho, un client remarqua un sac de sport abandonné et fit part de ses préoccupations au personnel du bar. Lorsque le manager Mark Taylor alla vérifier, le sac explosa. La bombe tua trois personnes en les déchiquetant, aveugla plusieurs autres et causa d'horribles blessures. Nick Moore, 31 ans, John Light, 32 ans et Andrea Dykes, 27 ans, trois amis qui célébraient la grossesse d'Andrea, ont perdu la vie. Son mari, Julian, a été gravement blessé. Cette nuit-là, un homme de 22 ans, David Copeland, a été arrêté à son domicile à Cove, dans le Hampshire, qu'il avait transformé en un sanctuaire d'extrême droite, couvert de drapeaux nazis et de coupures de presse sur la violence de l'extrême droite. Diagnostiqué schizophrène paranoïaque, Copeland a été reconnu coupable de meurtre le 30 juin 2000 et a été condamné à un minimum de 50 ans de prison. Aujourd'hui, une sculpture commémorative trône sur le mur du pub Admiral Duncan.

Dix-sept ans plus tard, le dimanche 12 juin 2016 à 2 h 09 du matin, la page Facebook d'une petite discothèque d'Orlando, en Floride, a été actualisée avec le message « Que tout le monde sorte du Pulse et coure ! » Juste avant, un homme s'est pointé au club et a parlé brièvement à l'agent de sécurité, avant de passer devant lui et d'ouvrir le feu sur les 320 personnes présentes. L'agent de sécurité, un policier

hors service, a riposté tout en appelant frénétiquement les renforts. Ces derniers sont arrivés alors que le tireur poursuivait sa folie meurtrière en s'enfonçant dans le club, et finit par prendre des otages. Pendant trois heures, les clients se sont cachés dans les toilettes et partout où ils pouvaient, avant que les autorités n'enfoncent le mur avec un véhicule et abattent le tueur. À 5 h 17, 49 personnes étaient mortes ou mourantes et 53 autres blessées. Jusqu'à l'attaque de Las Vegas d'octobre 2017, le massacre du Pulse fut le plus meurtrier en temps de paix aux États-Unis.

L'onde de choc de cet acte inconcevable a traversé le monde entier. Une veillée silencieuse a eu lieu devant le Stonewall Inn à New York. La tour Eiffel et le Sydney Harbour Bridge ont été illuminés aux couleurs de l'arc-en-ciel, et dans le quartier de Soho, à Londres, le chef du Parti travailliste, le maire de Londres et divers politiciens ont rejoint les milliers qui scandaient : « Nous sommes ici, nous sommes queers et nous n'allons pas céder à la peur. » Quelques jours plus tard, le prince William a signé le livre de condoléances à l'ambassade américaine. L'événement a mis en lumière le fait que malgré les nombreuses avancées, il y a encore des personnes susceptibles de faire preuve de violence à l'égard des LGBTQ.

Le Pulse avait ouvert ses portes en 2004 en l'honneur du frère du propriétaire décédé du sida en 1991, afin de perpétuer son « pouls » (*pulse* en anglais) . C'était la Latino Night cette nuit-là, l'occasion de faire la fête entre des gens qui étaient peut-être victimes de racisme dans le milieu gay, de se retrouver entre amis et se sentir en sécurité. La plupart des victimes avaient 20-30 ans et étaient sorties pour boire, danser et prendre des selfies. L'attaque fut d'autant plus dévastatrice qu'elle s'est produite dans un lieu gay, détruisant l'idée enracinée que ces clubs sont des sanctuaires où on peut exprimer sa véritable identité loin de toute

Ci-contre : Quelques instants après l'attentat à la bombe du pub Admiral Duncan, le 30 avril 1999. Les premières victimes sortent complètement hébétées.

Ci-dessus : Une affiche des 49 victimes du Pulse. Le club a été fondé par Barbara Poma et Ron Legler. Le frère de Poma, John, est décédé du sida en 1991. Sa sœur avait créé le Pulse en sa mémoire, comme un club et un lieu de rencontre gay.

hostilité. Angel Santiago, l'un des clients, a déclaré : « Être gay et aller dans un club comme le Pulse, un peu comme une zone protégée. »

Controverse et confusion ont entouré le mobile du meurtrier. Dans les jours qui ont suivi, on a supposé qu'il s'agissait d'une attaque homophobe. Le père de l'auteur, Omar Mateen, âgé de 29 ans, a déclaré que son fils avait exprimé son dégoût de voir deux hommes s'embrasser en public quelques mois auparavant. Mais peu de temps après, des informations selon lesquelles des hommes ont affirmé que Mateen leur avait fait des avances, fréquentait des clubs gays depuis dix ans, dont le Pulse, et utilisait des applications de rencontre pour gays, ont commencé à circuler. On spéculait de plus en plus sur le fait que la fusillade était peut-être un acte violent de haine de soi qui trouve son origine dans la foi musulmane de l'auteur. Le site Gawker a rapporté que l'ex-femme de Mateen avait dit que Mateen avait des « tendances gays » et que le FBI lui avait ordonné de ne pas le révéler aux médias.

Toutefois, lors du procès de l'épouse de Mateen, Noor Salman, qui a été reconnue non coupable d'avoir menti à la police et d'avoir aidé son mari, rien n'indiquait qu'il était gay ou qu'il avait délibérément ciblé un lieu gay. Les enquêteurs ont présenté des éléments de preuve indiquant qu'il avait ciblé un complexe de loisirs un peu auparavant, mais que la présence de la police l'en avait dissuadé. Il aurait ensuite recherché « les boîtes de nuit du centre-ville d'Orlando » sur Internet et, après son arrivée au Pulse, aurait demandé au gardien de sécurité : « Où sont les femmes ? » On a aussi affirmé que les enquêteurs n'ont trouvé aucune recherche de contenu sexuel gay sur son historique en ligne, alors que les recherches liées à Daech étaient bien présentes. Les enregistrements des appels de Mateen au numéro d'urgence 911 où il prône son allégeance à l'État islamique et fait référence au récent attentat du Marathon de Boston ont été rendus publics. Le FBI a déclaré n'avoir trouvé aucune preuve que Mateen était gay ou bisexuel, mais a pu prouver qu'il avait eu des relations extraconjugales avec des femmes. Certains ont suggéré que Mateen avait exprimé son aversion pour les homosexuels et que le choix d'un club gay aurait été considéré par lui comme une cerise sur le gâteau.

Ce qui est certain, c'est qu'il s'agissait à la fois de l'incident terroriste le plus meurtrier aux États-Unis depuis le 11 Septembre et de l'acte de violence le plus meurtrier contre les personnes LGBTQ dans l'histoire de l'Amérique. Que cela ait été motivé par l'homophobie et par la haine de soi ou non, nous ne le saurons peut-être jamais. Mais pour une communauté mondiale de personnes habituées à subir la haine violente, cela ressemblait à une nouvelle expression mortifère d'homophobie.

Deux semaines après l'attaque, le producteur de télévision Ryan Murphy a tourné une vidéo avec 49 célébrités, dont Lady Gaga, Sarah Paulson, Darren Criss, Chris Pine, Laverne Cox et Jamie Lee Curtis, rendant chacune hommage à l'une des victimes. La propriétaire du Pulse, Barbara Poma, a depuis annoncé son intention de créer un mémorial et un musée sur le site même de la discothèque.

Ci-dessus : Des personnes endeuillées se rassemblent au centre-ville d'Orlando pour déposer des fleurs et organiser une veillée aux chandelles pour les victimes du massacre du Pulse, la fusillade la plus meurtrière de l'histoire américaine à l'époque.

Ci-contre : Matthew Shepard a été agressé le 6 octobre 1998 et est mort le 12 octobre. Un crime motivé par la haine qui a choqué les États-Unis et a inspiré à une nouvelle législation sur les crimes haineux.

Pages suivantes : Les événements célébrant la fierté LGBTQ ne font pas partie du quotidien d'une grande partie de la communauté. Ici, une femme est traînée par la police lorsque les LGBTQ d'Istanbul ont tenté d'organiser une Gay Pride en 2017.

TÉMOIGNAGE PERSONNEL

JUDY SHEPARD

MÈRE DE MATTHEW SHEPARD, VICTIME D'UN CRIME HOMOPHOBE QUI A BOULEVERSÉ L'AMÉRIQUE EN 1998. COFONDATRICE DE LA FONDATION MATTHEW SHEPARD.

Mon fils Matt était un jeune homme charmant, gentil et compatissant. Vous pouvez penser : « Bien sûr qu'elle dit ça, c'est sa mère », ce qui est vrai. Mais je ne suis pas la seule. Même en songeant à toutes les choses qui pouvaient m'énerver chez lui – et il y en avait beaucoup – c'était quelqu'un qui se souciait de son prochain. Et c'est ce qu'il attendait des autres, se soucier de l'autre. Il cherchait à voir le meilleur en chacune des personnes qu'il côtoyait. Il pensait que tout le monde était digne de recevoir son amitié, et ne voyait en l'autre aucune autre intention que celle de chercher son amitié.

Quand on me demande : « Pourquoi avait-il quitté le bar ce soir-là avec deux inconnus, même s'ils s'étaient présentés comme homosexuels pour gagner sa confiance ? » J'ai deux réponses. La première est que Laramie est une petite ville universitaire où tout le monde acceptait d'être déposé au campus ou chez lui. La deuxième est que Matt faisait confiance à tout le monde. Les autres n'étaient jamais des étrangers pour lui, seulement des amis potentiels. Je pensais que c'était l'une de ses qualités, mais j'aurais aimé qu'il ne soit pas aussi confiant cette nuit d'octobre 1998.

Comment aurait-il pu connaître les véritables intentions de ces deux hommes qui l'ont abordé en se faisant passer pour des gays ? Comment aurait-il pu savoir qu'ils l'avaient choisi pour sa vulnérabilité parce qu'ils savaient qu'il était gay ? Aurait-il dû se méfier ? Rétrospectivement, bien sûr qu'il aurait dû. Mais sur le moment, c'étaient des amis potentiels pour lui. Il n'a pas pensé qu'ils lui voulaient du mal. Matt n'a jamais jugé qui que ce soit par la façon dont il s'habille ou se présente à lui. Ayant grandi dans le Wyoming, un État ouvrier et peu peuplé, il ne jugeait jamais personne à son apparence. Une personne peut porter un beau costume et avoir des intentions néfastes – une leçon que nous n'avons que trop bien apprise aujourd'hui.

L'homophobie peut être facilement dissimulée. Elle peut être déclarée, mais elle revêt de nombreuses formes. Cela peut être aussi subtil qu'un regard ou une épithète fréquemment utilisée et réputée inoffensive – par exemple, « C'est tellement gay » – autant que des injures ou des menaces physiques. Il peut s'agir d'une discrimination tout à fait légale, comme pouvoir licencier une personne ou lui refuser un logement public parce qu'elle est gay. L'homophobie est même enseignée par l'Église…

Le vrai problème est que la haine est un comportement acquis et transmis de génération en génération. Quand nous venons au monde, nous ne savons ni comment aimer, ni comment haïr, nous apprenons les deux, de notre famille, de l'école, de nos quartiers, des médias et, oui, de nos églises. Si on peut apprendre à haïr, on peut aussi le désapprendre. Haïr est un choix conscient. Être gay, lesbien, bisexuel ou transgenre n'est pas un choix. Nous sommes ce que nous sommes.

Il existe de nombreuses façons de lutter contre les visages de la haine. Nous pouvons travailler avec des éducateurs, des églises tolérantes et d'autes citoyens marginalisés. Chacun peut aider à comprendre leurs problèmes. Et nous nous inspirons des personnalités connues. Dirigeants locaux, nationaux et internationaux dans l'éducation, la politique, la justice, la diplomatie, l'économie et les sciences. Toute notre vie, nous avons besoin de gens pour nous mettre sur la voie du respect, de la compréhension et de l'acceptation de tous les êtres humains, en nous encourageant mutuellement pour, dans la mesure du possible, atteindre nos objectifs.

C'est ce à quoi aspirait Matt, son but dans la vie. Ne devrait-il pas en être ainsi pour tout le monde ?

POLIS

TÉMOIGNAGE PERSONNEL

ALOYSIUS SSALI

FONDATEUR DU SAY IT LOUD CLUB, IL SOUTIENT LES RÉFUGIÉS LGBTQ ET LES DEMANDEURS D'ASILE AU ROYAUME-UNI ET FAIT CAMPAGNE EN LEUR NOM.

À l'heure actuelle, il n'est pas possible pour les homosexuels vivant en Afrique de faire leur coming out et de mener une vie normale. Ils sont poussés à la clandestinité et sont privés du droit d'être soignés, de côtoyer le reste de la société ou bien d'avoir une vie de famille. Des personnes sont torturées et beaucoup sont tuées en raison de leur orientation sexuelle. Les progrès sont très minimes.

La religion est l'un des obstacles à la liberté des LGBTQ en Afrique. L'Église catholique et l'Église d'Angleterre ont un énorme pouvoir. Toutes les meilleures institutions et écoles sont liées à l'Église. Le mouvement évangélique américain est arrivé dans les années 1980 et a commencé à prêcher contre les LGBTQ. L'Église a fait plus de dégâts que n'importe qui. Bien qu'il y ait eu des progrès au Royaume-Uni, en Afrique, l'Église s'oppose encore en grande partie à la liberté des LGBTQ. Elle est contre les efforts déployés pour empêcher la propagation du VIH – elle est contre les préservatifs, la contraception – mais que fait-elle ? Rien du tout. Cela touche le grand public, mais c'est encore pire pour la communauté LGBTQ. La plupart des bons hôpitaux ont des liens avec l'Église catholique. On ne peut pas chercher à l'hôpital un prospectus sur la santé sexuelle chez les homosexuels, et les gens atteints d'une infection craignent même d'en parler à une infirmière ou à un médecin, parce qu'ils se disent : « Si je leur explique, je pourrai avoir des problèmes. »

L'extrémisme islamique et l'islam conservateur s'opposent également aux libertés des personnes LGBTQ. Leur attitude est extrêmement hostile. Toute personne identifiée comme lesbienne et musulmane peut subir les pires conséquences. Il y a des mariages forcés d'adolescentes de 12 ou 13 ans et beaucoup meurent en couche. De telles pratiques sont encouragées par les factions extrémistes de la plupart des religions. Il est rare que la presse relaie ce type d'informations.

Quand les gens demandent ce que nous pouvons faire, je dis qu'il est important de

Ci-dessus : L'Eswatini (ex-Swaziland) organise sa première Gay Pride en 2018. Environ 500 personnes ont réclamé l'égalité et d'autres droits alors que l'homosexualité est proscrite par la monarchie.

Ci-contre : Le militant gay ougandais Aloysius Ssali, président du Say It Loud Club.

AFRICAN
& GAY NOT
A CHOICE

savoir que la plupart de ces pays sont des bénéficiaires majeurs des aides des pays européens. Le Royaume-Uni est l'un des principaux donateurs, mais où va l'argent ? L'essentiel à la Défense et à la police, dont une partie pour l'équiper. Ce même équipement est utilisé contre les personnes qui luttent pour leurs libertés.

Il doit y avoir un moyen pour surveiller cet argent. Les donateurs ne veulent peut-être pas imposer leurs conditions, mais ils ont aussi une responsabilité : quand vous faites un don, vous devriez avoir votre mot à dire. Historiquement, d'où nous viennent ces lois sur l'homosexualité ? Principalement des pays qui ont colonisé l'Afrique. Ils ne sont jamais revenus pour dire que ce n'était pas une bonne idée. Abolissons ces lois parties intégrantes des cultures et traditions africaines. Certains pays comme le Royaume-Uni contribuent à la souffrance des LGBTQ en Afrique.

Un autre domaine concerne la manière dont nous traitons les demandeurs d'asile pour des raisons de sexualité au Royaume-Uni. Donnant une mauvaise image du pays. La situation de l'accueil n'est guère meilleure. Peut-être s'agit-il d'un problème de formation au ministère de l'Intérieur. J'ai été l'une des premières personnes à demander l'asile pour des raisons de sexualité au Royaume-Uni, mon expérience fut catastrophique, aussi j'essaie toujours de sensibiliser le public à ce problème.

Les gens qui ont fui leur pays pour trouver refuge ici n'ont pas l'habitude de parler ouvertement d'eux-mêmes ; ils n'ont peut-être jamais parlé de leur sexualité avec qui que ce soit auparavant car il n'existe aucune structure dédiée dans les pays africains. C'est un problème majeur. Avec qui peut-on en parler ? Pas à une tante ou à un oncle ; pas à une infirmière ou à un conseiller, car on se sait jamais quelle sera leur réaction. Alors on garde la chose pour soi, ce qui entraîne des problèmes de santé mentale. On est traumatisé. Quand on arrive ici, on est censé expliquer tout ça à un responsable. On passe un entretien qui dure huit heures et on doit parler de ces questions délicates pour la première fois. C'est peut-être une question de vie ou de mort pour nous, mais on a du mal à exprimer nos émotions parce que c'est au-dessus de nos forces. On a souvent des problèmes avec notre sexualité. Les fonctionnaires s'attendent à ce qu'on se comporte de la même manière qu'un Britannique, mais c'est simplement impossible. Beaucoup de demandes sont refusées à cause de ce décalage. Si ces demandeurs d'asile sont renvoyés chez eux, ils risquent la torture ou la mort. Ils ne bénéficient d'aucune protection. C'est comme les renvoyer en enfer.

L'année dernière, il y a eu un rassemblement LGBTQ en Ouganda, mais les choses se sont mal passées. Je crois que le moment n'est pas encore venu pour voir des manifestations, même si je veux qu'il y en ait. C'est encore trop dangereux. L'Afrique du Sud est libérale, c'est la seule, mais dans les autres pays, les homosexuels souffrent encore de maltraitance, de discrimination et de torture. J'ai l'espoir de voir ce pays influencer le reste du continent et peut-être l'Asie.

En Europe, nous pouvons utiliser les plateformes dont nous disposons pour influencer les pays africains et asiatiques. Les progrès sont lents, mais motivants en même temps. D'un autre côté, nous perdrons la bataille si nous nous arrêtons. Quand on voit les progrès réalisés en Europe, on comprend que ce n'est pas arrivé du jour au lendemain ; nous croyons que cela pourrait prendre encore plus longtemps en Afrique. Mais l'ancienne génération de dirigeants et de citoyens est en train de céder sa place à une nouvelle, et nous espérons que les choses finiront par changer.

À gauche : Des militants LGBTQ participent à la première Gay Pride en Ouganda en 2012. La veille même, les militants LGBTQ africains ont été acclamés par Hillary Clinton comme étant une inspiration pour le monde entier.

POUR N'OUBLIER PERSONNE...

Il y a 50 ans, un groupe de gens – noirs, métis, hispaniques, gamins des rues, jeunes, vieux, drag-queens, lesbiennes, butchs, gays, folles, transsexuels et tous ceux pour lesquels nous n'avons pas de mot pour les décrire, comme les non-binaires aujourd'hui et d'autres encore – sont tous sortis pour dire « trop c'est trop ». Ils ont déclenché un mouvement qui couvait depuis plusieurs décennies mais qui n'était pas encore arrivé à maturité. En une nuit, ce qu'ont fait les habitués du Stonewall Inn à New York a provoqué une explosion d'optimisme et d'énergie qui a propulsé une fusée éclairante très haut au-dessus de Greenwich Village, et sa lumière était si éblouissante qu'elle est devenue un symbole d'espoir pour le monde entier.

Les émeutes de Stonewall furent le signe qu'on avait atteint un point de non-retour. Suffisamment de personnes en étaient venues à penser que la situation n'était pas acceptable et qu'elles méritaient et exigeaient d'être traitées comme tout le monde. Elles ont montré que lorsque les gens se mettent ensemble, ils peuvent changer les choses. Avec de l'organisation, de la ténacité, du temps et de l'énergie, mais aussi, malheureusement, des sacrifices, les LGBTQ ont initié des changements que les clients du Stonewall Inn de 1969 n'auraient jamais pu imaginer.

Il est vrai de dire que la plupart d'entre nous qui vivons dans les pays tolérants, ont des vies complètement différentes de celles des homosexuels avant 1969. Célébrer ces changements et, plus important encore, ceux qui ont pris des risques afin que nous puissions mener une vie meilleure, est absolument justifié. Impossible de décrire les efforts inlassables de tant de personnes. Comme l'a si bien dit l'activiste Peter Tatchell, l'évolution des droits des homosexuels est sans aucun doute l'un des mouvements de justice sociale les plus fructueux de l'histoire. En moins de 50 ans, nous sommes passés du statut de hors-la-loi à celui de membres de la famille.

Mais nous avons encore de nombreux défis à relever et tant d'injustices et d'incroyables inégalités à traiter en toute urgence. Nous sommes confrontés à de nouveaux problèmes peut-être pas spécifiques aux LGBTQ, mais qui représentent néanmoins des menaces aussi grandes que celles rencontrées dans le passé. L'inégalité raciale est un problème majeur pour la communauté LGBTQ, mais aussi pour toute la société. Il est triste de constater que les personnes de couleur LGBTQ ont des objectifs de vie moins ambitieux que les blancs. En 2016, le Centre américain pour le contrôle et la prévention des maladies a publié un rapport choquant selon lequel les hommes gays et bisexuels afro-américains ont un risque sur deux de devenir séropositifs. Il est de 1 sur 2 500 pour les hétérosexuels blancs. De 1 sur 99 pour la population américaine générale et de 1 sur 11 pour les homosexuels blancs. En d'autres termes, en l'état actuel des choses, on s'attend à ce que la moitié des hommes gays ou bisexuels afro-américains contractent le virus au cours de leur vie.

Lorsqu'ils sont séropositifs, les Afro-américains peuvent moins se permettre le traitement nécessaire à leur survie. Plus de 54 % des nouveaux cas de VIH sont diagnostiqués dans les États du Sud où vit environ 38 % de tous les Américains. Dans le Mississippi et en Louisiane, le nombre de décès dû au VIH et aux maladies liées au sida chez les gays noirs était sept fois plus élevé que dans le reste de la population.

Les chiffres sont tout aussi alarmants au Royaume-Uni. Une étude réalisée en 2012 par la revue scientifique *The Lancet* a montré que les hommes noirs homosexuels étaient deux fois plus susceptibles de contracter le VIH que les blancs. Le racisme est aussi un problème majeur. Un sondage du magazine *FS* a révélé que plus de 80 % des personnes de couleur homosexuelles ou bisexuelles ont été victimes de racisme dans le milieu gay. Nombre d'entre elles rencontrent des problèmes complexes liés à leur culture au sein de leur propre communauté. Une enquête menée par BBC Asian Network en 2018 a démontré des niveaux d'homophobie plus élevés chez les Asiatiques que dans la population générale. Les personnes de couleur LGBTQ sont parfois confrontées à l'homophobie dans leurs familles et même au racisme des LGBTQ.

Aujourd'hui, nous jetons enfin la lumière sur la violence, parfois abominable, les injustices et autres sources de souffrance dont sont victimes les transgenres. Le mouvement pour les droits civiques des États-Unis indique qu'en 2017, plus de 29 transgenres sont mortes des suites de violences, un record. Il est probable que de nombreuses victimes sont simplement inconnues et les auteurs ne sont que rarement poursuivis. Les chiffres publiés en 2014 par le Williams Institute et la Fondation pour la prévention du suicide indiquaient que 46 % des hommes transsexuels et 42 % des femmes transsexuelles avaient tenté de se suicider, soit beaucoup plus que les 4,6 % de la population générale américaine. De nombreuses études ont aussi mis en exergue des taux de suicide et d'automutilation disproportionnellement élevés parmi les trans. Ce n'est guère étonnant. Partout, ils font l'objet d'une presse haineuse et mensongère. Aujourd'hui, les médias les considèrent comme une cible facile quand il s'agit de diffamation et d'attaques en

Ci-contre : Une nouvelle génération de LGBTQ qui a bénéficié des avancées des 50 dernières années est en train d'émerger. Plus libre, plus éloquente, elle encourage tout le monde à faire de même. Ici, Olly Alexander, chanteur du groupe Years and Years au Festival de Glastonbury en juin 2016.

Page suivante : En 2015, des proches d'Alan Turing ont adressé une pétition au 10 Downing Street, sollicitant le pardon à titre posthume de 49 000 hommes poursuivis en justice à cause de leur sexualité. De gauche à droite : le petit-neveu de Turing, Nevil Hunt, sa petite-nièce Rachel Barnes et son fils Thomas.

QU33R

10
522,619: Pardon all men convicted like Alan Turing
Change.org/Pardon49000Men

TÉMOIGNAGE PERSONNEL

LEWIS OAKLEY

MILITANT BISEXUEL

À gauche : Lewis Oakley, militant bisexuel, fait campagne pour que les voix bisexuelles soient entendues dans les débats sur l'avenir de ce groupe, et qu'elles soient davantage entendues au sein de la grande famille LGBTQ.

Beaucoup de choses ont changé ces 50 dernières années, mais s'il existe un domaine où nous devons concentrer nos efforts, c'est bien la grande disparité en matière de fonds et d'attention aux différents sous-groupes de l'acronyme LGBTQ. En tant que bisexuel, il est décourageant de constater le manque d'efforts pour l'amélioration de la vie des bisexuels. À l'heure actuelle, près de 90 % d'entre eux préfèrent taire leur orientation. C'est le groupe le plus touché par les problèmes de santé mentale et de pauvreté, et le mouvement LGBTQ ne semble pas porter une attention particulière à cette communauté.
Ce qui me rend triste en tant que militant bisexuel, c'est de voir à quel point les bisexuels sont isolés. La plupart n'ont pas d'autres bisexuels dans leur entourage vers qui se tourner. Je reçois des mails de bi du monde entier. La majorité fait face aux mêmes problèmes. La bisexualité semble être bloquée à un état d'immaturité parce que la plupart n'ont pas d'autres personnes comme elles vers qui aller pour obtenir des conseils et de l'inspiration. Comment pouvons-nous grandir alors que personne ne peut nous apprendre à gérer notre attirance pour plus d'un genre ? La communauté bisexuelle n'a pas été en mesure de se réunir, d'échanger, et de s'entraider comme la communauté gay.

J'espère que nous pourrons rassembler plus de bisexuels afin que des débats aient lieu, et pour dépasser le regard stigmatisant porté par la société sur nous. J'espère que les générations futures pourront proclamer leur sexualité sans crainte pour leur vie et, comme à Stonewall, disposer d'une communauté prête à les soutenir. Je ne veux pas que d'autres personnes aient la même expérience que moi, c'est-à-dire une remise en question constante de leur sexualité, servent de punching-ball verbal aux gays et que les partenaires féminines soient toujours sur le qui-vive en matière d'infidélité. Je suis choqué que la société ne connaisse rien sur nous. Les comportements laissent à désirer, même dans notre communauté. Ainsi, des groupes se disent LGBTQ, mais ils sont incapables de dire ce qu'ils font pour nous soutenir. Il est temps que le « B » cesse de passer entre les mailles du filet. Bien que mon objectif soit de renforcer l'aile bisexuelle de la communauté, je nourris de grands espoirs pour le mouvement dans son ensemble. Pour les 50 prochaines années, j'espère un jour que la sexualité de chacun ne soit accompagnée d'aucune stigmatisation. Un jour où toutes les disparités seront aplanies. Un jour où la sexualité n'aura aucune incidence sur la santé mentale, la situation économique et sur tous les domaines qui dysfonctionnent.

tous genres. À l'approche de l'élection de Trump en 2016, la question de l'accès aux toilettes publiques a été utilisée comme moyen pour diaboliser la gauche. En 2018, au Royaume-Uni, le gouvernement a ouvert une consultation sur la question de l'auto-identification. Son but est de faciliter la reconnaissance juridique des transgenres en leur donnant la possibilité d'adopter le genre qui leur convient (comme en Irlande depuis 2015). Les médias s'en sont donné à cœur joie, suggérant, et ce, de manière récurrente, que les femmes trans étaient une menace pour les femmes cisgenres. L'ONG Mermaids – qui apporte un soutien essentiel aux enfants et à leur famille – a été décrite comme une funeste organisation ayant pour objectif de changer le sexe des enfants. Début 2019, seuls les journaux locaux ont annoncé le meurtre d'Amy Griffiths, une transsexuelle de 51 ans très aimée à Worcester. Paris Lees a fait remarquer que si Amy avait assassiné quelqu'un, son visage aurait fait la une des journaux nationaux et cela aurait été utilisé pour dépeindre les transgenres comme des auteurs de violences, et non en tant que victimes de la société. Quelques semaines plus tard, les médias ont rapporté l'assassinat atroce au Brésil de Quelly da Silva, transsexuelle de 35 ans. La violence à l'encontre des transgenres continue d'être ignorée.

L'intersectionnalité est un terme qui signifie que les personnes ne sont pas qu'« une seule entité » et qu'il n'y a pas qu'une voie. Ainsi, une femme trans noire à faibles revenus peut être victime de sexisme, de racisme, de transphobie et faire face à des difficultés économiques. Un homosexuel blanc de la classe ouvrière peut être touché par l'homophobie et des difficultés financières, entre autres. Les lesbiennes sont depuis longtemps sujettes à l'homophobie et au sexisme. Le fait que les femmes et leur apparence soient scrutées reste un problème dans notre société, et les lesbiennes sont particulièrement visées. Tout cela ne doit pas nous définir, mais on ne peut s'empêcher de les évoquer car ils sont d'une importance cruciale pour comprendre notre lutte pour tous les droits des LGBTQ.

Le sujet des sans-abri fait converger tous ces « problèmes intersectoriels ». Partout où des statistiques sont disponibles, un nombre disproportionné de SDF, en particulier des jeunes, est composé de LGBTQ. Selon le Williams Institute, en 2012 aux États-Unis, 40 % des jeunes sans-abri ayant bénéficié des services d'aide sociale étaient identifiés comme LGBTQ. Une étude de l'université de Chicago suggère que les jeunes LGBTQ ont 120 % de chances de devenir des sans-abri. Au Royaume-Uni, l'Albert Kennedy Trust (qui aide les sans-abri homosexuels) affirme que les trois raisons principales que les jeunes qui bénéficient de leurs services invoquent pour expliquer leurs situations sont : le rejet de leurs parents, les violences sexuelles, physiques et émotionnelles au sein de leur famille et les agressions et autres types de violences familiales.

Il est toujours vrai qu'une grande partie du mouvement LGBTQ se concentre davantage sur les hommes que sur les femmes. Les femmes sont à la fois victimes de sexisme et d'homophobie. La comédienne Hannah Gadsby a, non sans amertume, parlé de la violence masculine à l'encontre des lesbiennes dans son show télévisé « Nanette », diffusé sur Netflix, et elle a été saluée pour avoir fait découvrir cette réalité au grand public. La plupart des lesbiennes et des gays sont incroyablement proches, mais la misogynie masculine n'est pas aussi rare que nous pourrions l'espérer. Lorsque l'actrice Rose McGowan a suggéré, dans un podcast avec l'écrivain Brett Easton Ellis, que les hommes gays étaient plus misogynes que les hétérosexuels, cela a provoqué un tollé. Bien que de nombreux gays aient affirmé que c'était faux, il est vrai que la culture gay n'est pas toujours respectueuse des femmes. Elle est surtout centrée sur le culte et les représentations exagérées du glamour féminin, mais pas sur les besoins fondamentaux et la vie des femmes. Dans de nombreux pays, les lesbiennes sont victimes d'actes homophobes très violents, comme des viols correctifs qui ne suscitent pas l'indignation comme ils devraient le faire. En 2016, la Jamaïcaine Angeline Jackson a raconté dans *Marie-Claire* avoir grandi sous le joug de règles homophobes héritées de l'époque coloniale et qu'elle a dû suivre une thérapie de conversion et subi une agression sexuelle brutale pendant son adolescence. Cela l'a incitée à cofonder un groupe de défense des droits lesbiens et bisexuels, Quality of Citizenship Jamaica. Elle affirme : « Je ne dirai pas qu'il a été facile d'en parler. Cependant je n'aurais pu continuer à vivre si je ne l'avais pas fait. »

Aujourd'hui, grâce aux jeunes, l'équilibre se rétablit. Une génération émerge. Elle a grandi durant les dernières années de lutte et a une plus grande conscience du droit de s'affirmer. Grâce aux réseaux sociaux, les femmes, les bisexuels et ceux qui utilisent de nouveaux termes pour se décrire proclament leur identité, souvent à l'aide des hashtags LGBTQ relayés par les jeunes et qui font le buzz chaque dimanche soir. De plus en plus de bisexuels – ou de personnes heureuses d'admettre qu'elles sont bisexuelles ou « curieuses » – sans compter les autres identités, osent se manifester. Il est aussi encourageant de voir que les « intersexués », nés avec des caractéristiques ni totalement masculines ou féminines, sortent aujourd'hui de l'ombre grâce à des gens comme Seven Graham, le premier comédien intersexuel, en train de produire un film sur le sujet.

Malgré les progrès, chaque année, des jeunes LGBTQ se suicident à cause d'intimidation ou sont assassinés, en raison de leur orientation sexuelle ou de leur identité, par ceux qui devraient les protéger. En 2017 par exemple, Giovanni Melton, 14 ans, habitant Henderson dans le Nevada, a été abattu par son père, Wendell Melton. Et oui, on peut toujours être viré si on est gay dans 21 États américains et la sodomie est toujours illégale dans 12 d'entre eux. À travers le monde, l'éducation

Ci-contre : Janet Mock, militante transgenre, s'adresse au public avec franchise et reçoit beaucoup d'amour et de soutien en retour. Auteure et présentatrice à succès, elle a coécrit, produit et dirigé la série de la chaîne FX *Pose*.

Ci-dessus : Benjamin Melzer a fait tomber des barrières en devenant le premier homme transgenre à faire la une du magazine *Men's Health* en avril 2016.

LA POP SORT DU PLACARD !

La téléréalité a montré que des artistes LGBT comme Will Young, le gagnant de « Pop Idol », Anthony Callea, le finaliste de « Australian Idol » et les deux finalistes de « American Idol », Clay Aiken et Adam Lambert peuvent obtenir un large soutien du public. Cela a ouvert la voie à un nouveau climat dans les années 2000 et 2010 où les popstars LGBTQ pouvaient non seulement déclarer leur sexualité, mais aussi assumer leur identité et la porter avec fierté grâce à leur travail.

Des stars queers assumées, telles que Rufus Wainwright, les Scissor Sisters et Beth Ditto, ont servi de tremplin à l'acceptation de toutes les sexualités et de tous les genres dans la musique pop, avec des succès considérables. Les membres de boys bands comme Mark Feehily (Westlife) et Lance Bass (NSYNC) sont sortis du placard respectivement en 2005 et 2006, avec le soutien du public. Les jumelles lesbiennes du duo Tegan & Sara sont devenues célèbres en 2007, séduisant ceux qui ne se retrouvent pas dans les chansons d'amour hétérosexuel, car leurs textes rendent mieux compte des relations et expériences queers.

Lady Gaga, qui s'identifie comme bisexuelle, a popularisé la culture des clubs gays de New York. Le single « Born This Way » (2012), prônant le respect de soi des LGBTQ, permet de prendre confiance en soi et de s'approprier son identité. Aucun autre artiste depuis Madonna ne s'est autant engagé, de façon authentique.

De nombreux artistes ont fait leur coming out ces dernières années. Il est quasi impossible de les lister. Certains ont trouvé le courage de le faire tardivement, comme Ricky Martin et la chanteuse chrétienne Jennifer Knapp, qui a lancé en 2011 l'organisation Inside Out Faith pour les croyants LGBTQ. Elle a déclaré : « Aujourd'hui, dans la plupart des traditions religieuses, y compris dans presque toutes les dénominations sans exception, il y a des groupes LGBTQ inclusifs actifs et florissants. Les clameurs du défi ont étouffé toutes les voix négatives. »

En 2012, Laura Jane Grace, d'Against Me !, a rendu publique sa transidentité et la nouvelle star Frank Ocean a publié une lettre ouverte sur Tumblr qui s'apparente à un coming out – mais il a dit qu'il préférait ne pas apposer une étiquette sur sa sexualité. La même année, Mykki Blanco, performer vidéo et rappeur californien, faisait ses débuts dans la musique. Son travail, très original, aborde la sexualité avec honnêteté, parle d'identité trans et non binaire ainsi que de sa séropositivité. Il est fort probable que le grand public le connaisse mieux en 2019 avec un nouvel album très attendu riche de nombreuses collaborations amicales.

Les femmes aux identités bi, queers ou pansexuelles sont maintenant bien représentées dans la pop par Fergie, Lady Sovereign, Amanda Palmer, la chanteuse primée Jess Glynne, MUNA (le trio qui a fait la première partie de Harry Styles et nommé pour le Celebrity Straight Ally Award aux British LGBT Awards en 2018) et Janelle Monae. Le rap et le R&B ont fait d'énormes progrès avec des artistes qui commencent à émerger comme Azaelia Banks, Kevin Abstract du groupe Brockhampton, Angel Haze, Deadlee, Cazwell, Zebra Katz, Q Boy et Katastrophe. Olly Alexander, du groupe britannique d'électropop Years and Years, est devenu l'un des artistes LGBTQ les plus effrontés de notre époque. Le documentaire d'Alexander diffusé sur la BBC3, *Growing up Gay*, a été largement salué pour avoir mis en lumière bon nombre des problèmes des jeunes LGBTQ, avec Alexander qui témoigne à cœur ouvert de ses problèmes psychologiques. Il est une voix qui compte en matière d'anxiété et d'identité queer. C'est une icône pour toute une génération. L'artiste australien Troy Sivan s'est constitué sa propre base de fans en abordant des thèmes queers dans sa musique et en mettant en scène des relations LGBTQ cans ses vidéoclips. Avec presque 10 millions d'abonnés sur Instagram, les fans ce Sivan peuvent facilement avoir accès à son quotidien. Il y a un contraste saisissant entre cette ouverture et la vie amoureuse souvent cachée des pop stars LGBTQ dans le passé.

Ci-dessus : Héloïse Letissier plus connue sous le nom de Christine and the Queens, en référence aux drag-queens avec qui elle s'était liée d'amitié au club Madame JoJos à Londres un jour où elle avait besoin d'être consolée. Elle se dit pansexuelle et parle fréquemment de sexualité dans la presse.

Ci-contre : En 2016, le prince William est entré dans l'histoire en tant que premier membre de la famille royale britannique à faire la couverture d'un magazine gay. Nous l'avons rencontré avec huit LGBTQ, et la mère d'une victime d'un crime homophobe, pour lui parler des violences contre les homosexuels. Dans une déclaration inédite, il affirma que « personne ne devrait être victime d'intimidations à cause de sa sexualité ou pour toute autre raison et que personne ne devrait faire face à ce type de haine que des jeunes ont subi pendant toute leur vie. Ce que je dirais à toute victime qui est en train de lire ce message : il ne faut pas se résigner… Vous devriez être fier de la personne que vous êtes et vous n'avez aucune raison d'avoir honte. »

THE UK'S BEST-SELLING
& AWARD-WINNING
GAY MAGAZINE
attitude
ATTITUDE.CO.UK
JULY 2016 £4.85
@attitudemag
MAKING HISTORY
PRINCE WILLIAM MEETS ATTITUDE
"NO ONE SHOULD BE BULLIED FOR THEIR SEXUALITY OR ANY OTHER REASON"

TÉMOIGNAGE PERSONNEL

WILL YOUNG

CHANTEUR AUTEUR-COMPOSITEUR, COPRÉSENTATEUR ET AUTEUR DU PODCAST SUR LES LGBTQ « HOMO SAPIENS »

Bien-être et santé mentale sont des mots qui font souvent partie de nos conversations. Je défends ces deux points, mais je ne suis pas toujours à l'aise avec le mot « mentale » pour parler de notre santé. Cela évoque plus l'instabilité et la folie que l'état mental d'un être humain qui mène une vie normale.

J'aime penser que l'esprit et le corps ne font qu'un. Le traumatisme est important, voire dominant, notre bien-être physique et psychologique. Cela a plus trait au corps qu'à l'esprit, or, c'est le corps qui commande, notre esprit ne fait que tenter de combler son retard, donner un sens à l'ensemble. Nos corps ne réagissent qu'en mode attaque, fuite et stupeur. Nous nous dissocions, nous nous tournons vers les addictions pour tenir une journée complète. L'anxiété et la déprime qui en découlent génèrent de la honte, et c'est certainement un sentiment qu'éprouvent les LGBTQ. Depuis toujours le message des pouvoirs en place consiste à dire que nous avons tort, nous sommes moins que des humains, juste des phénomènes de foire. Être gay à l'école nous expose au pire, c'est l'expression la plus extrême de la ségrégation et de l'exclusion sociale. Nous ne nous sentons pas en sécurité et devons rester sur nos gardes dans la cour de récréation, chez nous et nous nous aventurons à peine dehors. Nous avons peur de montrer notre amour et notre besoin de nous exprimer est rejeté. Nous ne sommes rien sinon. Notre âme et notre esprit sont détruits. N'est-il pas étonnant que la santé mentale des LGBTQ soit plus vulnérable que celle des hétérosexuels ? Comment peut-on exister avec une blessure aussi profonde ? Nous intériorisons la douleur et la retournons contre nous-mêmes, provocant la honte et nous intériorisons l'homophobie ambiante et la retournons contre nous-mêmes, et contre nos frères et sœurs.

La voie pour passer au travers de la honte peut être longue et terrifiante. En réalité, elle demande toute une vie d'efforts. Mais c'est possible. Je l'ai fait. J'ai effectué mon odyssée, à la rencontre de mon âme, j'ai suivi les étapes pour libérer mon esprit et mon corps du traumatisme et me sentir en sécurité et en paix avec moi-même. La honte sera toujours là, mais aujourd'hui je m'appuie sur le mouvement queer pour en faire un moteur de mon engagement et une motivation. Accueillez la honte en votre sein et utilisez-la comme un moteur. Laissez-vous envahir par l'amour et la compassion, pas par la rage. Utilisez plutôt la colère et votre sens de l'injustice pour marcher la tête haute. La honte peut marcher main dans la main avec la fierté gay. Créez un lien avec votre humanité et celle de vos frères et sœurs et réjouissez-vous de qui vous êtes.

À droite : Will Young a remporté la finale de « Pop Idol » en 2002. Depuis, il s'exprime régulièrement sur les problèmes psychologiques des jeunes gays vivant dans des sociétés homophobes. Il aborde ce sujet et d'autres encore dans son podcast « Homo Sapiens ».

Ci-contre, en haut : En 2017, des rumeurs ont commencé à circuler selon lesquelles le gouvernement tchétchène kidnappait, torturait et même assassinait des LGBTQ. Des manifestations ont eu lieu dans le monde entier. Cette photo a été prise à Madrid.

Ci-contre, en bas : DeRay McKesson est l'une des figures du Black Lives Matter aux États-Unis. Il illustre l'importance de l'intersectionnalité et la question des luttes non spécifiques aux LGBTQ, mais qui nous concernent tous. Dans une interview de 2018 à *Out*, il a déclaré : « Il était important pour moi de dire que je suis gay, surtout en début de manifestation car je suis une figure du mouvement. Je ne veux pas qu'on pense que c'est parce que je n'ai pas dévoilé mon homosexualité que je peux m'exprimer en son nom. »

STOP
HOMOPHOBIA
SILENCE = DEATH
72 AÑOS DESPUÉS,
ESTO SIGUE OCURRIENDO

#STAY
WOKE
POLICE
POLICE

sexuelle ne répond généralement pas aux besoins des LGBTQ. Au Royaume-Uni, les coupes budgétaires concernant la politique de santé sexuelle affectent de manière disproportionnée les gays et les hommes bisexuels, plus souvent touchés par le VIH et d'autres IST. Il est illégal d'être gay ou lesbien dans 72 pays, et dans huit d'entre eux, c'est passible de la peine de mort.

Ces dernières années, Sylvia Rivera, Marsha P. Johnson et Stormé Delaverie ont incarné l'incapacité du mouvement à lutter efficacement contre la pauvreté, le racisme, mais aussi à répondre aux besoins des lesbiennes, des transsexuels et des non-conformes. Dans le futur, ces catégories pourraient avoir un rôle déterminant, dans la mesure où elles ont provoqué le sursaut tant attendu qui nous fait comprendre que ces questions qui, à première vue, ne paraissent être spécifiques aux LGBTQ, sont en réalité aussi importantes que nos préoccupations traditionnelles. Le racisme et la pauvreté ont détruit les perspectives d'avenir de Marsha et de Sylvia en particulier. Si nous voulons survivre encore 50 ans, nous devons nous attaquer d'urgence à la pauvreté, à l'homophobie et à la transphobie de la religion, ainsi qu'aux inégalités qui alimentent la montée de l'extrême droite. La communauté gay a prospéré à Berlin dans les années 1930, avant que la crise ne provoque la montée du nazisme. Les problèmes socio-économiques ont un effet considérable sur les progrès en matière d'égalité, et la menace imminente d'une crise climatique est un défi pour l'ensemble de la société, notamment pour les minorités. Les spécialistes sont catégoriques. En 2018, Sir David Attenborough a joint sa voix aux cris d'alarme des scientifiques, affirmant que « l'effondrement de nos civilisations et l'extinction d'une grande partie de l'environnement naturel se profilent à l'horizon ». Le mouvement LGBTQ ne s'est exprimé que très peu à ce sujet, apparemment incapable de voir que si nous n'arrêtons pas de déstabiliser notre monde, les droits pour lesquels nous nous sommes battus pourraient disparaître. Cependant, il faut mettre un point d'honneur à célébrer ce que nous avons accompli jusqu'ici. Depuis le tournant du millénaire, et en particulier au cours de la dernière décennie, nous avons enregistré tellement d'avancées qu'on ne peut les comptabiliser. La représentation des LGBTQ dans les médias et dans le sport ne cesse de s'améliorer. Une présence qui rend compte de la diversité de la communauté a permis à de nombreuses personnalités de réussir de façon remarquable. Il n'y a jamais eu autant d'animateurs ouvertement homosexuels. Anderson Cooper, Don Lemon, Rachel Maddow, Robin Roberts de « Good Morning America », Sue Perkins, Alan Carr et Simon Amstell sont tous devenus des vedettes en *prime time*. Le monde de la pop et, même, celui de la musique alternative ont leurs propres stars gays : Frank Ocean, Sam Smith, King Princess, Laura Jane Grace du groupe Against Me !, Kele Okereke de Bloc Party, Troye Sivan et Olly Alexander ont tous des légions de fans. Le public et l'*establishment* hollywoodien ont été séduits par les films *Tangerine* (2015), *Moonlight* (2016) et *Call me by your Name* (2017). Des acteurs tels que Ezra Miller, Cara Delevingne, Jonathan Groff et Laverne Cox sont tous en pleine ascension, et le réalisateur, producteur et scénariste, Lee Daniels, mérite une mention spéciale pour son approche sans compromis de la représentation de personnes de couleur LGBTQ à la télévision avec la série à succès *Empire*. Janet Mock s'est exprimée dans son autobiographie *Redefining Realness* (2014) sur sa quête de l'identité en tant que transgenre et est devenue l'un des auteurs les plus vendus selon le classement du *New York Times* faisant d'elle une héroïne du XXIe siècle.

Les taux d'infection par le VIH ont commencé à baisser pour la première fois, bien que le problème semble toujours tristement insurmontable. La stigmatisation liée au VIH persiste, mais de plus en plus de personnes se sentent assez confiantes pour parler ouvertement de leur séropositivité,

Ci-contre : Timothée Chalamet et Armie Hammer dans *Call me by your Name* (2018). Le film a valu au scénariste James Ivory la récompense de l'Oscar du meilleur scénario adapté. Depuis, le film a ouvert un débat sur les castings relatifs aux rôles LGBTQ. Au cours des cinq dernières années, Hollywood a enfin compris que les histoires LGBTQ pouvaient avoir beaucoup de succès auprès du grand public, susciter un grand intérêt et même rapporter beaucoup d'argent.

Ci-dessus : Jonathan Groff a démenti l'idée répandue à Hollywood que le public n'acceptera jamais de voir un homosexuel jouer un hétérosexuel, quand il a tenu le premier rôle dans la série *Mindhunter* sur Netflix.

À gauche : La foule célèbre l'abrogation de législation qui criminalise l'homosexualité en Inde en 2018, ce qui signifie que les rapports homosexuels sont enfin légaux dans le pays. Une décision historique qui a fait le tour du monde.

Ci-dessous : Un long chemin parcouru depuis 1969 : scène festive à la Gay Pride de New York en 2018.

Page suivante : De jeunes membres du Front de libération gay photographiés par Peter Hujar à New York en 1969. L'image a été utilisée pour une affiche du Front de libération gay exhortant les jeunes à faire leur coming out (« COME OUT ! »), annonçant une nouvelle ère et inaugurant une nouvelle énergie et un optimisme qui allait bouleverser la vie des LGBTQ.

comme le député britannique Lloyd Russell-Moyle, devant la Chambre des communes en novembre 2018 où il a parlé de son parcours vers l'acceptation de sa condition. Bien que le chemin soit encore long, grâce à des ouvrages tels que *The Velvet Rage* d'Alan Downs et, je l'espère, mon livre *Straight Jack*, nous pouvons enfin parler des souffrances qui attendent d'être soulagées. Surtout les problèmes psychologiques dus au fait de grandir dans la honte, et des niveaux d'addiction disproportionnellement élevés qui en découlent. De plus en plus de groupes sont mis en place pour aider les LGBTQ à résoudre ces difficultés. Citons le débat public organisé à Londres sous le titre « Parlons de sexe et des drogues » et les centres LGBTQ de Los Angeles et de New York. Comme une ultime ironie, ceux qui ont tant lutté pour qu'on puisse affirmer notre identité, diriger une start-up ou devenir une superstar n'ont eu droit eux-mêmes ni à la richesse, ni à la renommée, ni même parfois à une quelconque reconnaissance. Il y a beaucoup plus de gens, peut-être des milliers, qui ont joué un rôle clé au début du mouvement LGBTQ, que je n'ai pas pu inclure ici. À tous, nous disons merci. Nous ne serions tout simplement pas ici sans vous.

Harry Hay – le père de la libération gay – a fondé une association en 1948. Le 11 novembre 1950, il organisa avec son partenaire et trois amis, la première réunion de la Mattachine Society (alors la Society of Fools). Bien que souvent considérés comme trop conservateurs, ce sont pourtant les débuts officiels et ils ont organisé la riposte contre l'oppression des homosexuels aux États-Unis. Harry est décédé le 24 octobre 2002.

Craig L. Rodwell est l'une des personnalités les plus importantes de l'émancipation des LGBTQ. Partenaire éphémère de Harvey Milk, il a dirigé la librairie Oscar Wilde. C'est lui qui a suscité l'intérêt de la presse pendant les émeutes, imprimé des tracts et a encouragé le mouvement à organiser une Gay Pride. En 1993, il reçut un Lamda Literary Award. Il est décédé d'un cancer de l'estomac, le 18 juin 1993 à l'âge de 52 ans, à l'hôpital St Vincent de New York.

Frank Kameny, fondateur avec Jack Nichols de la branche de la Mattachine Society à Washington, en 1961, fut derrière les premières manifestations gays. Il est la première personne ouvertement gay à se présenter au Congrès en 1971. Une élection perdue mais qui avait conduit à la formation de la Gay and Lesbian Alliance of Washington DC. Il est décédé à l'âge de 86 ans, le 11 octobre 2011 à son domicile.

Le couple Phyllis Lyon et Del Martin a fondé en 1955 l'association lesbienne Les Filles de Bilitis. Elles ont combattu l'homophobie au sein de groupes tels que l'Organisation nationale des femmes. Elles se sont mariées le 16 juin 2008 après que la Cour suprême de Californie eut légalisé le mariage. Del est décédée quelques mois plus tard.

Barbara Gittings est l'une des figures du mouvement LGBTQ. Elle a créé la branche new-yorkaise des Filles de Bilitis, a édité la revue *The Ladder* et a collaboré avec Frank Kameny pour coordonner les premières manifestations. Ils ont organisé une réunion avec l'Association américaine de psychiatrie, qui a abouti au retrait de l'homosexualité de la liste des maladies mentales en 1973. Elle a rencontré sa partenaire Kay Tobin en 1961 et sont restées ensemble pendant plus de 50 ans. Barbara est décédée en 2006 à Kennet Square, en Pennsylvanie.

La famille Manford fait partie des héros méconnus du mouvement. Après avoir assisté aux émeutes de Stonewall, le jeune Morty Manford a commencé à militer et inspiré ses parents, Jeanne et Jules, pour créer l'organisation Parents, Families and Friends of Lesbians and Gays (PFLAG). En 1992, Morty est décédé à l'âge de 41 ans des suites du sida. Jeanne est morte en 2013 à l'âge de 92 ans, laissant sa fille Suzanne. En 2014, une rue de Flushing (dans le Queens, à New York), a été renommée Jeanne, Jules, Morty Manford PFLAG Way.

Marsha P. Johnson a souffert de graves problèmes psychiatriques et de dépendance, et a été arrêtée plus de cent fois selon ses estimations. Le 6 juillet 1992, quelques jours après la Gay Pride de New York, le corps de Marsha a été retrouvé dans l'Hudson River. La police a conclu au suicide. Elle avait 46 ans. Mais ses amies n'ont jamais cru à cette thèse. Marsha aurait été harcelée par des hommes la nuit de sa disparition et beaucoup pensent qu'elle a été assassinée. En 2012, l'enquête a été rouverte.

Sylvia Rivera souffrait aussi de problèmes psy et d'addictions. Sans abri une bonne partie de sa vie, mais au cours de ses dernières années, elle a été reconnue la communauté LGBTQ pour son rôle essentiel dans les émeutes de Stonewall et le mouvement. Sylvia a fréquenté l'Église communautaire métropolitaine créée par le révérend Troy Perry. Elle a distribué avec enthousiasme de la nourriture aux pauvres et de l'aide aux jeunes homosexuels. Le refuge pour jeunes homosexuels de l'Église à New York a été nommé Sylvia's Place. Elle est décédée d'un cancer du foie à l'Hôpital St Vincent de New York le 19 février 2002.

Beaucoup pensent que Stormé Delaverie aurait été la lesbienne « butch » qui a déclenché le soulèvement de Stonewall, jetée à l'arrière d'un fourgon de police aurait demandé de l'aide aux autres clients. Elle a travaillé comme videuse et artiste et a milité pour les droits des femmes jusqu'à sa mort en 2014, à l'âge de 93 ans. Dans son livre, *Stonewall*, David Carter a confié que c'était une drag-queen anonyme qui la première s'était révoltée contre un policier en le frappant avec son sac à main, et qu'un Portoricain, du nom de Gino, aurait jeté un pavé sur une voiture de police, poussant les forces de l'ordre à se barricader dans le bar…

Il y a 50 ans, vous auriez été renvoyé de votre travail si vous étiez homosexuel. Aujourd'hui, c'est bien grâce à Stonewall que nombre des plus grandes entreprises ont des politiques très actives en matière de diversité LGBTQ, soutenant leurs personnels et leur permettant d'être eux-mêmes. Et c'est une très bonne chose que Tim Cook, dirigeant d'Apple, soit homosexuel, mais ceci met aussi en évidence un triste paradoxe : ceux qui se sont battus le plus durement à Stonewall étaient les jeunes SDF et, aujourd'hui, alors que le dirigeant de l'une des entreprises les plus cotées en bourse de l'histoire a pu faire son coming out, beaucoup de LGBTQ vivent dans la pauvreté et n'ont pas accès à des soins médicaux. Pour beaucoup d'Afro-américains gays ou bisexuels, et d'autres encore, ce n'est une ironie cruelle de l'histoire, mais d'une histoire de vie ou de mort.

La situation est plus mitigée dans le reste du monde. Dans de nombreux pays, alors qu'Internet donne plus de visibilité à la communauté LGBTQ, certains gouvernements réagissent avec des mesures encore plus drastiques et haineuses. L'Indonésie fouette publiquement les gays et les lesbiennes. Bien que l'homosexualité ne soit pas légale en Égypte, le pays persécute de plus en plus les homosexuels. En janvier 2019, le présentateur de télévision Mohammed al-Ghiety a été condamné à un an de travaux forcés pour avoir interviewé un homosexuel. Le même mois, l'Iran a pendu un gay qui aurait enlevé deux adolescents, même si beaucoup estiment que c'est un mensonge créé de toutes pièces. En janvier 2019, le gouvernement tchétchène se serait de nouveau mis à

À CEUX QUI CONTINUENT LA LUTTE, JE VOUS DIS : VOUS N'ÊTES PAS SEULS. À CEUX QUI ONT LUTTÉ ET QUI SE SONT SACRIFIÉS POUR NOUS TOUS, NOUS VOUS DISONS : MERCI.

terroriser, à kidnapper et parfois à assassiner des homosexuels. Nous ignorons trop souvent cette tragédie : la vie insupportable, voire invivable des LGBTQ. Nous devons trouver le courage d'en parler plus souvent.

Mais il y a eu des progrès depuis les référendums d'Irlande et d'Australie pour légaliser le mariage, et mieux encore grâce au travail inlassable des militants. Le Mozambique a décriminalisé les relations homosexuelles en 2015. En avril 2018, grâce au travail de Jason Jones, la Haute Cour de Trinité-et-Tobago a établi que criminaliser la sodomie consentie était inconstitutionnel. En septembre 2018, la Haute Cour indienne a finalement annulé une loi inconstitutionnelle datant de l'ère coloniale, en vigueur depuis 160 ans. En 2019, l'Angola a supprimé l'article anti-gay de son Code pénal qui parle de « vices contre nature ».

Il y a, en Europe, des pays les plus progressistes au monde. Le Danemark a décriminalisé les relations sexuelles gays en 1933, l'Islande en 1940 et la Suède en 1944. La même année, les Pays-Bas ont été le premier pays à légaliser le mariage homosexuel, suivi par la Belgique et le Canada. En 1972, la Suède a été la première à autoriser ses citoyens à changer de sexe et à avoir accès à un traitement hormonal gratuit. Les pays européens sont généralement reconnus comme les meilleurs lieux de vie pour les LGBTQ : l'ILGA-Europe a classé Malte, le Royaume-Uni et la Belgique au premier rang en 2017, et, la même année, le Spartacus Gay Travel Index a placé la Suède et le Royaume-Uni à la première place, suivis par la Belgique. En Europe de l'Ouest, la vie des personnes LGBTQ a connu une incroyable transformation au cours des 50 dernières années. L'UE a eu un effet positif car l'intolérance est en contradiction avec le principe de libre circulation. Les unions homosexuelles sont reconnues dans 22 des 28 États membres, les mariages dans 15 États et 25 États ont mis en place des politiques exhaustives en matière de discrimination.

Mais l'histoire ne s'arrête pas là. Le rapport de Rainbow Europe pour 2017 fait état de l'intolérance en Italie. Des pays d'Europe centrale et orientale ne disposent pas de lois égalitaires et la société peut être extrêmement hostile. En 1991, la Bulgarie est la première d'Europe à interdire le mariage homosexuel, suivie de nombreux autres pays d'Europe de l'Est, le dernier en date étant la Slovaquie en 2014.

Le président turc Erdogan, qui promeut une politique islamiste, est hostile aux LGBTQ. En 2018, encore une fois, la Gay Pride d'Istanbul a été interdite et la police a utilisé des gaz lacrymogènes et des balles en caoutchouc. En 2017, le comité organisateur de l'événement avait déclaré : « Nous ne sommes pas seuls, nous n'avons pas tort, nous n'avons pas abandonné. » De même, la Russie a interdit la promotion de l'homosexualité en 2013, alors que c'était légal depuis 1993. Une enquête de 2013 a révélé que 74 % des Russes rejetaient l'homosexualité, soit une hausse de l'hostilité envers la communauté ces 20 dernières années.

Un sondage Ipsos en 2016 a indiqué que l'Espagne, la Suède et l'Argentine étaient les pays les plus accueillants envers les trans. Mais la même année, on apprenait que 24 pays européens exigeaient encore la stérilisation des transgenres avant que leur genre ne soit reconnu. Seuls 13 États européens luttent contre la violence transphobe et seulement 22 protègent explicitement les personnes transsexuelles. L'Argentine a été le premier à reconnaître l'auto-identification du genre en 2012, suivie de nombreux pays occidentaux, à commencer par le Danemark en 2014.

Malgré les problèmes et les injustices dans le monde, les avancées sont néanmoins notables. C'est extraordinaire de penser que les personnes qui ont manifesté, se sont battues et se sont soutenues après Stonewall, ont alimenté un mouvement qui a changé nos vies. Après les émeutes, le Stonewall Inn n'était pas encore le symbole qu'il est aujourd'hui. Le lieu a connu des troubles et, après son boycott par les gays en raison de ses liens avec la mafia, il a été abandonné et a cessé d'être un lieu gay. Dans les années 1970 et 1980, il a été utilisé à différentes fins. Dans les années 1990, c'était une boîte de nuit. En mars 2007, il a rouvert pour redevenir un bar gay tendance. Aujourd'hui, des LGBTQ du monde entier se rendent au Stonewall Inn. Il sert de point de ralliement aux homosexuels de New York. C'est là qu'il y a 50 ans, nous avons commencé à être nous-mêmes et à proclamer la vérité. Que nous nous en sommes rendu compte, comme l'avait proclamé un anonyme – blanc ou noir, homme ou femme, riche ou pauvre, transgenre ou non peu importe– en 1969 : « Nous sommes peut-être différents, mais nous ne sommes pas inférieurs. »

Depuis cette prise de conscience, à la fois petite et énorme, nous célébrons les émeutes de Stonewall. Tout le monde le célèbre : des familles de toutes sortes qui manifestent leur soutien à Londres chaque année aux immenses défilés annuels de l'EuroPride à travers le continent, en passant par les Gay Prides en Espagne et au Brésil. Toutes sont animées par le même esprit, même en Turquie, où l'on se bat pour sa vie, face aux violences policières, et en Ouganda, où on avance timidement pour lutter contre une oppression que beaucoup d'entre nous ne peuvent même pas imaginer. Dans ces endroits, le drapeau arc-en-ciel n'est pas qu'un simple autocollant sur la vitrine d'un Starbucks ou un émoji ; pour eux, il demeure, comme lors de son adoption par la communauté LGBTQ, un puissant symbole d'espoir pour une vie meilleure.

Pour ceux qui continuent de lutter, je vous dis : vous n'êtes pas seuls.

À ceux qui ont lutté et se sont sacrifiés pour nous tous – femmes, hommes, ou entre les deux ; personnes de couleur, blancs, hispaniques ; lesbiennes, gays, trans, non-binaires ; butchs ou féminines – nous vous disons : merci.

Mais plus important encore, nous DEVONS rendre hommage à ceux qui ont trouvé le courage de mettre fin aux injustices actuelles que nous subissons tous, sans distinction de revenus, d'identité de genre, de couleur de peau ou de nationalité. Nous devons préserver l'avenir des générations futures.

La lutte continue.

À vous d'agir.

INDEX

E

F

G

H

I

J

K

L

CRÉDITS

L'éditeur voudrait remercier les sources suivantes pour leur autorisation de reproduire ces photos dans cet ouvrage.

Pages de garde *NY Daily News* Archive via Getty Images. 7 Fred W. McDarrah/Getty Images. 8 (haut) des collections du Kinsey Institute, Université de l'Indiana. DR. 8 (bas) Peter Harrington. 9 Mirrorpix. 10 (haut) Fine Art Images/Heritage Images/Getty Images. (b) GLBT Historical Society. 11 GLBT Historical Society. 12-13 Corbis/Corbis via Getty Images. 14 Hulton Archive/Getty Images. 15 GLBT Historical Society. 16 Photo de Kay Tobin ©Manuscripts and Archives Division, The New York Public Library. 17 The Parliamentary Archives. 18 (bas) Herbert Hoffmann/ullstein bild via Getty Images. (haut) Gibson/Daily Mail/REX/Shutterstock. 19 Keystone/Getty Images. 20 Université de Bristol/ArenaPAL/Topfoto. 21 A Camerano/AP/REX/Shutterstock. 22 (gauche) Kim Komenich/The LIFE Images Collection/Getty Images. (droite) Ben Ramos/Alamy Stock Photo. 23 Robert Alexander/Archive Photos/Getty Images. 24 Bettmann/Getty Images. 25 (gauche) Culture Club/Getty Images. (droite) Photo de Jared Siskin/Patrick McMullan via Getty Images. 26-27 & 28 Fred W. McDarrah/Getty Images. 31 Photo de Diana Davies, Manuscripts and Archives Division, The New York Public Library. 32 (haut) Charles Phillips/The LIFE Picture Collection/Getty Images. (bas) REX/Shutterstock. 33 Roger Viollet/Getty Images. 34 (haut) Zuma/REX/Shutterstock. (bas) NY Daily News Archive via Getty Images. 35 Bettmann/Getty Images. 37 Fred W. McDarrah/Getty Images. 39 NY Daily News Archive via Getty Images. 40 & 41 Fred W. McDarrah/Getty Images. 42 Photo de Diana Davies, Manuscripts and Archives Division, The New York Public Library. 43 Photos used autorisation de The Alvin Baltrop Trust, © 2010, The Alvin Baltrop Trust and Galerie Buchholz. DR. 44-45 Photo de Diana Davies, Manuscripts and Archives Division, The New York Public Library. 46 The LGBT Community Center National History Archive. 47 (gauche) Photo de Kay Tobin, Manuscripts and Archives Division, The New York Public Library. (droite) Archiviste pour The Archives and Library of the Queer Movement. 48-49 The LGBT Community Center National History Archive. 51 Cover Photo de David Nutter du *Rolling Stone* du 7 octobre 1976. Copydroite © Rolling Stone LLC 1976. DR. Autorisation. 52 ITV/REX/Shutterstock. 53 © Dagmar/www.dagmarfotos.com. 54 (haut) John Stoddart/Getty Images. (bas) Steve Eichner/WireImage/Getty Images. 55 © Greg Gorman. 56 David Holt. 57 Len Collection/Alamy Stock Photo. 58-59 LSE Library. 61 Phot d'Arizona Newsum et Derek Haas 35e anniversaire du drapeau arc-en-ciel teint et cousu par Gilbert Baker, autorisation de Richard Ferrara. 62 (gauche) Bettmann/Getty Images. (droite) Jimmy Carter Presidential Library, National Archives. 63 AP/REX/Shutterstock. 64 GLBT Historical Society. 65 *The Chronicle*. 66 Everett Collection Inc/Alamy Stock Photo. 67 Popperfoto/Getty Images. 68 Photo de Gordon Rainsford. 69 Gysembergh Benoit/Paris Match via Getty Images. 70 Photo de Bill Bernstein/Courtesy The David Hill Gallery, London. 71 XAMAX\ullstein bild via Getty Images. 72-73 Collection privée. 74 Lipnitzki/Roger Viollet/Getty Images. 75 Photo © John Haynes/Bridgeman Images. 76 (haut gauche) Photo de Gordon Rainsford. (haut, droite) Conrad Blakemore/ArenaPAL. (bas) Carol Rosegg/ArenaPAL. 77 (haut, gauche) Photo de Gordon Rainsford. (haut, droite) Robbie Jack/Corbis via Getty Images. 77 London News Pictures/REX/Shutterstock. 78 Collection privée. 79 Suzanne Vlamis/AP/REX/Shutterstock. 80 Universal History Archive/UIG via Getty Images. 82 Anwar Hussein/Getty Images. 83 News UK Ltd/REX/Shutterstock. 84-85 Mark Reinstein/Corbis via Getty Images. 86 Daniel Giry/Sygma via Getty Images. 86-87 Chip Hires/Gamma-Rapho via Getty Images. 88-89 Alain Nogues/Sygma/Sygma via Getty Images. 91 Hum Historical/Alamy Stock Photo. 92-93 Daniel Born/The Times/Gallo Images/Getty Images. 95 Courtesy Jonathan Blake. 96 Photos autorisées de The Alvin Baltrop Trust, © 2010, The © Baltrop Trust and Galerie Buchholz. DR. 97 © Nan Goldin, David at Grove Street, Boston, 1972. 98 Andy Rain/EPA-EFE/REX/Shutterstock. 99 Jack Mitchell/Getty Images. 100 © Nan Goldin, *Tommy's hand on David's ass on Cambridge Street*, Boston, NY, 1973. 101-102 © *David and Naomi on the dance floor, The Other Side, Boston, Mass, 1973*. 104 (gauche) Collection privée. (droite) David Rose/The Independent/REX/Shutterstock. 105 (haut, gauche) Chris Maddaloni/Roll Call/Getty Images. (haut, droite) Jeremy Ng/EPA-EFE/REX/Shutterstock. (bas) Scott J. Ferrell/Congressional Quarterly/Getty Images. 106 (haut) Ross Setford/Getty Images. (bas) Livier Morin/AFP/Getty Images. 107 (haut, gauche) Ashraf Hendricks/Anadolu Agency/Getty Images. (haut, droite) Ted Aljibe/AFP/Getty Images. (bas, gauche) Carlos Gonzalez/Minneapolis Star Tribune/ZUMA Wire/Alamy Live News. (bas, droite) Nazrie Abu Seman/Getty Images. 108 (haut) Photofusion/REX/Shutterstock. (bas) Paul Fievez/Associated Newspapers/REX/Shutterstock. 109 The Conservative Party Archive/Getty Images. 110 Steve Eason/Getty Images. 111 (haut) Brian Harris/The Independent/REX/Shutterstock. (bas) Richard Young/REX/Shutterstock. 112 (gauche) Photo de Gordon Rainsford. (droite) Michael Ochs Archives/Getty Images. 113 Lindsay Brice/Getty Images. 115 Michael Reynolds/EPA/REX/Shutterstock. 116 Cinema Center/Leo/Kobal/REX/Shutterstock. 117 (haut) Lorimar/Kobal/REX/Shutterstock. (bas) Moviestore Collection/REX/Shutterstock. 118 (haut) Jack Mitchell/Getty Images. (bas) Waring Abbott/Getty Images. 119 Photo 12/Alamy Stock Photo. 120 Off White Prod/Kobal/REX/Shutterstock. 121 & 122 (haut) Snap Stills/REX/Shutterstock. (bas) Moviestore/REX/Shutterstock. 123 (haut) El Deseo/Renn/France 2/Kobal/REX/Shutterstock. (centre) Photofusion/REX/Shutterstock. 124-15 David Bornfriend/A24/Kobal/REX/Shutterstock. 126 Courtesy of ONE Archives at the USC Libraries. 127 © 2019 JEB (Joan E. Biren). 128-129 Porter Gifford/Liaison/Getty Images. 130 Autorisation du PFLAG National. U.S. DR. 28 juin 1972. 131 Pierre Venant/Penske Media/REX/Shutterstock. 132 Michael Ochs Archives/Getty Images.133 Nick Laham/Getty Images. 134 Mark Seliger/Showtime/Kobal/REX/Shutterstock. 135 ABC Photo Archives/ABC via Getty Images. 136 (haut) Showtime/Kobal/REX/Shutterstock. (bas) Frazer Harrison/Getty Images. 137 Ethan Miller/Getty Images. 139 Bettmann/Getty Images. 140 David Cooper/Toronto Star via Getty Images. 141 Courtesy Asifa Lahore. 142. (gauche) U.S. Army. (droite) LSE Library. 143 Barry Sweet/AP/REX/Shutterstock. 144 Patsy Lynch/REX/Shutterstock. 145 Jim Lo Scalzo/EPA/REX/Shutterstock. 146 Lisa Maree Williams/Getty Images. 147 Chip Somodevilla/Getty Images. 148 (haut, gauche) Odd Andersen/AFP/Getty Images. (haut, droite) Marcel Antonisse/EPA/REX/Shutterstock. (bas) Aidan Crawley/EPA/REX/Shutterstock. 150 (haut) Elijah Nouvelage/Getty Images. (bas) Michel Viatteau/AFP/Getty Images. 151 Natacha Pisarenko/AP/REX/Shutterstock. 152 Hagen Hopkins/Getty Images. 155 Photo © Danny Baldwin. 157 Photo © Eivind Hansen. 158 (gauche) Lm/AP/REX/Shutterstock. (droite) Getty Images. 159 Leo Mason/Popperfoto/Getty Images. 160 Jonathan Nackstrand/AFP/Getty Images. 161 (gauche) Jerome Favre/EPA-EFE/REX/Shutterstock. (droite) Alex Menendez/Getty Images. 162 Photo © Neil Libbert/Bridgeman Images. 163 Al Diaz/Miami Herald/TNS via Getty Images. 164 Brendan Smialowski/AFP/Getty Images. 165 Steve Liss/The LIFE Images Collection/Getty Images. 166-167 Yasin Akgul/AFP/Getty Images. 168 Mongi Zulu/AFP/Getty Images. 169 Photo © Aloysius Sali. 170-171 Rachel Adams/EPA/REX/Shutterstock. 173 Harry Durrant/Getty Images. 174 In Pictures Ltd./Corbis via Getty Images. 175 Autorisation de Lewis Oakley. 176 J. Merritt/Getty Images. 177 DPA Picture Alliance/Alamy Stock Photo. 178 Shirlaine Forrest/WireImage. 179 Autorisation d'*Attitude*. 180 C Brandon/Redferns/Getty Images. 181 (haut) Marcos del Mazo/LightRocket via Getty Images. (bas) Max Becherer/AP/REX/Shutterstock. 182 Moviestore/REX/Shutterstock. 183 Everett Collection Inc/Alamy Stock Photo. 185 (haut) Piyal Adhlkary/EPA-EFE/REX/Shutterstock. The Peter Hujar Archive LLC. Back endpaper Debarchan Chatterjee/ZUMA Wire/REX/Shutterstock

Tous les efforts ont été faits pour identifier correctement et contacter les sources et les ayants droit de chaque photo. Les éditions Gründ s'excusent pour toute erreur ou omission non intentionnelle et s'engagent à les corriger dans les prochaines éditions de cet ouvrage.

2018